S T R U M E N T I

PER RISOLVERE OGNI DUBBIO LINGUISTICO

Patrizia Faggion

SPAGNOLO
Verbi

VALLARDI

Antonio Vallardi Editore s.u.r.l.
Gruppo editoriale Mauri Spagnol

www.vallardi.it

Per essere informato sulle novità del Gruppo editoriale Mauri Spagnol visita:
www.illibraio.it

Prima edizione: 1993

Ristampe: 24 23 22 21 20 19 18 17 16 15
2028 2027 2026 2025 2024

ISBN 978-88-8211-749-8

VERBI

Questa collana di *Verbi*, pensata come integrazione necessaria e logica delle *Grammatiche essenziali*, è un'opera tascabile che, per completezza e serietà, mancava nel panorama editoriale italiano di linguistica. La **formazione**, le **irregolarità** e l'**uso dei verbi** costituiscono, infatti, una delle maggiori difficoltà di molte lingue. L'approfondimento di questi argomenti è quindi indispensabile per chi voglia esprimersi correttamente, sia a voce sia per iscritto.
Da qui la necessità di fornire manuali di facile e rapida consultazione, ma finalmente approfonditi ed esaurienti in ogni parte, rivolti non solo a chi sta studiando una lingua straniera, ma anche a chi, pur conoscendola, è comunque colto da giustificati dubbi e incertezze o dal desiderio di saperne di più.
Nello stesso spirito editoriale delle *Grammatiche essenziali*, regole e spiegazioni sono presentate in modo chiaro e sintetico, con linguaggio semplice e comprensibile anche da chi non ha familiarità con la terminologia, spesso ostica, delle grammatiche. La chiarezza e l'essenzialità nell'impostazione e nelle scelte grafiche consentono di semplificare la ricerca e invitano alla lettura.
Per le lingue neolatine (come italiano, francese, spagnolo), in cui le difficoltà maggiori relative ai verbi sono rappresentate da particolarità e irregolarità, la parte centrale del volume è costituita da ricche ***tavole di coniugazione***, agevoli da consultare, per risolvere immediatamente ogni incertezza.
Per altre lingue, come l'inglese, in cui la coniugazione verbale è più semplice, grande spazio è dedicato al significato e all'uso dei ***verbi fraseologici***.
Ogni volume è quindi studiato allo scopo di mettere in luce, nel modo più efficace, le strutture e le peculiarità di ciascuna lingua, affinché ogni studente possa comprenderle a fondo e usarle con sicurezza.

VERBI SPAGNOLI

Date le difficoltà che i verbi spagnoli presentano (dalla grammatica, alla sintassi, alla coniugazione), il volume è diretto agli studenti di ogni grado ed età. La semplificazione nell'esposizione dei contenuti, ma al tempo stesso la completezza e l'approfondimento dell'informazione, rendono infatti questo strumento adatto sia ai principianti, sia a chi già conosce bene lo spagnolo, ma può trovarsi in difficoltà, specialmente là dove la somiglianza tra italiano e spagnolo crea facili occasioni di errore.
Proprio per questo, nel testo è stato introdotto un simbolo grafico – un torero, tipicamente spagnolo – che con immediatezza ed efficacia farà puntare l'attenzione sulle molte discordanze esistenti fra i sistemi verbali di queste due lingue per altri aspetti così affini.
L'uso del ***blu*** per la lingua straniera e del **nero** per l'italiano ha lo scopo di mettere in evidenza gli argomenti trattati e gli esempi relativi.
L'opera – che costituisce un utile complemento alla *Grammatica essenziale A.Vallardi di spagnolo* – è divisa in tre parti:
– la ***grammatica del verbo***, in cui sono presentati, con ricchezza di esempi, tutti gli argomenti relativi alla formazione e all'uso dei verbi (**modi** e **tempi**, **concordanze**, **forme** e **generi**, **coniugazioni**, **particolarità**, **irregolarità**);
– le ***tavole di coniugazione*** di **90 verbi** (ausiliari, verbi regolari-modello, verbi-tipo che presentano particolarità, verbi irregolari), corredate di note con numerose spiegazioni e informazioni; segue un elenco di ***verbi difettivi***, trattati con le loro particolarità;
– un ***indice dei verbi***, con oltre **6000 verbi**, ciascuno dei quali rinvia alla pagina in cui è coniugato il **verbo modello**.

IL VERBO

Il **verbo** è la parte variabile del discorso che esprime un'azione, un modo di essere di una persona o di una cosa. L'insieme ordinato delle diverse forme di un verbo si chiama **coniugazione**.

LE PARTI DEL VERBO

Un verbo è costituito da due parti: ***radical*** **radice** e ***desinencia*** **desinenza**.

Radice È invariabile (tranne nei verbi irregolari) e indica il significato del verbo; per ottenerla si toglie dall'*infinitivo* la desinenza:

Comer / comemos / comiste
Mangiare / **mang**iamo / **mangi**asti

Desinenza È variabile; fornisce diverse informazioni riguardanti:

- la persona che compie o subisce l'azione
- il numero (singolare o plurale) delle persone
- il modo in cui è espressa l'azione (certezza, dubbio, desiderio, comando)
- il tempo in cui avviene l'azione

Como una galleta Mangi**o** un biscotto
(*-o* = I persona, singolare, indicativo, presente)

LA PERSONA E IL NUMERO

In spagnolo le persone sono tre e ciascuna ha due numeri, il **singolare** e il **plurale**.

		SINGOLARE	PLURALE
I	PERSONA	*yo*	*nosotros, nosotras*
II	PERSONA	*tú*	*vosotros, vosotras*
III	PERSONA	*él, ella*	*ellos, ellas*

- Generalmente la desinenza indica con chiarezza la persona e il numero, quindi il pronome soggetto può essere sottinteso.

! Il soggetto deve essere espresso in caso di:

- **ambiguità**

*En aquel momento **yo/él leía** el periódico*	In quel momento **leggevo/leggeva** il giornale
*Es mejor que **yo/él** no **salga***	È meglio che **io/egli** non **esca**
*Si **yo/él hubiera** llegado antes, lo **habría** visto*	Se **fossi/fosse** arrivato prima, lo **avrei/avrebbe** visto

- **uso enfatico**

***Yo** le pegué, pero **él** me había insultado*	**Io** l'ho picchiato, ma **lui** mi aveva insultato

La forma di cortesia

- Sia per il maschile sia per il femminile si usano i pronomi ***usted*** **Lei/lei** e ***ustedes*** **Loro/loro** (forme contratte di ***Vuestra Merced***) o le loro abbreviazioni ***V.***, ***VV.***; ***Ud.***, ***Uds.*** Il verbo è coniugato alla III persona singolare o plurale.

***Usted es** muy amable*	**Lei è** molto gentile
*¿**Conocen ustedes** al señor García?*	**Loro conoscono** il signor García?

L'ACCORDO TRA SOGGETTO E VERBO

I verbi spagnoli si accordano con il soggetto nella **persona** e nel **numero**, come in italiano:

Yo toco *la guitarra*	**Io suono** la chitarra
Los niños juegan *en el parque*	**I bambini giocano** nel parco

Particolarità

- Quando vi sono più soggetti il verbo si accorda al **plurale**:

La casa, el jardín *y* ***el huerto ocupan*** *una hectárea*	**La casa**, **il giardino** e **l'orto occupano** un ettaro

- Quando il soggetto è formato da più persone, diverse grammaticalmente, per l'accordo valgono le seguenti regole:
  - il verbo va alla I **persona plurale** se uno dei soggetti è una I singolare o plurale

Tú *y* ***yo leemos*** *un libro*	**Tu** ed **io leggiamo** un libro

  - il verbo va alla II **persona plurale** se i soggetti sono alla II e III singolare o plurale

María *y* ***vosotros comeréis*** *más tarde*	Sia **Maria** che **voi mangerete** più tardi

- Se due o più soggetti sono uniti da ***o*** o da ***ni... ni...*** il verbo può essere accordato sia al **singolare** sia al **plurale**:

Vendrá/vendrán *Pablo* ***o*** *Juan*	**Verrà** Paolo **o** Giovanni
No lo ***hizo/hicieron ni*** *el uno* ***ni*** *el otro*	Non l'**hanno fatto né** l'uno **né** l'altro

! Se uno dei soggetti è singolare e l'altro plurale bisogna ripetere il verbo per ciascuno di essi, nel **numero corrispondente**:

O te quedas tú o *se* ***quedan ellos***	**O rimani tu o rimangono loro**

- Se il soggetto è seguito da un complemento introdotto da ***con*** (nel caso di complemento di compagnia), il verbo si può accordare sia al **singolare** sia al **plurale**:

Llegará/llegarán *la madre* ***con*** *sus hijos*	**Arriverà** la madre **con** i suoi figli

- Se il soggetto è costituito da due o più infiniti, il verbo va alla III **persona singolare**:

Fumar *y* ***beber*** *mucho* ***perjudica*** *a la salud*	**Fumare** e **bere** molto **nuoce** alla salute

! Se gli infiniti hanno significati contrapposti, il verbo va coniugato alla III **persona plurale**:

Holgazanear *y* ***aprender*** ***son*** *incompatibles*	**Oziare** e **imparare sono** incompatibili

- Quando il soggetto è un nome collettivo, il verbo si accorda alla III **persona singolare**:

En la plaza una gran ***muchedumbre esperaba*** *la llegada del presidente*	In piazza una grande **folla aspettava** l'arrivo del presidente

! Se il nome collettivo è seguito da un complemento al plurale preceduto da ***de***, il verbo può essere accordato alla III **persona singolare** o **plurale**:

La mayoría de los alumnos llegó/llegaron *con retraso*	**La maggior parte degli alunni arrivò/arrivarono** in ritardo

- Quando il soggetto è un pronome relativo che rappresenta una I o una II persona singolare o plurale, il verbo si può accordare con la **persona** a cui si riferisce il pronome, oppure si coniuga alla III **singolare** o **plurale:**

Yo soy ***él que*** *lo* ***dije/dijo***	Sono io **che** l'**ho detto**
Vosotros sois ***quienes gritáis/gritan***	Siete voi **che gridate**

In alcune frasi il verbo apparentemente non si accorda con il soggetto perché il **pronome personale** viene **sottinteso:**

(Nosotros) ***Los italianos comemos*** *mucha pasta*	**Noi italiani mangiamo** molta pasta
(Vosotros) ***Los franceses exportáis*** *un buen vino*	**Voi francesi esportate** un buon vino

FORMA NEGATIVA E INTERROGATIVA

FORMA NEGATIVA

- Si costruisce anteponendo al verbo l'avverbio ***no***:

No han llegado *aún*	**Non sono** ancora **arrivati**

! I pronomi personali complemento si collocano tra la negazione e il verbo:

No ***se lo*** *digas*	Non dir**glielo**
No ***le*** *gusta*	Non **gli** piace
No ***se*** *sabe lo que pasó*	Non **si** sa ciò che successe

- Dopo il ***no*** si possono usare aggettivi, pronomi e avverbi negativi come ***ninguno*** **nessuno** (aggettivo e pronome), ***nadie*** **nessuno** (pronome), ***nada*** **niente** (avverbio), ***nunca*** **mai** (avverbio), ***jamás*** **mai** (avverbio):

No hay ***ningún*** *asiento vacío*	**Non** c'è **nessun** posto vuoto
No encontré ***a nadie***	**Non** ho incontrato **nessuno**
No lo he visto ***jamás***	**Non** l'ho **mai** visto

! Se le suddette espressioni negative precedono il verbo bisogna tralasciare il ***no***:

Nunca *lo hubiera sospechado*	**Mai** l'avrei sospettato
Nada *hacía suponer tal cosa*	**Niente** lasciava supporre la tal cosa

Nel linguaggio colloquiale si usano spesso termini come ***bledo***, ***comino*** (propriamente: bietola, cumino) per indicare una cosa di poca importanza, nulla, niente:

Le importa ***un bledo***	**Non** gli importa **un accidente**
No me importa ***un comino***	**Non** mi importa **un'acca**

L'imperativo negativo si esprime con il verbo al congiuntivo (vedi pag. 23):

¡No vengas!	**Non venire!**

FORMA INTERROGATIVA

- La frase interrogativa viene espressa oralmente con l'intonazione della voce; nello scritto è evidenziata dai **segni interrogativi** *¿...?*, collocati al principio e alla fine della frase stessa:

¿Vendrás a la fiesta? — Verrai alla festa?

Il **punto interrogativo capovolto** serve a segnalare il cambiamento di intonazione; va quindi messo all'inizio della domanda, che può anche non coincidere con l'inizio del periodo:

*Aquella casa de que me hablaste **¿está todavía en venta?*** — Quella casa di cui mi parlasti, **è ancora in vendita?**

- Generalmente nella frase interrogativa il **soggetto va posposto** al verbo:

*¿**Es usted** él que ha llamado por teléfono?* — **È lei** che ha telefonato?

Cual **quale**, ***quien*** **chi**, ***que*** **che**, ***como*** **come**, ***cuando*** **quando**, ***cuanto*** **quanto**, ***donde*** **dove** nella frase interrogativa diretta e indiretta vogliono l'accento:

*¿**Qué** le has dicho?* — **Che cosa** gli hai detto?

*¿**Cómo** te llamas?* — **Come** ti chiami?

*¿**Dónde** vive Ana?* — **Dove** vive Anna?

*Le preguntó **cuántos** años tenía* — Gli chiese **quanti** anni aveva

MODI E TEMPI

Il modo Indica il grado di realtà dell'azione espressa dal verbo. Può rappresentare una realtà oggettiva oppure riflettere l'atteggiamento soggettivo di chi parla. Esistono:

- **modi finiti** (***formas personales***), cioè coniugati secondo la persona, il numero e il tempo. Sono quattro:
  - ***indicativo***
  - ***subjuntivo***
  - ***potencial***
  - ***imperativo***
- **modi indefiniti** (***formas no personales***), che non danno indicazioni sulla persona. Sono tre:
  - ***infinitivo***
  - ***gerundio***
  - ***participio***

Il tempo Segnala il momento in cui accade l'azione e indica:

- contemporaneità (presente)
- anteriorità (passato)
- posteriorità (futuro)

tra l'azione espressa e chi parla o scrive.

I tempi si suddividono in:

- **tempi semplici** (***tiempos simples***), formati da una sola parola: *presente*, *pretérito imperfecto*, *pretérito indefinido*, *futuro imperfecto de indicativo*; *presente*, *pretérito imperfecto*, *futuro imperfecto de subjuntivo*; *potencial simple*; *imperativo presente*; *infinitivo simple*; *gerundio simple*; *participio pasado*
- **tempi composti** (***tiempos compuestos***), formati da due o tre parole: ausiliare coniugato *haber* + *participio pasado* del verbo: *pretérito perfecto*, *pretérito pluscuam-*

perfecto, pretérito anterior, futuro perfecto de indicativo; pretérito perfecto, pretérito pluscuamperfecto, futuro perfecto de subjuntivo; potencial compuesto; infinitivo compuesto; gerundio compuesto

I tempi di ogni modo saranno così ordinati nelle tavole dei verbi:

INDICATIVO				POTENCIAL
Presente	Pretérito imperfecto	Pretérito indefinido	Futuro imperfecto	Simple Compuesto
Pretérito perfecto	Pretérito pluscuamperfecto	Pretérito anterior	Futuro perfecto	IMPERATIVO Presente
				INFINITIVO Simple Compuesto
SUBJUNTIVO				
Presente	Pretérito imperfecto	Pretérito pluscuamperfecto	Futuro imperfecto	GERUNDIO Simple Compuesto
Pretérito perfecto	*Seconda forma*	*Seconda forma*	Futuro perfecto	PARTICIPIO Pasado

INDICATIVO

Corrisponde all'**indicativo** italiano. È il modo della realtà, della certezza; esprime un fatto che accade, che è accaduto o che accadrà.

Presente Corrisponde al **presente** italiano. Esprime:

- un'azione che si svolge nel **momento in cui si parla**:

  *El niño **duerme*** — Il bambino **dorme**

- una **consuetudine**:

  ***Siempre me levanto** a las 7* — **Mi alzo sempre** alle 7

- **un passato** (presente storico):

  *Colón **descubre** América en 1492* — Colombo **scopre** l'America nel 1492

- un **futuro**

  ***Viene** la próxima semana* — **Viene**/Verrà la settimana prossima

- un **fatto sempre vero**, espresso ad esempio da massime e proverbi o da leggi ed esperienze scientifiche:

*La Tierra **gira** alrededor del Sol*	La Terra **gira** intorno al Sole

- un **comando** che implica un rimprovero:

*Ahora mismo **te vas** a casa y **te pones** a estudiar*	Adesso **vai** a casa e **ti metti** a studiare

Pretérito imperfecto Corrisponde all'**imperfetto** italiano. Esprime:

- un'azione durante il suo **svolgersi nel passato**:

*Me **esperaba** en la estación*	Mi **aspettava** alla stazione

- la **contemporaneità nel passato** di due azioni:

*Mientras yo **trabajaba** tú **dormías***	Mentre io **lavoravo** tu **dormivi**
***Paseaba** por el bosque cuando empezó a llover*	**Passeggiavo** nel bosco quando cominciò a piovere

- una **consuetudine** nel passato:

*Me **escribía** todas las semanas*	Mi **scriveva** tutte le settimane

- un avvenimento in una **narrazione storica**:

*Napoleon **moría** el 5 de mayo de 1821*	Napoleone **moriva** il 5 maggio 1821

- una **forma di cortesia**:

***Quería** pedirte un favor*	**Volevo** chiederti un favore

Pretérito indefinido Corrisponde al **passato remoto** italiano. Esprime:

- un'azione avvenuta nel **passato** e ormai **conclusa**:

***Llegó** con el tren de las diez*	**Arrivò** con il treno delle 10

In alcune regioni della Spagna settentrionale e in gran parte dell'America di lingua spagnola il *pretérito indefinido* sostituisce il *pretérito perfecto* per descrivere fatti accaduti di recente:

*Esta mañana **me levanté** tarde*	**Mi sono alzato** tardi questa mattina

Pretérito perfecto Corrisponde al **passato prossimo** italiano. È un tempo composto formato dal *presente* di *haber* + il *participio pasado* del verbo. Esprime:

- un fatto accaduto da poco o da molto tempo purché **in relazione col presente**:

***He llegado** hace un momento*	**Sono arrivato** da un momento
*Ana **se ha casado** hace dos años*	Anna **si è sposata** due anni fa

! Nella formazione del *pretérito perfecto* a volte si usa il verbo *tener* invece di *haber*. In questo caso il participio concorda con il complemento diretto:

*Le **tengo hechos** muchos favores*	Gli **ho fatto** molti favori

Pretérito pluscuamperfecto Corrisponde al **trapassato prossimo** italiano. È un tempo composto formato dal *pretérito imperfecto* di *haber* + il *participio pasado* del verbo. Indica:

- l'**anteriorità** di un'azione rispetto ad un'altra azione avvenuta nel passato, che può essere espressa all'*imperfecto* o al *pretérito indefinido*:

*El niño estaba muy contento porque su padre le **había comprado** un helado*	Il bambino era molto contento perché suo padre gli **aveva comprato** un gelato
*Cuando la llamé por teléfono, ya se **había marchado***	Quando le telefonai, se ne **era** già **andata**

Pretérito anterior Corrisponde al **trapassato remoto** italiano. È un tempo composto formato dal *pretérito indefinido* di *haber* + il *participio pasado* del verbo. Solitamente è preceduto da espressioni come ***después que*** **dopo di**, ***así que*** **così che**, ***cuando*** **quando**, ed esprime:

- un **fatto conclusosi** nel passato prima di un altro fatto passato espresso da un *pretérito indefinido*:

Cuando ***hubo cenado*** *se acostó*	Quando **ebbe cenato** andò a dormire

Nella lingua parlata il *pretérito anterior* è poco usato e solitamente viene sostituito dal *pretérito indefinido*:

Cuando ***acabó*** *se levantó*	Quando **ebbe finito** si alzò

Futuro imperfecto Corrisponde al **futuro semplice** italiano. Esprime:

- un'azione che deve **ancora accadere** o **concludersi**:

María ***llegará*** *mañana*	Maria **arriverà** domani
Acabaremos *el trabajo el martes*	**Finiremo** il lavoro martedí

- una **probabilità**, una supposizione:

Serán *la nueve de la mañana*	**Saranno** le nove di mattina

- una **convinzione**, in frasi interrogative o esclamative:

Tendrás *ganas de verle ¿verdad?*	**Avrai** voglia di vederlo, vero?

- un **comando** rivolto al futuro:

Irás *y le* ***dirás*** *que no quieres hacerlo*	**Andrai** e gli **dirai** che non vuoi farlo

- una **concessione**:

Le ***aprobarán***, *pero no sabe nada*	Lo **promuoveranno**, ma non sa niente

Futuro perfecto Corrisponde al **futuro anteriore** italiano. È un tempo composto formato dal *futuro imperfecto* di *haber* + il *participio pasado* del verbo. Esprime:

- un'**azione futura** che si svolgerà prima di un'altra azione o di un momento futuro:

Cuando lleguen, ya ***habremos comido***	Quando arriveranno, **avremo** già **mangiato**
El domingo ya ***habré cobrado*** *mi sueldo*	Domenica **avrò** già **riscosso** il mio stipendio

- una **supposizione** o un dubbio riferito al passato:

Lo ***habrá dicho*** *en broma*	Lo **avrà detto** per scherzare
¿Lo ***habrá dicho*** *en serio?*	Lo **avrà detto** sul serio?

SUBJUNTIVO

Corrisponde al **congiuntivo** italiano. È il modo dell'incertezza, dell'ipotesi, della possibilità. Viene usato:

- per esprimere un **dubbio**, un timore (dopo avverbi come ***quizá/tal vez*** **forse** o verbi come ***temer*** **temere**, ***dudar*** **dubitare**):

*Quizá **venga** mañana*	Forse **viene** domani
*Temo que no **puedas** hacerlo solo*	Temo che tu non **possa** farlo da solo

- per esprimere un'**opinione** (dopo verbi come ***decir*** **dire**, ***creer*** **credere**, ***pensar*** **pensare**) quando il verbo della frase principale è alla forma negativa:

*No creo que **venga***	Non credo che **venga/verrà**

- per indicare un **desiderio**, un sentimento, un augurio (dopo espressioni come ***ojalá*** **magari** o verbi come ***desear*** **desiderare**, ***sentir*** **dispiacersi**, ***molestar*** **infastidire**, ***gustar*** **piacere**, ***rogar*** **pregare**):

*Deseo que **llegue** pronto*	Desidero che **arrivi** presto
*Me molesta que **hagas** tanto ruido*	Mi dà fastidio che tu **faccia** tanto rumore
*Te ruego que me **enseñes** tu colección*	Ti prego di **mostrarmi** la tua collezione

- per esprimere un **ordine**, una volontà (dopo verbi come ***ordenar*** **ordinare**, ***querer*** **volere**, ***pretender*** **pretendere**, ***intimar*** **intimare**):

*Ordenó que **vinieras***	Ordinò che **venissi**

- dopo alcune **forme impersonali** come ***es importante*** **è importante**, ***es probable*** **è probabile**, ***es necesario*** **è necessario**, ***es mejor*** **è meglio**:

*Es mejor que **adelgace** un poco*	È meglio che io **dimagrisca** un po'

- per indicare un **futuro** in una frase dipendente:

*Cuando lo **vea**, se lo diré*	Quando lo **vedrò**, glielo dirò

- nelle **frasi ipotetiche** della possibilità o dell'irrealtà:

*Si lo **supiera** se lo diría*	Se lo **sapessi** glielo direi

Presente Corrisponde al **congiuntivo presente** italiano. Esprime:

- un fatto che si considera **realizzabile nel presente** o **nel futuro**:

*Quiero que me lo **cuentes***	Voglio che me lo **racconti**
*Querrá que se lo **digas***	Vorrà che tu glielo **dica**

- un'**azione futura**, in sostituzione del *futuro imperfecto* e del *futuro perfecto de subjuntivo* ormai in disuso:

*Cuando **entre**, cierra la puerta*	Quando **sarà entrato**, chiudi la porta

- un'**esclamazione**, un desiderio:

*¡Qué **seas** muy feliz!*	Che tu **sia** felice!

- un **comando negativo**:

*¡**No comas** tanto!*	**Non mangiare** tanto!

Pretérito imperfecto Corrisponde al **congiuntivo imperfetto** italiano. In spagnolo esistono due forme di *pretérito imperfecto de subjuntivo*, la forma in ***-ra*** (*hablara*) e la forma in ***-se*** (*hablase*). Sebbene le due forme abbiano un significato equivalente, la prima è più usata ed esprime:

- un fatto che si crede o si teme **impossibile da realizzare**:

*¡Ojalá me **tocara** la lotería!*	Magari **vincessi** alla lotteria!

- un'azione riferita al **presente** o al **futuro** nelle frasi precedute da ***si*** **se** ipotetico:

*Si **tuviera** dinero me compraría un coche*	Se **avessi** dei soldi mi comprerei una macchina

- un **dubbio** nel passato o nel futuro, quando il verbo è preceduto da avverbi come ***quizá/tal vez*** **forse**:

*Quizá lo **hiciera** aquel día para ayudarte*	Forse quel giorno lo **avrà fatto** per aiutarti
*Tal vez nos **ayudara** mañana si se lo pidiéramos*	Forse domani ci **aiuterà** se glielo chiedessimo

Pretérito perfecto Corrisponde al **congiuntivo passato** italiano. Esprime:

- un'azione che si ritiene possa essersi **già realizzata**:

*No creo que **haya llegado***	Non credo che **sia arrivato**

Pretérito pluscuamperfecto Corrisponde al **congiuntivo trapassato** italiano. Esprime:

- un fatto riferito al passato, ormai **impossibile da realizzare**:

*Si **se hubiera marchado** antes, habría llegado a tiempo*	Se **fosse partito** prima, sarebbe arrivato in tempo

- un **futuro** in sostituzione del *futuro perfecto de subjuntivo*:

*Me causarías un gran perjuicio si no **hubieras terminado** el trabajo para ese día*	Mi causeresti un grave danno se non **avessi terminato** il lavoro per quel giorno

- un **desiderio** nel passato:

*¡Ojalá te **hubiera hecho** caso!*	Magari ti **avessi dato** retta!

Futuros de subjuntivo

I due futuri del *subjuntivo*, il *futuro imperfecto* e il *futuro perfecto*, teoricamente sono le forme proprie per esprimere un'azione futura in una frase dipendente, ma si usano di rado e solo nella lingua antica o nelle forme stereotipate del linguaggio giuridico. Normalmente vengono sostituiti con altri tempi.

Futuro imperfecto Si trova:

- in frasi dipendenti quando il verbo della principale è al *futuro de indicativo*, all'*imperativo* o al *potencial*.

! Attualmente viene sostituito con il *presente de indicativo*, il *presente* o il *pretérito imperfecto de subjuntivo*:

*El que así lo **hiciere*** (oggi: ***hace**) pagará su culpa*	Chi **agirà** così, pagherà la sua colpa

Aunque ***estuviere*** *(*oggi: ***esté) durmiendo*** *llámame para cenar*	Anche se **starò / stessi dormendo**, chiamami per cenare
Si ***vinieres(***oggi: ***vinieras)*** *antes de las diez, me encontrarías aún levantado*	Se tu **venissi** prima delle dieci, mi troveresti ancora alzato

Futuro perfecto Esprime:

- un'azione anteriore ad un'altra azione futura.

! Attualmente viene sostituito con il *pretérito perfecto de indicativo*, il *presente*, il *pretérito perfecto* o il *pretérito pluscuamperfecto de subjuntivo*:

Cuando ***hubiere entrado*** *(*oggi: ***entre, haya entrado)*** *cierra la puerta*	Quando **sarà entrato** chiudi la porta
Si no lo ***hubiere hecho*** *(*oggi: ***hubiera hecho)*** *para entonces me causaría un gran perjuicio*	Se non lo **avesse fatto** per allora, mi causerebbe un grave danno
Si no ***hubiere pagado*** *(*oggi: ***ha pagado)*** *en la fecha señalada, le llevarán al juzgado*	Se non **avrà pagato / pagasse** entro la data indicata, lo porteranno in tribunale

POTENCIAL

Corrisponde al **condizionale** italiano. È il modo dell'eventualità, dell'ipotesi, del desiderio, della cortesia. Viene usato:

- nelle **frasi ipotetiche** per esprimere un'eventualità condizionata:

Si pudiera, ***vendría***	Se potessi, **verrei**

- per esprimere un **futuro nel passato**:

Me dijeron que ***llegarías*** *hoy*	Mi dissero che **saresti arrivato** oggi

- per esprimere un **desiderio**:

Me ***gustaría*** *salir contigo*	Mi **piacerebbe** uscire con te

- per esprimere una **supposizione**, un calcolo approssimativo nel passato:

Serían *las doce cuando sonó la alarma*	**Saranno state** le dodici quando è suonato l'allarme
Se enfadaría *porque le hiciste esperar*	**Si sarà arrabbiato** perché lo hai fatto aspettare

- per indicare una **probabilità**:

Quizás ahora ***aceptaría*** *mi oferta*	Forse adesso **accetterebbe** la mia offerta

- per esprimere un'**interrogativa indiretta**:

Dime qué ***harías*** *ahora sin mí*	Dimmi che cosa **faresti** adesso senza di me

- nelle **formule di cortesia** per esprimere:
  - una richiesta

*¿**Podría** decirme qué hora es?*	Mi **potrebbe** dire che ora è?

  - un consiglio

Deberías *estudiar más*	**Dovresti** studiare di più

Simple Corrisponde al **condizionale presente** italiano. Esprime:

- una **supposizione** o un **desiderio realizzabile** nel presente, nel passato o nel futuro:

Se diría *que empieza a llover*	**Si direbbe** che cominci a piovere
Tendría *entonces cincuenta años*	Allora **avrà avuto** cinquant'anni
José nos ***ayudaría*** *si se lo pidiéramos*	Giuseppe ci **aiuterebbe** se glielo chiedessimo

Compuesto Corrisponde al **condizionale passato** italiano. Esprime:

- un'**eventualità** o una **supposizione nel passato**, anteriore ad un'altra azione:

Antes de que pasara eso le ***habría visto*** *tres o cuatro veces*	Prima d'ora (prima che ciò succedesse) l'**avrò visto** tre o quattro volte

- una **probabilità**:

Se habría conformado *con la mitad*	**Si sarebbe accontentato** della metà

IMPERATIVO

È il modo del **comando**, dell'esortazione, del divieto.

Presente Corrisponde all'**imperativo presente** italiano.

Esistono forme proprie solo per la II persona singolare e plurale. La I persona singolare non esiste; per la III singolare e la I e la III plurali si usano le forme del *presente de subjuntivo*:

–
habla
hable
hablemos
hablad
hablen

Esprime:

- un **ordine**, un'esortazione, una preghiera:

Dame *ese libro*	**Dammi** quel libro
Ven *a verme mañana*	**Vieni** a trovarmi domani
¡Ayúdame!	**Aiutami!**

! La I e la II persona plurale seguite da ***nos*** **ci** e ***os*** **vi** perdono rispettivamente la ***s*** e la ***d*** finali:

lavemos + nos = ***¡lavémonos!***	**laviamoci!**
sentad + os = ***¡sentaos!***	**sedetevi!**

Attualmente nella lingua spagnola esiste la tendenza ad usare l'*infinitivo* al posto della II persona plurale dell'*imperativo*:

sentaros invece ***sentaos***

Imperativo negativo

Le forme proprie dell'*imperativo* non ammettono la negazione. Per realizzarla, si usano le forme del *presente de subjuntivo*:

No vengas	**Non venire**
No cantéis	**Non cantate**

Altri modi per esprimere un comando

In alternativa all'*imperativo*, per esprimere un comando si ricorre:

- al *futuro imperfecto de indicativo*, quando il comando deve essere eseguito nel **futuro** o vale per un **lungo periodo**:

Amarás *a tus padres*	**Amerai** i tuoi genitori

- all'*infinitivo*, per esprimere un **divieto** o dare **istruzioni** in modo impersonale:

No fumar	**Non fumare**
Poner *en remojo los garbanzos*	**Mettere** in ammollo i ceci
¡A callar!	**Silenzio!**

INFINITIVO

Corrisponde all'**infinito** italiano. Esprime il significato dell'azione e indica la coniugazione di appartenenza del verbo. Può avere:

- **funzione verbale in frasi indipendenti** per esprimere:
  - un comando

¡A dormir!	**A dormire!**

  - un'istruzione data in modo impersonale

Copiar *hasta la señal*	**Copiare** fino al segno

  - un valore passivo

Difícil de ***pronunciar***	Difficile da **pronunciare**

  - un'esclamazione di lamentela o una domanda retorica

*¡**Pedirme** a mí cuentas!*	**Chiedere a me** di rendere conto!
*¿**Darle** yo explicaciones a ese?*	**Dare io** spiegazioni a costui?

- **funzione verbale in frasi dipendenti**:

Prometió ***venir***	Promise di **venire**
He decidido ***hacerlo*** *yo*	Ho deciso di **farlo** io

in questo caso il soggetto non espresso dell'*infinitivo* coincide con quello della principale

! Se il verbo della principale è di percezione come ***oír*** **udire**, ***ver*** **vedere**, o esprime un ordine o un consiglio come ***mandar*** **comandare**, ***ordenar*** **ordinare**, ***impedir*** **impedire**, ***prohibir*** **proibire**, ***recomendar*** **raccomandare**, il verbo della dipendente può andare all'*infinitivo* anche se ha soggetto diverso

*Te **vi pasar***	Ti **ho visto passare**
*El médico le **ha recomendado hacer** deporte*	Il medico gli **ha raccomandato di fare** dello sport

L'*infinitivo* con funzione di **complemento oggetto**, che in italiano è preceduto dalla preposizione **di**, in spagnolo non è introdotto da alcuna preposizione:

*Le **mandé venir***	Gli **ordinai di venire**

- **funzione di sostantivo**; in questo caso può essere preceduto dall'articolo ed essere accompagnato da un aggettivo:

***Estudiar** es útil*	**Studiare** è utile
***Fumar** es pernicioso para la salud*	**Il fumare** è nocivo alla salute
*Le ha agotado **el incesante trabajar***	**Il lavoro stressante** l'ha esaurito

Alcuni *infinitivos* vengono ormai usati come veri e propri sostantivi, tanto da ammettere il plurale:

el amanecer **(l'alba)**	***los amaneceres*** **(le albe)**
el atardecer **(il tramonto)**	***los atardeceres*** **(i tramonti)**
el cantar **(il canto)**	***los cantares*** **(i canti)**
el haber **(l'avere)**	***los haberes*** **(gli averi)**
*¡Qué lindo **atardecer**!*	Che bel **tramonto**!
*Me gustan los **cantares** populares*	Mi piacciono le **canzoni** popolari

Simple Corrisponde all'**infinito presente** italiano. Esprime:

- **contemporaneità** o **posteriorità** rispetto all'azione espressa dal verbo principale:

*Quiere **parecer** más joven*	Vuole **sembrare** più giovane
*No piensa **venir** antes del martes*	Non pensa di **venire** prima di martedì

Compuesto Corrisponde all'**infinito passato** italiano. È formato dall'*infinitivo simple* dell'ausiliare *haber* + il *participio pasado* del verbo. Esprime:

- un'azione che è già **terminata**:

*Creía **haber sacado** una buena nota pero no fue así*	Credevo di **avere preso** un bel voto, ma non è stato così

- un **rimprovero** per aver fatto o non aver fatto una determinata cosa:

*¡**No haberos fiado**!*	**Non dovevate fidar**vi!
*¡**Haberlo dicho**!*	**Dovevate dir**lo!

Particolarità

- L'*infinitivo* può essere preceduto dalla maggior parte delle preposizioni tranne ***ante*** **davanti**, ***bajo*** **sotto**, ***contra*** **contro**, ***durante*** **durante**, ***hacia*** **verso**, ***según*** **secondo** e ***sobre*** **sopra**:

*Voy **a decirselo***	Vado **a dir**glielo
*Se esfuerza **en hacer**lo bien*	Si sforza **di far**lo bene
*Nos entendemos **sin hablar***	Ci capiamo **senza parlare**

Con alcune preposizioni assume un **significato particolare**:

- preceduto da ***por*** esprime una **causa**

*Te has caído **por correr***	Sei caduto **perché correvi**

- preceduto da ***con*** esprime una **condizione** o ha valore **concessivo**

***Con decír**selo tú, te escuchará*	**Se** glielo **dici** tu, ti ascolterà
***Con ser** tan experto, no es capaz de hacer funcionar esta máquina*	**Pur essendo** tanto esperto, non è capace di far funzionare questa macchina

- preceduto da ***de*** esprime una **causa** o una **condizione**

*Ha enfermado **de** tanto **trabajar***	Si é ammalato **per il** troppo **lavorare**
***De haberlo sabido**, no habríamos venido*	**Se** lo **avessimo saputo** non saremmo venuti

- preceduto da ***al*** esprime **contemporaneità** o **successione** immediata rispetto ad un'altra azione

***Al estallar** la bomba se rompieron todos los cristales*	**Allo scoppiar** della bomba si ruppero tutti i vetri

! Se l'azione espressa dall'*infinitivo* dura nel **tempo** l'espressione con ***al*** equivale al **gerundio**

***Al ir** hacia su casa me lo encontré por el camino* equivale a ***Yendo** hacia su casa me lo encontré por el camino*	**Andando** (mentre andavo) verso casa sua lo incontrai per strada

- preceduto da ***para*** e con i verbi di movimento come ***ir*** **andare**, ***venir*** **venire**, ***llegar*** **arrivare**, ***volver*** **tornare** esprime uno scopo

*Salió **para hacer** la compra*	Uscì **per fare** la spesa

- Unito ad alcuni verbi, l'*infinitivo* serve a costruire perifrasi verbali (vedi pag. 46)
- L'*infinitivo* non può essere preceduto da particelle pronominali, che invece seguono sempre il verbo:

*¿**Hacerlo** o no **hacerlo**?*	**Farlo** o non **farlo**?

! Nei casi in cui l'*infinitivo* è preceduto da un verbo alla forma personale, il pronome può precedere il verbo (in tal caso è detto enclitico):

*Necesito **verte** esta semana* ***Te** necesito **ver** esta semana*	Ho bisogno **di vederti** questa settimana
*Quería **deciros** algo importante*	Volevo **dirvi** qualcosa di importante

Os *quería* ***decir*** *algo importante*	**Vi** volevo **dire** qualcosa di importante

- seguono la stessa regola anche i pronomi riflessivi

¿Quiere usted ***sentarse****?*	Vuole **sedersi**?
*¿****Se*** *quiere usted* ***sentar****?*	**Si** vuole **sedere**?

L'*infinitivo* retto da un **numero ordinale** o da ***último***/***postrero*** **ultimo** vuole la preposizione ***en***:

El ***primero en levantarse*** *era siempre él*	Il **primo ad alzarsi** era sempre lui
Fue el ***último en entregar*** *el trabajo*	É stato l'**ultimo a consegnare** il compito

GERUNDIO

Corrisponde al **gerundio** italiano. Esprime un'azione nel suo svolgimento; specifica le circostanze in cui si verifica l'evento espresso nella frase principale. Indica:

- una circostanza **temporale**:

Paseando *vi a tu hermano*	**Passeggiando** ho visto tuo fratello

- il **modo** in cui avviene l'azione della frase principale (può corrispondere al participio presente italiano):

Hablaba ***gritando***	Parlava **gridando**
Preguntó ***temblando***	Chiese **tremando**/**tremante**

- una **causa**:

Sabiendo *que llegas siempre con retraso he decidido esperar*	**Sapendo** che arrivi sempre in ritardo ho deciso di aspettare

- una **condizione**:

Apretando *de ese modo, lo romperás*	**Stringendo** in quel modo, lo romperai

- una **frase concessiva**, se preceduto da ***aun***:

Aun corriendo*, no llegaremos a tiempo*	**Anche se corriamo**, non arriveremo in tempo

- una **frase relativa** dipendente da un verbo di percezione:

He visto *a tu hermano* ***esperando*** *el autobús*	**Ho visto** tuo fratello **che aspettava** l'autobus

! I **pronomi personali** vanno collocati dopo il *gerundio*:

Asomándote *a la ventana me verás*	**Affacciandoti** alla finestra mi vedrai

- tuttavia se il *gerundio* è accompagnato da un altro verbo, può essere preceduto dai pronomi enclitici

Le estoy escribiendo *una carta*	**Gli sto scrivendo** una lettera

Il soggetto del *gerundio*

- La desinenza del *gerundio* non dà alcuna informazione riguardo alla persona e al numero del soggetto; se il soggetto del *gerundio* non è espresso coincide con quello della frase principale:

Llamó preguntando *por ti*	**Ha telefonato chiedendo** di te

- Se il soggetto del *gerundio*, nella frase dipendente, è diverso da quello della principale, deve essere espresso e posposto al verbo:

El accidente ocurrió ***estando yo*** *allí*	L'incidente è avvenuto **mentre io ero** lì (**stando io** lì)

Simple Corrisponde al **gerundio semplice** italiano. Esprime:

- la **contemporaneità** di due azioni:

Empezó su discurso ***dando las gracias*** *al presidente*	Iniziò il suo discorso **ringraziando** il presidente

! Il *gerundio simple*, accompagnato da alcuni verbi, forma perifrasi verbali con significato diverso (vedi pag. 49); in particolare:

- unito a ***estar*** **essere, stare** indica la durata dell'azione verbale

Estoy leyendo *un libro muy interesante*	**Sto leggendo** un libro molto interessante

- unito a verbi di movimento come ***ir*** **andare**, ***venir*** **venire**, ***andar*** **camminare** indica una progressione che si ripete nel tempo

Andaba pidiendo *dinero a todo el mundo*	**Andava chiedendo** soldi a tutti

Compuesto Corrisponde al **gerundio passato** italiano. Esprime:

- un'**azione conclusa**, anteriore a quella del verbo della frase principale:

Habiendo acabado *su trabajo, se fue a casa*	**Avendo terminato** il suo lavoro, se ne andò a casa

PARTICIPIO

Modo indefinito che può avere anche funzione di sostantivo e di aggettivo qualificativo.

Presente Corrisponde al **participio presente** italiano. È caratterizzato dalle desinenze ***-ante***, ***-ente***, ***-iente***. Di solito non viene riportato nella coniugazione perché si tratta di una forma in disuso. Le poche voci esistenti sono ormai considerate come aggettivi o sostantivi:

cantante	**cantante**	***influyente***	**influente**
conveniente	**conveniente**	***sirviente***	**servitore**

- il *participio presente* è sostituito da:
  - una frase introdotta da ***que***

Los equipos ***que concurren*** *a la Copa del mundo*	Le squadre **concorrenti** alla Coppa del mondo

  - un ***gerundio***

Una olla de agua ***hirviendo***	Una pentola di acqua **bollente**

  - un ***participio pasado***

Un discurso ***pesado***	Un discorso **noioso** (che annoia)

  - un aggettivo terminante in ***or***

Un cuento ***conmovedor***	Un racconto **commovente**

Pasado Corrisponde al **participio passato** italiano. Può avere:

- **valore passivo** con i verbi transitivi:

*El equipo **derrotado***	La squadra **sconfitta**

- **valore attivo** con i verbi intransitivi:

*Un hombre **atrevido** (que se atreve)*	Un uomo **coraggioso** (che ha coraggio)

Alcuni participi di verbi transitivi, oltre al valore **passivo**, possono avere anche valore **attivo** e significato diverso:

*El libro **leído** por Juan*	Il libro **letto** da Giovanni
*Ese señor es una persona **leída***	Quel signore è una persona **colta**

Il *participio pasado* si usa

- come **verbo**:
  - per indicare l'**anteriorità** di un'azione rispetto ad un'altra (participio assoluto)

***Pasado** el aguacero, salió a dar un paseo*	**Terminato** l'acquazzone, uscì a fare una passeggiata

Il *participio pasado absoluto* non può essere accompagnato da particelle pronominali enclitiche. Per tradurre un'espressione italiana in cui esse sono presenti bisogna ricorrere a una frase con ***que*** o a un *gerundio*:

*Las instrucciones **que me dieron**, no eran claras*	Le istruzioni **datemi**, non erano chiare
***Habiéndole llamado**, le dijo que no podía ir a la cita*	**Chiamatolo**, gli disse che non poteva andare all'appuntamento

  - nella formazione dei **tempi composti**, coniugato con l'ausiliare ***haber***. In questi casi rimane invariato

***Han decidido** ir a la piscina*	**Hanno deciso** di andare in piscina
***Hemos llegado** con retraso*	**Siamo arrivati** in ritardo

Alcuni verbi spagnoli hanno due participi, uno regolare e uno irregolare (vedi pag. 72). Normalmente il participio regolare viene usato per formare i tempi composti, mentre quello irregolare ha valore di aggettivo

He corregido *tu ejercicio*	**Ho corretto** il tuo esercizio
Tu ejercicio es ***correcto***	Il tuo esercizio è **corretto**

- nella **forma passiva**, coniugato con l'ausiliare ***ser***, dove concorda in genere e numero con il soggetto

Este cuadro ***fue pintado*** *por Picasso*	Questo quadro **fu dipinto** da Picasso
Los trabajos ***fueron empezados*** *con mucho retraso*	I lavori **furono iniziati** con molto ritardo

- unito ad alcuni verbi, per costruire perifrasi verbali (vedi pag. 51)

- come **sostantivo**:

El ***lavado*** *y el* ***planchado*** *de la ropa suele hacerse el lunes*	La **lavatura** e la **stiratura** della biancheria di solito si fanno il lunedì
El ***alumbrado*** *eléctrico ha sustituido al de gas*	L'**illuminazione** elettrica ha sostituito quella a gas

- come **aggettivo**:
  - per esprimere una **qualità** o una **caratteristica** del soggetto

La clase fue ***aburrida***	La lezione è stata **noiosa**
Juan está muy ***cansado***	Giovanni è molto **stanco**
Comieron patatas ***asadas***	Mangiarono patate **arrosto**

  - per esprimere il **modo in cui avviene** l'azione

Leía ***tumbada*** *en la cama*	Leggeva **sdraiata** sul letto

VERBI AUSILIARI: HABER, SER

Haber e ***ser***, pur avendo significato proprio, sono soprattutto usati come ausiliari, cioè aiutano altri verbi nella formazione dei tempi composti e del passivo.

HABER

- È usato per fomare i **tempi composti** di tutti i verbi spagnoli. È **ausiliare**:
  - di ***ser***

Ha sido *una clase muy aburrida*	**È stata** una lezione molto noiosa

  - dei verbi **transitivi**

Ha contado *un chiste muy divertido*	**Ha raccontato** una barzelletta molto divertente

  - dei verbi **intransitivi**

Luis ***ha salido*** *a las dos*	Luigi **è uscito** alle due

  - dei verbi **riflessivi**

Me he levantado *a las nueve*	**Mi sono alzato** alle nove
Ana y María ***se han saludado*** *con un abrazo*	Anna e Maria **si sono salutate** con un abbraccio

  - dei verbi **impersonali**

Esta noche ***ha nevado*** *mucho*	Questa notte **ha nevicato** molto

- Il *participio pasado* retto da ***haber*** rimane sempre invariabile:

He llegado	**Sono arrivato**
Hemos llegado	**Siamo arrivati**

- Tra l'ausiliare ***haber*** e il *participio pasado* non si interpone mai alcuna parola:

Cuando llegó, ***ya habíamos comido***	Quando arrivò, **avevamo già mangiato**
No lo ***he visto nunca***	Non l'**ho mai visto**

- ***Haber*** **non** è più usato come verbo che **esprime possesso**; in tal senso è stato sostituito da ***tener***:

Tengo una casa *muy bonita*	**Ho una casa** molto carina
Tiene *cinco* ***hijos***	**Ha** cinque **figli**

! ***Haber*** con il significato di **possedere** si può trovare ancora:

- in alcuni proverbi

Mal da quien no ***ha***	Poco dà chi non **ha**

- in alcune espressioni antiche rimaste nell'uso

Los hijos ***habidos*** *del matrimonio*	I figli **avuti** dal matrimonio

- Usato alla III persona singolare ha **valore impersonale** con il significato di **esserci**:

En aquel accidente ***hubo*** *varios heridos*	In quell'incidente **ci furono** vari feriti

! La forma impersonale del *presente de indicativo* è ***hay***:

No ***hay*** *dinero en la caja*	Non **ci sono** soldi in cassa

SER

- È **ausiliare** della **forma passiva**:

La película no ***fue proyectada***	Il film non **fu proiettato**

- Il *participio pasado* del verbo coniugato con ***ser*** concorda in genere e numero con il soggetto:

La clase ***fue suspendida***	La lezione **fu sospesa**
Los cuadros robados ***fueron devueltos*** *al museo*	I quadri rubati **furono restituiti** al museo

! Nelle frasi passive in cui si vuole sottolineare il **risultato dell'azione** si usa il verbo ***estar*** (per gli altri usi di *ser* e di *estar* vedi pag. 41):

La cama ***está hecha***	Il letto **è fatto**

LE FORME DEL VERBO

IL GENERE: VERBI TRANSITIVI E INTRANSITIVI

Verbi transitivi Sono verbi in cui l'azione, compiuta dal soggetto, si trasmette a persona, animale o cosa, che costituiscono un complemento oggetto o complemento diretto:

El abuelo ***lee el periódico***	Il nonno **legge il giornale**

Il complemento oggetto deve essere preceduto dalla preposizione ***a*** quando si riferisce a una persona o a un animale determinato:

El niño ***abraza a su madre***	Il bambino **abbraccia sua madre**
Ana ***acaricia a su gato***	Anna **accarezza il suo gatto**

- Per determinare se un verbo è transitivo, bisogna chiedersi su chi o su che cosa ricada l'azione, oppure bisogna verificare se si può volgere tale verbo al passivo:

El sastre ***ha cortado un traje***	Il sarto **ha tagliato un vestito**
El traje ha sido cortado *por el sastre*	**Il vestito è stato tagliato** dal sarto

! I verbi transitivi possono essere usati **in senso assoluto**, cioè con il complemento oggetto sottinteso:

El fuego ***quema***	Il fuoco **brucia**
El niño ***dibuja***	Il bambino **disegna**

Verbi intransitivi Sono verbi in cui l'azione non si trasmette a persona, animale o cosa perché si esaurisce nel soggetto. Sono seguiti da un complemento indiretto:

Los niños ***corren*** *por el parque*	I bambini **corrono** nel parco

- Sono intransitivi, per natura, la maggior parte dei verbi **di movimento** o **di azione fisiologica** come ***andar*** **camminare**, ***entrar*** **entrare**, ***ir*** **andare**, ***bostezar*** **sbadigliare**, ***dormir*** **dormire**, ***respirar*** **respirare**:

El domingo ***vamos*** *de excursión*	Domenica **andiamo** a fare una gita
He dormido *muchas horas*	**Ho dormito** molte ore

- Tutti i verbi intransitivi si costruiscono con l'ausiliare ***haber***:

Ha llegado *a las cinco*	**È arrivato** alle cinque

! Alcuni verbi intransitivi possono essere usati **transitivamente**, cioè possono avere un complemento oggetto rappresentato da una parola il cui significato è implicito al verbo stesso (il cosiddetto "oggetto interno"):

Juan ***vive una vida*** *feliz*	Giovanni **vive una vita** felice
Dormir un sueño *tranquilo*	**Dormire un sonno** tranquillo

! Alcuni verbi possono essere usati in modo sia **transitivo** sia **intransitivo**:

TRANSITIVO

Subir las escaleras	**Salire le scale**

INTRANSITIVO

Subir al tren	**Salire in treno**

Parecchi verbi **transitivi** in spagnolo sono **intransitivi** in italiano. I più comuni sono:

agradecer	**ringraziare per**
aprovechar	**approfittare di**
conseguir	**riuscire a**
lograr	**riuscire a**
necesitar	**aver bisogno di**
recordar	**ricordarsi di**
sentir	**dispiacersi per**

Te ***agradezco*** *el favor*	Ti **ringrazio per** il favore
Para hacer este trabajo ***necesito*** *un buen diccionario*	Per fare questo lavoro **ho bisogno di** un buon dizionario
He logrado *aprobar el examen*	**Sono riuscito a** superare l'esame

FORMA ATTIVA E PASSIVA

- Un verbo è alla **forma attiva** quando il soggetto compie l'azione espressa dal verbo:

El profesor explica *la lección*	**Il professore spiega** la lezione

- Un verbo è alla **forma passiva** quando il soggetto subisce l'azione espressa dal verbo:

  La carta fue escrita por Luis — **La lettera fu scritta** da Luigi

Costruzione della forma passiva

Solo le frasi costruite con un **verbo transitivo** che ha il **complemento oggetto espresso** possono essere trasformate da attive in passive:

FORMA ATTIVA	*el policía* **il poliziotto**	*capturó* **catturò**	*a los ladrones* **i ladri**
FORMA PASSIVA	*los ladrones* **i ladri**	*fueron capturados* **furono catturati**	*por el policía* **dal poliziotto**

La frase al passivo è costituita da:

- **soggetto**: corrispondente al complemento oggetto della forma attiva (***los ladrones***)
- **verbo alla forma passiva**: ausiliare ***ser*** + *participio pasado* del verbo attivo, concordato in genere e numero con il soggetto della forma passiva (***fueron capturados***)
- **complemento d'agente**: ***por*** + soggetto della forma attiva (***el policía***)

  ! Nel linguaggio letterario il complemento d'agente può essere introdotto anche da ***de***:

  *Es estimado **de todos*** — È stimato **da tutti**

La **forma passiva** con ***ser*** non è molto usata e quando è possibile viene sostituita con:

- la **forma attiva** corrispondente

  ***El periódico publicó** la noticia* — **Il giornale pubblicò** la notizia è preferibile a

La noticia fue publicada por el periódico	**La notizia fu pubblicata** dal giornale

! Quando il complemento d'agente non è espresso si ricorre:

- alla **forma impersonale** con il verbo coniugato alla III persona plurale:

Han alquilado *la casa*	**Hanno affittato** la casa
invece di	
*La casa **ha sido alquilada***	La casa **è stata affittata**

- a una **frase costruita con** ***se*** + verbo alla III persona singolare o plurale

Se vendió *el piso la semana pasada* è preferibile a *El piso **fue vendido** la semana pasada*	L'appartamento **è stato venduto** la settimana scorsa
Se compran *libros usados* invece di *Libros usados **son comprados***	**Si comprano** libri usati

FORMA RIFLESSIVA E PRONOMINALE

I verbi alla forma riflessiva e pronominale sono preceduti dalle particelle pronominali ***me***, ***te***, ***se***, ***nos***, ***os***, ***se*** e nei tempi composti vogliono l'ausiliare ***haber***:

yo	***me***	*he*	*peinado*	io	**mi**	sono	pettinato
tú	***te***	*has*	*peinado*	tu	**ti**	sei	pettinato
él	***se***	*ha*	*peinado*	egli	**si**	è	pettinato
nosotros	***nos***	*hemos*	*peinado*	noi	**ci**	siamo	pettinati
vosotros	***os***	*habéis*	*peinado*	voi	**vi**	siete	pettinati
ellos	***se***	*han*	*peinado*	essi	**si**	sono	pettinati

! All'*imperativo*, all'*infinitivo* e al *gerundio* la particella pronominale va posta **dopo il verbo**:

¡Péinate! Pettinati!
peinarse pettinar**si**
peinándose pettinando**si**

! I verbi riflessivi alla I e alla II persona plurale dell'*imperativo* affermativo perdono la **consonante finale** (rispettivamente ***s*** e ***d***):

Lavemos + nos = ***¡Lavémonos!*** **Laviamoci!**
Lavad + os = ***¡Lavaos!*** **Lavatevi!**

I verbi riflessivi e pronominali possono essere suddivisi in quattro gruppi:

Verbi riflessivi propri Sono transitivi. Il soggetto che compie l'azione ne subisce anche l'effetto che viene indicato dalla particella pronominale:

Yo ***me lavo*** Io **mi lavo**

Verbi riflessivi apparenti Il complemento oggetto è diverso dal soggetto e la particella pronominale può essere svolta in un complemento di termine:

Yo ***me limpio*** *los zapatos* Io **mi pulisco** le scarpe
(me = a mí) (mi = a me)

Verbi riflessivi reciproci L'azione è compiuta e subita reciprocamente da due o più persone:

No ***os peguéis*** Non **picchiatevi**

! Per evitare ambiguità tra verbi riflessivi propri e verbi riflessivi reciproci si usano le espressioni ***a nosotros mismos*** **a noi stessi**, ***a vosotros mismos*** **a voi stessi**, ***a sí mismos*** **a sé stessi**, ***uno(s) a otro(s)*** **l'un l'altro**, **gli uni gli altri**:

nos engañamos
ci inganniamo

nos engañamos ***a nosotros mismos***	*nos engañamos* ***unos a otros***
inganniamo **noi stessi**	ci inganniamo **gli uni gli altri**

Verbi riflessivi impropri Sono quei verbi, transitivi o intransitivi, in cui la particella pronominale non ha alcun valore riflessivo ma è parte integrante del verbo:

Se ha enfadado **Si è arrabbiato**

Non sempre la forma spagnola corrisponde a quella italiana:

- verbi riflessivi in spagnolo, non riflessivi in italiano

ahogarse	**affogare**	*examinarse*	**fare un esame**
aprovecharse	**approfittare**	*hospedarse*	**alloggiare**
atreverse	**osare**	*marchitarse*	**marcire**
curarse	**guarire**	*mudarse*	**traslocare**
derrumbarse	**crollare**	*parecerse*	**assomigliare**
desmayarse	**svenire**	*pasearse*	**passeggiare**
desmoronarse	**franare**	*ponerse*	**diventare, tramontare**
equivocarse	**sbagliare**		
escabullirse	**sfuggire**	*remontarse*	**risalire**
estremecerse	**rabbrividire**	*ruborizarse*	**arrossire**
evadirse	**evadere**	*volverse*	**diventare**

- verbi non riflessivi in spagnolo, riflessivi in italiano

advertir	**accorgersi**	*formar*	**schierarsi**
comulgar	**comunicarsi**	*merecer*	**meritarsi**
dar con	**imbattersi in**	*parar*	**fermarsi**
descansar	**riposarsi**	*soñar*	**sognarsi**
enfermar	**ammalarsi**	*tropezar con*	**imbattersi in**

Soprattutto nella lingua parlata, si possono usare come riflessivi verbi che normalmente non lo sono (in questo caso, la particella pronominale serve a sottolineare che è il soggetto stesso quello che compie o deve compiere l'azione). In questo gruppo rientrano i verbi di consumo come ***comerse*** **mangiare**, ***beberse*** **bere**, ***fumarse*** **fumare**, ***tomarse*** **prendere** e molti verbi intransitivi come ***acabarse*** **finire**, ***caerse*** **cadere**, ***llevarse*** **portar via**, ***morirse*** **morire**, ***reírse*** **ridere**, ***sonreírse*** **sorridere**:

Se bebió *un vaso de vino*	**Si bevve** un bicchiere di vino
Se acabó *la fiesta*	La festa **è finita**
El niño ***se ha caído***	Il bambino **è caduto**

VERBI COPULATIVI: SER, ESTAR

In spagnolo esistono due verbi copulativi, ***ser*** **essere** ed ***estar*** **essere**, **stare**, con i quali è possibile attribuire a un soggetto la qualità o la circostanza espressa da un aggettivo o da un sostantivo. Tali verbi hanno funzioni precise.

- ***Ser*** si usa:
  - con il significato di **esistere**

Ser *o* ***no ser***	**Essere** o **non essere**

  - per **precisare identità** o specificare qualcosa

Soy *Pablo*	**Sono** Paolo
Este ***es un mueble*** *muy antiguo*	Questo **è un mobile** molto antico

  - per indicare una **professione**, un incarico

Mi padre ***es cocinero***	Mio padre **è cuoco**
Es ministro del exterior	**È ministro degli esteri**

  - per esprimere **possesso**

Este libro ***es mío***	Questo libro **è mio**

  - seguito da ***de***, per formare il complemento di **materia** e di **origine**

Esa cuchara ***es de madera***	Quel cucchiaio **è di legno**
Soy de Madrid	**Sono di Madrid**

  - per indicare le **ore** o i **giorni** della settimana

Son las cuatro	**Sono le quattro**
Hoy ***es sábado***	Oggi **è sabato**

  - per esprimere **un prezzo** o un numero

¿Cuánto ***es****?* ***Son quinientas pesetas***	Quant'è? **Sono cinquecento pesetas**

  - con il significato di **aver luogo**, svolgersi

La cena ***es en casa*** *de Ana*	La cena **è a casa** di Anna

  - per indicare una **qualità intrinseca** del soggetto

Mi hermano ***es rubio***	Mio fratello **è biondo**

- per esprimere la **forma impersonale**, coniugato alla III persona singolare

***Es necesario** llegar a tiempo*	**È necessario** arrivare in tempo

- per **formare il passivo**

***Ha sido descubierto** el autor del robo*	**È stato scoperto** l'autore del furto

- ***Estar*** si usa:
  - per esprimere **stato in luogo**

*El jardín **está detrás de la casa***	Il giardino **è dietro alla casa**

- con il significato di **esserci** (essere presente) quando si fa riferimento al luogo in cui si trova normalmente una persona

*Cuando pregunté por él me contestaron que no **estaba***	Quando chiesi di lui mi risposero che non **c'era**

- per indicare una **situazione temporale** (mese, anno o stagione)

Estamos a 30 de marzo	**Siamo al 30 di marzo**

- seguito dalla preposizione ***de*** + sostantivo per esprimere una **situazione provvisoria**

Estamos de mudanza	**Stiamo traslocando**
***Estamos de paso** en Florencia*	**Siamo di passaggio** a Firenze

- con il gerundio per indicare un'**azione nel suo svolgersi**

*Juan **está duchándose***	Giovanni **sta facendo la doccia**

- nelle **frasi** in cui si mette in evidenza il **risultato dell'azione**

*La batidora **está estropeada***	Il frullatore è **rotto**

- nelle **frasi passive** con i verbi che esprimono **decisione**

***Está decidido** que nos vayamos el lunes*	**È deciso** che partiremo lunedì

- per indicare una **condizione transitoria** del soggetto o il risultato di un cambiamento

*Mi madre **está enferma***	Mia madre **è ammalata**
*El perro **está muerto***	Il cane **è morto**

Si usa *ser* o *estar*?

La scelta fra *ser ed estar* è legata al concetto di **qualità permanente** o **transitoria** di una cosa. In linea generale:

- con gli aggettivi che indicano una **qualità permanente** generica od oggettiva si usa *ser*:

*Este niño **es inteligente***	Questo bambino **è intelligente**

- con gli aggettivi e i participi che esprimono il **risultato di qualcosa** si usa *estar:*

*El niño **está asustado***	Il bambino **è impaurito**

Questa distinzione diventa più difficile quando l'aggettivo usato può esprimere sia una qualità permanente sia una qualità transitoria. In questi casi, la scelta di *ser o estar* dipende dal contesto o dal modo soggettivo di valutare le cose:

*La pizza **es rica***	La pizza **è buona** (giudizio generale)
*Esta pizza **está rica***	Questa pizza **è buona** (opinione personale)

Molti **aggettivi cambiano significato** se accompagnati da ***ser*** o ***estar***:

ser aburrido	**essere noioso**	***ser malo***	**essere cattivo**
estar aburrido	**essere annoiato**	***estar malo***	**essere ammalato**
ser atento	**essere cortese**	***ser moreno***	**essere bruno**
estar atento	**essere attento**	***estar moreno***	**essere abbronzato**
ser bueno	**essere buono**	***ser nuevo***	**essere nuovo**
estar bueno	**star bene, essere bello**	***estar nuevo***	**essere come nuovo**
ser listo	**essere furbo**	***ser vivo***	**essere vivace**
estar listo	**essere pronto**	***estar vivo***	**essere vivo**

VERBI IMPERSONALI

Sono **impersonali** quei verbi che non hanno un soggetto determinato e vengono usati solo alla III persona singolare di ogni tempo. Si possono raggruppare in:

- verbi che indicano **fenomeni naturali** o **atmosferici**:

alborear	**albeggiare**	*helar*	**gelare**
amanecer	**farsi giorno**	*llover*	**piovere**
anochecer	**farsi notte**	*lloviznar*	**piovigginare**
atardecer	**farsi sera**	*nevar*	**nevicare**
despejar	**rasserenare**	*neviscar*	**nevischiare**
diluviar	**diluviare**	*oscurecer*	**farsi scuro**
escampar	**spiovere**	*relampaguear*	**lampeggiare**
granizar	**grandinare**	*tronar*	**tuonare**

! Se usati in senso figurato questi verbi possono avere un soggetto:

Llueven las malas noticias	**Le cattive notizie piovono**

- verbi e locuzioni che indicano il **compiersi di un avvenimento**, o una **necessità**, o un'**apparenza** come:

acaecer	**accadere**	*hacer falta*	**occorrere**
acontecer	**accadere**	*importar*	**importare**
bastar	**bastare**	*no caber duda*	**non esserci dubbio**
constar	**constare**	*ocurrir*	**succedere**
convenir	**convenire**	*parecer*	**sembrare**
haber	**esserci**	*pasar*	**accadere, succedere**
haber que	**bisognare**	*ser necesario*	**essere necessario**
hacer	**fare**	*ser preciso*	**essere necessario**

! In alcuni casi si hanno forme personali:

Pasan cosas *increíbles*	**Cose** incredibili **succedono**
Estos zapatos parecen *grandes para ti*	**Queste scarpe sembrano** grandi per te

Tutti i verbi possono essere usati nella forma impersonale:

- omettendo il soggetto e coniugando il verbo alla III persona plurale:

Dicen *que va a haber cambios en el gobierno*	**Dicono** che ci saranno dei cambiamenti nel governo

- mediante la costruzione con ***se*** + verbo alla III persona singolare (si passivante):

Se alquila *piso*	**Affittasi** appartamento

PERIFRASI VERBALI

Sono espressioni formate da un verbo o da una locuzione verbale che precedono un altro verbo di modo indefinito (*infinitivo*, *gerundio*, *participio*) per completarne o modificarne il significato.

PERIFRASI CON INFINITIVO

- ***Acabar de + infinitivo*** indica un'azione avvenuta da poco:

  Acabo de recibir una carta de María — **Ho appena ricevuto** una lettera di Maria

- ***Dar(le) a uno por + infinitivo*** indica che l'azione è frutto di una decisione improvvisa, inaspettata:

  Ahora le ha dado por dejarse barba — Adesso **gli è saltato in mente di farsi crescere** la barba

- ***Deber + infinitivo*** esprime un obbligo di tipo morale:

  Debes estudiar más si quieres aprobar el examen — **Devi studiare** di più se vuoi superare l'esame

- ***Deber de + infinitivo*** esprime una supposizione:

  Debe de haber pasado algo — **Dev'essere successo** qualcosa

- ***Dejar de + infinitivo*** indica l'interrompersi di un'azione abituale:

  Dejé de fumar hace dos años — **Ho smesso di fumare** due anni fa

  ! Se la perifrasi è preceduta da una negazione, l'azione espressa dal verbo assume un valore continuativo:

  No ha dejado de llover en toda la tarde — **Non ha mai smesso di piovere** in tutto il pomeriggio

- ***Echar(se) a + infinitivo*** esprime l'inizio brusco di un'azione. Gli infiniti che accompagnano *echar(se)* sono:

echar a	***andar*** (camminare) ***correr*** (correre) ***volar*** (volare)	***echarse a***	***reír*** (ridere) ***llorar*** (piangere) ***correr*** (correre) ***volar*** (volare) ***temblar*** (tremare)

Viéndose perseguidos ***echaron a correr***	Vedendosi inseguiti **si misero a correre**
El niño ***se echó a llorar***	Il bambino **scoppiò a piangere**

- ***Estar para + infinitivo*** esprime l'imminenza di un'azione:

Mi hermano ***está para llegar*** *de un momento a otro*	Mio fratello **arriverà** da un momento all'altro

- ***Estar por + infinitivo*** esprime la disposizione a compiere un'azione:

Estuve por acudir *a la fiesta, pero al final desistí*	**Stavo per venire** alla festa, ma alla fine ho desistito

- ***Haber de + infinitivo*** esprime un obbligo o una necessità:

Hemos de respetar *las señales*	**Dobbiamo rispettare** i segnali

! Attualmente questa forma non è molto usata; ad essa si preferisce ***tener que + infinitivo***:

Tenemos que *respetar las señales*

- ***Haber que + infinitivo*** alla III persona singolare esprime obbligo o necessità in modo impersonale. Traduce l'italiano **bisogna**:

Hay que pagar *los impuestos*	**Bisogna pagare** le tasse

- ***Ir a + infinitivo*** è la forma più usata per esprimere l'idea di futuro immediato:

Iba a salir *cuando regresó Juan*	**Stavo per uscire** quando ritornò Giovanni
¿Qué hora es? ***Van a ser*** *la dos*	Che ora è? **Tra poco saranno** le due

- ***Llegar a + infinitivo*** indica la conclusione di un processo dopo vari tentativi o vicissitudini. Traduce l'italiano **arrivare a**, **riuscire a**:

Después de mucho estudiar ***llegó a dominar*** *el inglés*	Dopo molto studiare **riuscì a imparare bene** l'inglese

- ***Meterse a + infinitivo*** indica l'inizio di un'attività che una persona non è in grado di svolgere o di portare a termine:

Se metió a cortar *un traje y estropeó la tela*	**Si mise a tagliare** un vestito e rovinò la stoffa

- ***Pasar a + infinitivo*** indica il passaggio da uno stato a un altro o da un'azione a un'altra:

He pasado a ganar *más de lo que ganaba antes*	**Adesso guadagno** più di quanto guadagnavo prima

- ***Ponerse a + infinitivo*** esprime l'inizio di un'azione:

Nos pusimos a trabajar	**Ci mettemmo a lavorare**

- ***Quedar en + infinitivo*** indica un'azione futura e progettata. Traduce l'italiano **rimanere d'accordo**:

Quedamos en vernos *a las siete*	**Siamo rimasti d'accordo di vederci** alle sette

- ***Tener que + infinitivo*** esprime una necessità, un fermo proposito, una decisione perentoria:

Tengo que comer *menos, porque estoy engordando demasiado*	**Devo mangiare** di meno, perché sto ingrassando troppo

- ***Venir a + infinitivo*** si usa:
  - per indicare un'approssimazione

*El alquiler de este piso **viene a costar** doce millones al año*	L'affitto di questo appartamento **viene a costare** circa dodici milioni all'anno

  - seguito da un verbo transitivo con il significato di **servire a**, **dare come risultato**

*Aquel préstamo **vino a solucionar** mis problemas*	Quel prestito **servì a risolvere** i miei problemi

- ***Volver a + infinitivo*** si usa per indicare il ripetersi di un'azione. Si può tradurre con **tornare a + infinito** o con il verbo seguito da espressioni come **un'altra volta**, **di nuovo**:

***Vuelve a leer** ese párrafo porque no he entendido nada*	**Torna a leggere** quel paragrafo perché non ho capito niente
Volvió a nevar	**Nevicò un'altra volta**

PERIFRASI CON GERUNDIO

- ***Acabar + gerundio*** indica la conseguenza di un'azione. Traduce l'italiano **finire con**:

*Si se lo pides de esa manera **acabará cediendo***	Se glielo chiedi in quel modo **finirà col cedere**

! Con i verbi ***perder*** **perdere** e ***ganar*** **guadagnare** si usa ***salir*** invece di ***acabar***:

*No quiero jugar con él porque siempre **salgo perdiendo***	Non voglio giocare con lui perché **finisco** sempre **col perdere**

- ***Andar + gerundio*** indica la durata di un'azione o il suo ripetersi. Può avere un tono spregiativo:

***Ando buscando** trabajo y no lo encuentro*	**Continuo a cercare** lavoro ma non lo trovo
***Anda pidiendo** dinero a todo el mundo*	**Va chiedendo** denaro a tutti

- ***Estar + gerundio*** indica un'azione nel suo svolgersi. Traduce l'italiano **stare + gerundio**:

Estoy escribiendo *una novela*	**Sto scrivendo** un romanzo

- ***Ir + gerundio*** indica che un'azione si sta svolgendo in modo lento o graduale:

La sala ***iba llenándose*** *de gente*	La sala **andava riempiendosi** di gente

- ***Llevar + gerundio*** esprime un'azione iniziata nel passato che continua nel presente:

Llevo *una hora* ***esperándote***	È da un'ora che **ti aspetto**

- ***Salir + gerundio*** è una perifrasi usata spesso con il verbo ***decir*** per esprimere sconcerto, sorpresa:

Después de hablar muy mal de esa señora, ***salió diciendo*** *que no la conocía*	Dopo aver parlato molto male di quella signora, **se ne uscì dicendo** che non la conosceva

- ***Seguir + gerundio*** esprime un'azione iniziata in un momento passato e non ancora terminata:

Sigue trabajando *en la fábrica*	**Continua a lavorare** in fabbrica

- ***Venir + gerundio*** indica un'azione iniziata nel passato, che si svolge in modo graduale, ripetutamente o con insistenza, fino al momento presente:

Te lo ***viene diciendo*** *desde hace mucho tiempo*	Te lo **va dicendo** da molto tempo

PERIFRASI CON PARTICIPIO

Esprimono azioni concluse; il participio passato concorda in genere e numero con il soggetto o con il complemento oggetto:

- ***Dar por + participio*** traduce l'italiano **dare per**, **considerare**:

*Ya **daba por perdidos** mis guantes cuando aparecieron debajo del armario*	**Davo** già **per persi** i miei guanti quando li vidi sotto l'armadio

- ***Dejar + participio*** sottolinea un'azione precedente:

*Te **dejé encargado** que me sacaras el billete*	Ti **avevo dato l'incarico** di comprarmi il biglietto

- ***Llevar + participio*** traduce l'italiano **avere già**:

*Cuando se estropeó el coche **llevábamos recorridos** 100 km*	**Avevamo già percorso** 100 km quando l'automobile ebbe un guasto

- ***Quedar + participio*** esprime un valore passivo e presuppone un'azione precedente il cui risultato si protrae fino al presente:

***Quedó dicho** que me llamaríais a las tres*	**Si era detto** che mi avreste chiamato alle tre

- ***Tener + participio*** si usa:
  - per dare all'espressione un significato di azione compiuta

***Tengo escritas** ya veinte postales*	**Ho** già **scritto** venti cartoline

  - per sottolineare con insistenza qualcosa

***Te tengo dicho** que te calles*	**Ti ho detto** (più volte) di stare zitto

LE CONIUGAZIONI

I verbi spagnoli sono classificati in tre **coniugazioni**, secondo la desinenza del loro infinito.

- **Prima coniugazione:**

  -ar (come *amar* **amare**)

- **Seconda coniugazione:**

  -er (come *temer* **temere**)

- **Terza coniugazione:**

  -ir (come *partir* **partire**)

Le vocali *a*, *e*, *i*, che distinguono le desinenze degli infiniti, sono chiamate **vocali tematiche.** Per i tempi semplici di ogni coniugazione esiste un modello le cui desinenze sono costanti (vedi la tavola alla pagina seguente).

Verbi regolari e verbi irregolari

In base alle loro forme, i verbi sono definiti:

- **regolari**, quando prendono le desinenze proprie della loro coniugazione e non modificano la radice
- **irregolari**, quando si differenziano dal modello della coniugazione cui appartengono perché variano radice o desinenza.

TAVOLA DELLE DESINENZE

INDICATIVO

Presente

	1ª -AR	2ª -ER	3ª -IR
I sing.	-o	-o	-o
II	-as	-es	-es
III	-a	-e	-e
I pl.	-amos	-emos	-imos
II	-áis	-éis	-ís
III	-an	-en	-en

Pretérito imperfecto

	1ª -AR	2ª -ER	3ª -IR
I sing.	-aba	-ía	-ía
II	-abas	-ías	-ías
III	-aba	-ía	-ía
I pl.	-ábamos	-íamos	-íamos
II	-abais	-íais	-íais
III	-aban	-ían	-ían

Pretérito indefinido

	1ª -AR	2ª -ER	3ª -IR
I sing.	-é	-í	-í
II	-aste	-iste	-iste
III	-ó	-ió	-ió
I pl.	-amos	-imos	-imos
II	-asteis	-isteis	-isteis
III	-aron	-ieron	-ieron

Futuro imperfecto

	1ª -AR	2ª -ER	3ª -IR
I sing.	-aré	-eré	-iré
II	-arás	-erás	-irás
III	-ará	-erá	-irá
I pl.	-aremos	-eremos	-iremos
II	-aréis	-eréis	-iréis
III	-arán	-erán	-irán

POTENCIAL

Simple

	1ª -AR	2ª -ER	3ª -IR
I sing.	-aría	-ería	-iría
II	-arías	-erías	-irías
III	-aría	-ería	-iría
I pl.	-aríamos	-eríamos	-iríamos
II	-aríais	-eríais	-iríais
III	-arían	-erían	-irían

SUBJUNTIVO

Presente

	1ª -AR	2ª -ER	3ª -IR
I sing.	-e	-a	-a
II	-es	-as	-as
III	-e	-a	-a
I pl.	-emos	-amos	-amos
II	-éis	-áis	-áis
III	-en	-an	-an

Pretérito imperfecto

	1ª -AR	2ª -ER	3ª -IR
I sing.	-ara	-iera	-iera
II	-aras	-ieras	-ieras
III	-ara	-iera	-iera
I pl.	-áramos	-iéramos	-iéramos
II	-arais	-ierais	-ierais
III	-aran	-ieran	-ieran

Futuro imperfecto

	1ª -AR	2ª -ER	3ª -IR
I sing.	-are	-iere	-iere
II	-ares	-ieres	-ieres
III	-are	-iere	-iere
I pl.	-áremos	-iéremos	-iéremos
II	-areis	-iereis	-iereis
III	-aren	-ieren	-ieren

IMPERATIVO

Presente

	1ª -AR	2ª -ER	3ª -IR
I sing.	–	–	–
II	-a	-e	-e
III	-e	-a	-a
I pl.	-emos	-amos	-amos
II	-ad	-ed	-id
III	-en	-an	-an

INFINITIVO

Simple

	1ª -AR	2ª -ER	3ª -IR
	-ar	-er	-ir

GERUNDIO

Simple

	1ª -AR	2ª -ER	3ª -IR
	-ando	-iendo	-iendo

PARTICIPIO

Pasado

	1ª -AR	2ª -ER	3ª -IR
	-ado	-ido	-ido

PARTICOLARITÀ DELLA 1ª CONIUGAZIONE

- Verbi in *-car* (*explicar* **spiegare**, *pescar* **pescare**): mantengono il suono duro (velare) della *c* in tutta la coniugazione, perciò cambiano la *c* in ***qu*** davanti alle desinenze che cominciano per ***e***

PRETÉRITO INDEFINIDO DE INDICATIVO

*yo expli**qu**é*

PRESENTE DE SUBJUNTIVO

*que yo expli**que**, que tú expli**que**s, que él expli**que**, que nosotros expli**que**mos, que vosotros expli**qué**is, que ellos expli**que**n*

IMPERATIVO

*expli**que**, expli**que**mos, expli**que**n*

- Verbi in ***-gar*** (***interrogar*** **interrogare**, ***pagar*** **pagare**): conservano il suono duro (velare) della ***g*** in tutta la coniugazione, perciò aggiungono una ***u*** davanti alle desinenze che iniziano per ***e***

PRETÉRITO INDEFINIDO DE INDICATIVO

*yo pa**gu**é*

PRESENTE DE SUBJUNTIVO

*que yo pa**gue**, que tú pa**gue**s, que él pa**gue**, que nosotros pa**gu**emos, que vosotros pa**gu**éis, que ellos pa**gu**en*

IMPERATIVO

*pa**gue**, pa**gu**emos, pa**gu**en*

- Verbi in ***-guar*** (***averiguar*** **verificare**): mantengono il dittongo in tutta la coniugazione, perciò prendono la dieresi sulla ***u*** quando la desinenza inizia per ***e***

PRETÉRITO INDEFINIDO DE INDICATIVO

*yo averi**gü**é*

PRESENTE DE SUBJUNTIVO

*que yo averi**gü**e, que tú averi**gü**es, que él averi**gü**e, que nosotros averi**gü**emos, que vosotros averi**gü**éis, que ellos averi**gü**en*

IMPERATIVO

averigüe, averigüemos, averigüen

- Verbi in ***-zar*** (***alcanzar*** **raggiungere**, ***cazar*** **cacciare**): cambiano la ***z*** in ***c*** quando la desinenza inizia per ***e***

PRETÉRITO INDEFINIDO DE INDICATIVO

yo alcancé

PRESENTE DE SUBJUNTIVO

que yo alcance, que tú alcances, que él alcance, que nosotros alcancemos, que vosotros alcancéis, que ellos alcancen

IMPERATIVO

alcance, alcancemos, alcancen

- Verbi in ***-iar*** (***confiar*** **confidare**) e ***-uar*** (***continuar*** **continuare**): alcuni di questi verbi conservano il dittongo in tutta la coniugazione, altri lo sciolgono e vogliono un accento grafico sulla ***i*** e sulla ***u*** della radice, quando l'accento tonico cade su queste vocali

PRESENTE DE INDICATIVO

yo confío, tú confías, él confía, ellos confían

yo continúo, tú continúas, él continúa, ellos continúan

PRESENTE DE SUBJUNTIVO

que yo confíe, que tú confíes, que él confíe, que ellos confíen

que yo continúe, que tú continúes, que él continúe, que ellos continúen

IMPERATIVO

confía, confíe, confíen

continúa, continúe, continúen

! I verbi in ***-cuar*** (***licuar*** **liquefare**) e ***-guar*** (***apaciguar*** **pacificare**) conservano il dittongo e non prendono mai l'accento:

PRESENTE DE INDICATIVO

yo licuo...; yo apaciguo...

PRESENTE DE SUBJUNTIVO

que yo licue...; que yo apacigüe...

IMPERATIVO

licua...; apacigua...

PARTICOLARITÀ DELLA 2ª CONIUGAZIONE

- Verbi in *-cer* (*vencer* **vincere**): cambiano la *c* in *z* davanti alle desinenze che iniziano per *a* o per *o*

PRESENTE DE INDICATIVO

yo venzo

PRESENTE DE SUBJUNTIVO

que yo venza, que tú venzas, que él venza, que nosotros venzamos, que vosotros venzáis, que ellos venzan

- Verbi in *-ger* (*coger* **prendere**): cambiano la *g* in *j* davanti alle desinenze che iniziano per *a* o per *o*

PRESENTE DE INDICATIVO

yo cojo

PRESENTE DE SUBJUNTIVO

que yo coja, que tú cojas, que él coja, que nosotros cojamos, que vosotros cojáis, que ellos cojan

- Verbi in *-eer* (*leer* **leggere**) e *-oer* (*corroer* **corrodere**): cambiano la *i* atona della desinenza in *y*, quando è preceduta da vocale

PRETÉRITO INDEFINIDO DE INDICATIVO

él leyó, ellos leyeron

él corroyó, ellos corroyeron

PRETÉRITO IMPERFECTO DE SUBJUNTIVO

que yo leyera, que tú leyeras, que él leyera, que nosotros leyéramos, que vosotros leyerais, que ellos leyeran

que yo corroyera, que tú corroyeras, que él corroyera, que nosotros corroyéramos, que vosotros corroyerais, que ellos corroyeran

GERUNDIO

leyendo

corroyendo

- Verbi in ***-ller*** (***empeller*** **spingere**) e ***-ñer*** (***tañer*** **suonare**): perdono la ***i*** atona inziale della desinenza quando è seguita da vocale

PRETÉRITO INDEFINIDO DE INDICATIVO

él empelló, ellos empelleron

él tañó, ellos tañeron

PRETÉRITO IMPERFECTO DE SUBJUNTIVO

que yo empellera, que tú empelleras, que él empellera, que nosotros empelléramos, que vosotros empellerais, que ellos empelleran

que yo tañera, que tú tañeras, que él tañera, que nosotros tañéramos, que vosotros tañerais, que ellos tañeran

GERUNDIO

empellendo

tañendo

PARTICOLARITÀ DELLA 3ª CONIUGAZIONE

- Verbi in ***-cir*** (***zurcir*** **rammendare**): cambiano la ***c*** in ***z*** davanti alle desinenze che iniziano per ***a*** o per ***o***

PRESENTE DE INDICATIVO

yo zurzo

PRESENTE DE SUBJUNTIVO

que yo zurza, que tú zurzas, que él zurza, que nosotros zurzamos, que vosotros zurzáis, que ellos zurzan

- Verbi in ***-gir*** (***dirigir*** **dirigere**): cambiano la ***g*** in ***j*** davanti alle desinenze che iniziano per ***a*** o per ***o***

PRESENTE DE INDICATIVO

yo dirijo

PRESENTE DE SUBJUNTIVO

que yo dirija, que tú dirijas, que él dirija, que nosotros dirijamos, que vosotros dirijáis, que ellos dirijan

- Verbi in ***-guir*** (***distinguir*** **distinguere**): perdono la ***u*** quando la desinenza inizia per ***a*** o per ***o***

PRESENTE DE INDICATIVO

yo distingo

PRESENTE DE SUBJUNTIVO

que yo distinga, que tú distingas, que él distinga, que nosotros distingamos, que vosotros distingáis, que ellos distingan

- Verbi in ***-quir*** (***delinquir*** **delinquere**): cambiano ***qu*** in ***c*** quando la desinenza inizia per ***a*** o per ***o***

PRESENTE DE INDICATIVO

yo delinco

PRESENTE DE SUBJUNTIVO

que yo delinca, que tú delincas, que él delinca, que nosotros delincamos, que vosotros delincáis, que ellos delincan

- Verbi in ***-llir*** (***bullir*** **bollire**) e ***-ñir*** (***gruñir*** **grugnire**): perdono la ***i*** atona iniziale della desinenza quando è seguita da vocale

PRETÉRITO INDEFINIDO DE INDICATIVO

él bulló, ellos bulleron

él gruñó, ellos gruñeron

PRETÉRITO IMPERFECTO DE SUBJUNTIVO

que yo bulla, que tú bullas, que él bulla, que nosotros bullamos, que vosotros bulláis, que ellos bullan

que yo gruña, que tú gruñas, que él gruña, que nosotros gruñamos, que vosotros gruñáis, que ellos gruñan

GERUNDIO

bullendo

gruñendo

VERBI IRREGOLARI

Sono irregolari i verbi che non seguono il modello della coniugazione a cui appartengono. La loro irregolarità consiste:

- nel cambiamento di radice:

  poder *yo* ***puedo***

- nell'alterazione della desinenza:

  andar *yo and**uve***

- nella modificazione di radice e desinenza:

  hacer *yo* ***hice***

Tempi primitivi e tempi derivati

Per ricordare la coniugazione dei verbi irregolari si tenga presente che i tempi semplici si dividono in primitivi e derivati e che l'irregolarità dei primi generalmente passa ai secondi.

Tempi primitivi

- *presente de indicativo*
- *pretérito indefinido de indicativo*
- *futuro imperfecto de indicativo*

Tempi derivati

- *presente de subjuntivo* e *imperativo*, che derivano dal *presente de indicativo*
- *pretérito imperfecto* e *futuro imperfecto de subjuntivo* (a volte *gerundio*), che derivano dal *pretérito indefinido de indicativo*
- *potencial simple*, che deriva dal *futuro imperfecto de indicativo*

  ! Il *pretérito imperfecto de indicativo* è sempre regolare tranne che nei verbi ***ir*** **andare**, ***ser*** **essere**, ***ver*** **vedere** (vedi tavole corrispondenti)

Esistono gruppi di verbi, appartenenti alle tre coniugazioni, che presentano irregolarità comuni.
I verbi con irregolarità proprie (vedi pag. 66) sono poco più di una ventina, compresi gli ausiliari ***haber*** e ***ser***.

VERBI CON IRREGOLARITÀ COMUNI

- Molti verbi della prima e della seconda coniugazione che hanno una ***e*** nella penultima sillaba dell'*infinitivo*, come ***cerrar*** **chiudere** e ***perder*** **perdere**, e i verbi ***concernir*** **concernere** e ***discernir*** **discernere**, appartenenti alla terza coniugazione, dittongano la ***e*** in ***ie*** nelle voci in cui l'accento tonico cade su questa vocale e cioè alla I, II, III persona singolare e III plurale del *presente de indicativo* e del *presente de subjuntivo*, e alla II e III singolare e III plurale dell'*imperativo*:

PRESENTE DE INDICATIVO

yo cierro, tú cierras, él cierra, ellos cierran

yo pierdo, tú pierdes, él pierde, ellos pierden

yo discierno, tú disciernes, él discierne, ellos disciernen

PRESENTE DE SUBJUNTIVO

que yo cierre, que tú cierres, que él cierre, que ellos cierren

que yo pierda, que tú pierdas, que él pierda, que ellos pierdan

que yo discierna, que tú disciernas, que él discierna, que ellos disciernan

IMPERATIVO

cierra, cierre, cierren

pierde, pierda, pierdan

discierne, discierna, disciernan

! Si coniugano allo stesso modo i verbi ***adquirir*** **acquisire** e ***inquirir*** **inquisire**, che dittongano la ***i*** in ***ie***:

PRESENTE DE INDICATIVO

yo adquiero, tú adquieres...

PRESENTE DE SUBJUNTIVO

que yo adquiera, que tú adquieras...

IMPERATIVO

adquiere, adquieras...

- Molti verbi della prima e della seconda coniugazione che hanno una ***o*** nella penultima sillaba dell'*infinitivo*, come ***contar*** **contare, raccontare** e ***mover*** **muovere**, dittongano la ***o*** in ***ue*** nelle voci in cui l'accento tonico cade su questa vocale e cioè alla I, II, III persona singolare e III plurale del *presente de indicativo*, del *presente de subjuntivo* e alla II e III persona singolare e III plurale dell'*imperativo*:

PRESENTE DE INDICATIVO

yo cuento, tú cuentas, él cuenta, ellos cuentan

yo muevo, tú mueves, él mueve, ellos mueven

PRESENTE DE SUBJUNTIVO

que yo cuente, que tú cuentes, que él cuente, que ellos cuenten

que yo mueva, que tú muevas, que él mueva, que ellos muevan

IMPERATIVO

cuenta, cuente, cuenten

mueve, mueva, muevan

! Si coniuga allo stesso modo anche il verbo ***jugar*** **giocare**, che dittonga la ***u*** in ***ue***:

PRESENTE DE INDICATIVO

yo juego, tú juegas...

PRESENTE DE SUBJUNTIVO

que yo juegue, que tú juegues...

IMPERATIVO

juega, juegue...

- Alcuni verbi dittongati come ***errar*** **errare**, ***desosar*** **dissossare**, ***oler*** **odorare**, subiscono anche modificazioni ortografiche nelle voci in cui dittongano:

PRESENTE DE INDICATIVO

yo yerro, tú yerras...

yo deshueso, tu deshuesas...

yo huelo, tú hueles...

PRESENTE DE SUBJUNTIVO

*que yo **y**erre, que tú **y**erres...*
*que yo des**hue**se, que tú des**hue**ses*
*que yo **hue**la, que tú **hue**las...*

IMPERATIVO

***y**erra, **y**erre...*
*des**hue**sa, des**hue**se...*
***hue**le, **hue**la...*

- Alcuni verbi della terza coniugazione che hanno una ***e*** nella penultima sillaba dell'*infinitivo* (***pedir*** **chiedere**) trasformano la ***e*** in ***i*** alla I, II e III persona singolare e alla III plurale del *presente de indicativo*, alla III singolare e plurale del *pretérito indefinido de indicativo*, in tutto il *presente, pretérito imperfecto* e *futuro imperfecto de subjuntivo*, alla II e III persona singolare e alla I e III plurale dell'*imperativo* e nel *gerundio*:

PRESENTE DE INDICATIVO

yo pido, tú pides, él pide, ellos piden

PRETÉRITO INDEFINIDO DE INDICATIVO

él pidió, ellos pidieron

PRESENTE DE SUBJUNTIVO

que yo pida, que tú pidas, que él pida, que nosotros pidamos, que vosotros pidáis, que ellos pidan

PRETÉRITO IMPERFECTO DE SUBJUNTIVO

que yo pidiera, que tú pidieras, que él pidiera, que nosotros pidiéramos, que vosotros pidierais, que ellos pidieran

FUTURO IMPERFECTO DE SUBJUNTIVO

que yo pidiere, que tú pidieres, que él pidiere, que nosotros pidiéremos, que vosotros pidiereis, que ellos pidieren

IMPERATIVO

pide, pida, pidamos, pidan

GERUNDIO

pidiendo

- Tutti i verbi in ***-eír*** (***reír*** **ridere**) ed ***-eñir*** (***teñir*** **tingere**), oltre a trasformare la ***e*** in ***i***, perdono la ***i*** iniziale della desinenza alla III persona singolare e plurale del *pretérito indefinido de indicativo*, in tutto il *pretérito imperfecto* e *futuro imperfecto de subjuntivo* e nel *gerundio*:

PRETÉRITO INDEFINIDO DE INDICATIVO

él rió, ellos rieron

él tiñó, ellos tiñeron

PRETÉRITO IMPERFECTO DE SUBJUNTIVO

que yo riera, que tú rieras, que él riera, que nosotros riéramos, que vosotros rierais, que ellos rieran

que yo tiñera, que tú tiñeras, que él tiñera, que nosotros tiñéramos, que vosotros tiñerais, que ellos tiñeran

FUTURO IMPERFECTO DE SUBJUNTIVO

que yo riere, que tú rieres, que él riere, que nosotros riéremos, que vosotros riereis, que ellos rieren

que yo tiñere, que tú tiñeres, que él tiñere, que nosotros tiñéremos, que vosotros tiñereis, que ellos tiñeren

GERUNDIO

riendo

tiñendo

- Alcuni verbi della terza coniugazione che hanno una ***e*** nella penultina sillaba dell'*infinitivo* (***sentir*** **sentire**), oltre a dittongare la ***e*** in ***ie*** nei tempi dei verbi dittongati, trasformano la ***e*** in ***i*** alla III persona singolare e plurale del *pretérito indefinido de indicativo*, alla I e II plurali del *presente de subjuntivo*, nel *pretérito imperfecto* e *futuro imperfecto de subjuntivo*, alla I persona plurale dell'*imperativo* e nel *gerundio*:

PRESENTE DE INDICATIVO

yo siento, tú sientes, él siente, ellos sienten

PRETÉRITO INDEFINIDO DE INDICATIVO

él sintió, ellos sintieron

PRESENTE DE SUBJUNTIVO

que yo sienta, que tú sientas, que él sienta, que nosotros sintamos, que vosotros sintáis, que ellos sientan

PRETÉRITO IMPERFECTO DE SUBJUNTIVO

que yo sintiera, que tú sintieras, que él sintiera, que nosotros sintiéramos, que vosotros sintierais, que ellos sintieran

FUTURO IMPERFECTO DE SUBJUNTIVO

que yo sintiere, que tú sintieres, que él sintiere, que nosotros sintiéremos, que vosotros sintiereis, que ellos sintieren

IMPERATIVO

siente, sienta, sintamos, sientan

GERUNDIO

sintiendo

- I verbi della terza coniugazione ***dormir*** **dormire** e ***morir*** **morire**, che hanno una ***o*** nella penultima sillaba dell'*infinitivo*, oltre a dittongare la ***o*** in ***ue*** nei tempi dei verbi dittongati, trasformano la ***o*** in ***u*** alla III persona singolare e plurale del *pretérito indefinido de indicativo*, alla I e II plurale del *presente de subjuntivo*, nel *pretérito imperfecto* e *futuro imperfecto de subjuntivo*, alla I persona plurale dell'*imperativo* e nel *gerundio*:

PRESENTE DE INDICATIVO

yo duermo, tú duermes, él duerme, ellos duermen

PRETÉRITO INDEFINIDO DE INDICATIVO

él durmió, ellos durmieron

PRESENTE DE SUBJUNTIVO

que yo duerma, que tú duermas, que él duerma, que nosotros durmamos, que vosotros durmáis, que ellos duerman

PRETÉRITO IMPERFECTO DE SUBJUNTIVO

que yo durmiera, que tú durmieras, que él durmiera, que nosotros durmiéramos, que vosotros durmierais, que ellos durmieran

FUTURO IMPERFECTO DE SUBJUNTIVO

que yo durmiere, que tú durmieres, que él durmiere, que nosotros durmiéremos, que vosotros durmiereis, que ellos durmieren

IMPERATIVO

duerme, duerma, durmamos, duerman

GERUNDIO

durmiendo

- I verbi in ***-acer*** (***nacer*** **nascere**), ***-ecer*** (***agradecer*** **ringraziare**), ***-ocer*** (***conocer*** **conoscere**) e ***-ucir*** (***lucir*** **brillare**) prendono una ***z*** in tutte le voci in cui la desinenza inizia per ***a*** o per ***o*** e cioè alla I persona singolare del *presente de indicativo*, in tutto il *presente de subjuntivo*, alla III persona singolare e alla I e III plurali dell'*imperativo*:

PRESENTE DE INDICATIVO
yo nazco
yo agradezco
yo conozco
yo luzco

PRESENTE DE SUBJUNTIVO
que yo nazca, que tú nazcas...
que yo agradezca, que tú agradezcas...
que yo conozca, que tú conozcas...
que yo luzca, que tú luzcas...

IMPERATIVO
nazca, nazcamos, nazcan
agradezca, agradezcamos, agradezcan
conozca, conozcamos, conozcan
luzca, luzcamos, luzcan

! Fanno eccezione ***hacer*** **fare** e i suoi composti, ***mecer*** **dondolare**, ***cocer*** **cuocere**

- Tutti i verbi in ***-ducir*** (***conducir*** **guidare**), oltre alle irregolarità dei verbi in ***-ucir***, cambiano la ***c*** in ***j*** e sopprimono la ***i*** della desinenza nel *pretérito indefinido de indicativo*, nel *pretérito imperfecto* e nel *futuro imperfecto de subjuntivo*:

PRETÉRITO INDEFINIDO DE INDICATIVO
yo conduje, tú condujiste, él condujo, nosotros condujimos, vosotros condujisteis, ellos condujeron

PRETÉRITO IMPERFECTO DE SUBJUNTIVO
que yo condujera, que tú condujeras, que él condujeras, que nosotros condujéramos, que vosotros condujerais, que ellos condujeran

FUTUTO IMPERFECTO DE SUBJUNTIVO
que yo condujere, que tú condujeres, que él condujere, que nosotros condujéremos, que vosotros condujereis, que ellos condujeren

- I verbi in *-uir* (*huir* **fuggire**) prendono una *y* prima della desinenza se questa comincia per *a*, per *e* o per *o*, cioè alla I, II, III persona singolare e alla III plurale del *presente de indicativo*, in tutto il *presente de subjuntivo* e nell'*imperativo* (tranne la II plurale):

PRESENTE DE INDICATIVO

yo huyo, tú huyes, él huye, ellos huyen

PRESENTE DE SUBJUNTIVO

que yo huya, que tú huyas, que él huya, que nosotros huyamos, que vosotros huyáis, que ellos huyan

IMPERATIVO

huye, huya, huyamos, huyan

! Alla III persona singolare e plurale del *pretérito indefinido de indicativo*, nel *pretérito imperfecto* e nel *futuro imperfecto de subjuntivo*, e nel *gerundio* la trasformazione della *i* in *y* non costituisce un'irregolarità; infatti non è altro che una modificazione ortografica per rendere più gradevole il suono, quando la *i* atona si trova tra due vocali

VERBI CON IRREGOLARITÀ PROPRIE

Sono verbi che presentano irregolarità frequenti e si differenziano molto dalla coniugazione regolare. Generalmente ognuno di essi ha caratteristiche proprie.

Prima coniugazione

- Il verbo *andar* **camminare** cambia desinenza nel *pretérito indefinido de indicativo* e nei tempi da esso derivati:

PRETÉRITO INDEFINIDO DE INDICATIVO

yo anduve, tú anduviste, él anduvo, nosotros anduvimos, vosotros anduvisteis, ellos anduvieron

PRETÉRITO IMPERFECTO DE SUBJUNTIVO

que yo anduviera, que tú anduvieras, que él anduviera, que nosotros ***anduviéramos****, que vosotros* ***anduvierais****, que ellos* ***anduvieran***

FUTURO IMPERFECTO DE SUBJUNTIVO

que yo ***anduviere****, que tú* ***anduvieres****, que él* ***anduviere****, que nosotros* ***anduviéremos****, que vosotros* ***anduviereis****, que ellos* ***anduvieren***

- Il verbo ***dar*** **dare** prende una *y* alla I persona singolare del *presente de indicativo*. Il *pretérito indefinido de indicativo* e i tempi da esso derivati prendono le desinenze dei verbi regolari della seconda e della terza coniugazione:

PRESENTE DE INDICATIVO

*yo do****y***

PRETÉRITO INDEFINIDO DE INDICATIVO

yo ***di****, tú* ***diste****, él* ***dio****, nosotros* ***dimos****, vosotros* ***disteis****, ellos* ***dieron***

PRETÉRITO IMPERFECTO DE SUBJUNTIVO

que yo ***diera****, que tú* ***dieras****, que él* ***diera****, que nosotros* ***diéramos****, que vosotros* ***dierais****, que ellos* ***dieran***

FUTURO IMPERFECTO DE SUBJUNTIVO

que yo ***diere****, que tú* ***dieres****, que él* ***diere****, que nosotros* ***diéremos****, que vosotros* ***diereis****, que ellos* ***dieren***

Seconda coniugazione

I verbi irregolari della seconda coniugazione presentano alterazioni nei tempi primitivi e, di conseguenza, anche nei tempi derivati.

IRREGOLARITÀ DEL PRESENTE DE INDICATIVO

- I verbi ***caber*** **stare, essere contenuto**, ***caer*** **cadere**, ***hacer*** **fare**, ***poner*** **mettere**, ***saber*** **sapere**, ***traer*** **portare** (verso chi parla), ***valer*** **valere**, ***ver*** **vedere** sono irregolari alla I persona singolare del *presente de indicativo*, in tutto il *presente de subjuntivo*, alla III persona singolare e alla I e III plurali dell'*imperativo*:

INFINITIVO	*INDICATIVO PRESENTE*	*SUBJUNTIVO PRESENTE*	*IMPERATIVO*
caber	*yo* ***quepo***	*que yo* ***quepa***	***quepa****,* ***quep****amos,* ***quep****an*
caer	*yo cai****g****o*	*que yo cai****g****a*	*cai****g****a, cai****g****amos, cai****g****an*
hacer	*yo ha****g****o*	*que yo ha****g****a*	*ha****g****a, ha****g****amos, ha****g****an*
poner	*yo pon****g****o*	*que yo pon****g****a*	*pon****g****a, pon****g****amos, pon****g****an*
saber	*yo* ***sé***	*que yo* ***sepa***	***sepa****,* ***sep****amos,* ***sep****an*
traer	*yo trai****g****o*	*que yo trai****g****a*	*trai****g****a, trai****g****amos, trai****g****an*
valer	*yo val****g****o*	*que yo val****g****a*	*val****g****a, val****g****amos, val****g****an*
ver	*yo v****e****o*	*que yo v****e****a*	*v****e****a, v****e****amos, v****e****an*

! Il verbo ***ver*** forma in modo irregolare anche il *pretérito imperfecto de indicativo* che, come la I persona singolare del *presente*, vuole una ***e*** tra la radice e la desinenza: *yo veía, tú veías...*

- I verbi ***poder*** **potere** e ***querer*** **volere, amare** si comportano come i verbi dittongati e cambiano rispettivamente la ***o*** in ***ue*** e la ***e*** in ***ie*** alla I, II, III persona singolare e alla III plurale del *presente de indicativo* e del *presente de subjuntivo*, alla II e III singolare e alla III plurale dell'*imperativo*:

INFINITIVO	*INDICATIVO PRESENTE*	*SUBJUNTIVO PRESENTE*	*IMPERATIVO*
poder	*yo p****ue****do*	*que yo p****ue****da*	*p****ue****de, p****ue****da, p****ue****dan*
querer	*yo qu****ie****ro*	*que yo qu****ie****ra*	*qu****ie****re, qu****ie****ra, qu****ie****ran*

IRREGOLARITÀ DEL PRETÉRITO INDEFINIDO DE INDICATIVO

- I verbi ***caber*** **stare, essere contenuto**, ***hacer*** **fare**, ***poder*** **potere**, ***poner*** **mettere**, ***querer*** **volere, amare**, ***saber*** **sapere** e ***traer*** **portare** sono irregolari nel *pretérito indefinido* e nei tempi da esso derivati:

INFINITIVO	*INDICATIVO PRETÉRITO INDEFINIDO*	*SUBJUNTIVO PRETÉRITO IMPERFECTO*	*SUBJUNTIVO FUTURO IMPERFECTO*
caber	*yo* ***cupe***	*que yo* ***cup****iera*	*que yo* ***cup****iere*
hacer	*yo* ***hice***	*que yo* ***hic****iera*	*que yo* ***hic****iere*
poder	*yo* ***pude***	*que yo* ***pud****iera*	*que yo* ***pud****iere*
poner	*yo* ***puse***	*que yo* ***pus****iera*	*que yo* ***pus****iere*
querer	*yo* ***quise***	*que yo* ***quis****iera*	*que yo* ***quis****iere*
saber	*yo* ***supe***	*que yo* ***sup****iera*	*que yo* ***sup****iere*
traer	*yo* ***traje***	*que yo* ***traj****era*	*que yo* ***traj****ere*

! Il verbo ***poder*** ha irregolare anche il *gerundio* che fa ***pud****iendo*

IRREGOLARITÀ DEL FUTURO IMPERFECTO DE INDICATIVO

- I verbi ***caber*** **stare, essere contenuto**, ***hacer*** **fare**, ***poder*** **potere**, ***poner*** **mettere**, ***querer*** **volere, amare**, ***saber*** **sapere**, ***valer*** **valere** sono irregolari nel *futuro imperfecto de indicativo* e nel *potencial simple*:

INFINITIVO	*INDICATIVO FUTURO IMPERFECTO*	*POTENCIAL SIMPLE*
caber	*yo* ***cabré***	*yo* ***cabría***
hacer	*yo* ***haré***	*yo* ***haría***
poder	*yo* ***podré***	*yo* ***podría***
poner	*yo* ***pondré***	*yo* ***pondría***
querer	*yo* ***querré***	*yo* ***querría***
saber	*yo* ***sabré***	*yo* ***sabría***
valer	*yo* ***valdré***	*yo* ***valdría***

Terza coniugazione

IRREGOLARITÀ DEL PRESENTE DE INDICATIVO

- I verbi ***asir*** **afferrare**, ***decir*** **dire**, ***ir*** **andare**, ***oír*** **udire**, ***salir*** **uscire** e ***venir*** **venire** sono irregolari alla I persona singolare del *presente de indicativo*, nel *presente de subjuntivo*, alla III persona singolare e I e III plurali dell'*imperativo*:

INFINITIVO	*INDICATIVO PRESENTE*	*SUBJUNTIVO PRESENTE*	*IMPERATIVO*
asir	*yo as**go***	*que yo as**ga***	*as**ga**, as**ga**mos, as**ga**n*
decir	*yo di**go***	*que yo di**ga***	*di**ga**, di**ga**mos, di**ga**n*
ir	*yo* ***voy***	*que yo* ***vaya***	***vaya**, vayamos, vayan*
oír	*yo oi**go***	*que yo oi**ga***	*oi**ga**, oi**ga**mos, oi**ga**n*
salir	*yo sal**go***	*que yo sal**ga***	*sal**ga**, sal**ga**mos, sal**ga**n*
venir	*yo ven**go***	*que yo ven**ga***	*ven**ga**, ven**ga**mos, ven**ga**n*

- il **verbo** ***decir*** è irregolare anche alla II e III persona singolare e alla III plurale del *presente de indicativo*, in cui trasforma la ***e*** in ***i***: *tú d**i**ces, él d**i**ce, ellos d**i**cen*
- il **verbo** ***ir*** cambia la radice in tutto il *presente de indicativo* (*tú* ***vas***, *él* ***va***...) ed è irregolare anche nel *pretérito imperfecto de indicativo*: *yo* ***iba***, *tú* ***ibas***, *él* ***iba***...

- il verbo *oír* presenta anche una modificazione ortografica, infatti cambia la ***i*** in ***y*** nelle voci in cui la ***i*** si trova tra la ***o*** e la ***e***: *tú oyes, él oye, ellos oyen, él oyó, ellos oyeron, que yo oyera...*

IRREGOLARITÀ DEL PRETÉRITO INDEFINIDO DE INDICATIVO

- I verbi ***decir*** **dire**, ***ir*** **andare**, ***venir*** **venire** sono irregolari nel *pretérito indefinido* e nei tempi da esso derivati:

INFINITIVO	*INDICATIVO PRETÉRITO INDEFINIDO*	*SUBJUNTIVO PRETÉRITO IMPERFECTO*	*SUBJUNTIVO FUTURO IMPERFECTO*
decir	*yo* ***dije***	*que yo* ***dijera***	*que yo* ***dijere***
ir	*yo* ***fui***	*que yo* ***fuera***	*que yo* ***fuere***
venir	*yo* ***vine***	*que yo* ***viniera***	*que yo* ***viniere***

IRREGOLARITÀ DEL FUTURO IMPERFECTO DE INDICATIVO

- I verbi ***decir*** **dire**, ***salir*** **uscire**, ***venir*** **venire** sono irregolari nel *futuro imperfecto de indicativo* e nel *potencial simple*:

INFINITIVO	*INDICATIVO FUTURO IMPERFECTO*	*POTENCIAL SIMPLE*
decir	*yo* ***diré***	*yo* ***diría***
salir	*yo* ***saldré***	*yo* ***saldría***
venir	*yo* ***vendré***	*yo* ***vendría***

VERBI CON PARTICIPIO IRREGOLARE

INFINITIVO		*PARTICIPIO PASADO*
abrir	**aprire**	***abierto***
absolver	**assolvere**	***absuelto***
componer	**comporre**	***compuesto***
contradecir	**contraddire**	***contradicho***
contrahacer	**contraffare**	***contrahecho***
contraponer	**contrapporre**	***contrapuesto***
cubrir	**coprire**	***cubierto***
decir	**dire**	***dicho***
deponer	**deporre**	***depuesto***

descomponer	**scomporre**	***descompuesto***
describir	**descrivere**	***descrito***
descubrir	**scoprire**	***descubierto***
desenvolver	**svolgere**	***desenvuelto***
deshacer	**disfare**	***deshecho***
devolver	**restituire**	***devuelto***
disolver	**dissolvere**	***disuelto***
disponer	**disporre**	***dispuesto***
encubrir	**nascondere**	***encubierto***
envolver	**avvolgere**	***envuelto***
escribir	**scrivere**	***escrito***
exponer	**esporre**	***expuesto***
hacer	**fare**	***hecho***
imponer	**imporre**	***impuesto***
imprimir	**imprimere** **stampare**	***impreso***
indisponer	**indisporre**	***indispuesto***
interponer	**interporre**	***interpuesto***
licuefacer	**liquefare**	***licuefacto***
morir	**morire**	***muerto***
oponer	**opporre**	***opuesto***
poner	**mettere**	***puesto***
posponer	**posporre**	***pospuesto***
predecir	**predire**	***predicho***
presuponer	**presupporre**	***presupuesto***
prever	**prevedere**	***previsto***
proponer	**proporre**	***propuesto***
proveer	**provvedere**	***provisto***
reponer	**rimettere**	***repuesto***
resolver	**risolvere**	***resuelto***
rever	**rivedere**	***revisto***
revolver	**rivoltare** **mescolare**	***revuelto***
romper	**rompere**	***roto***
satisfacer	**soddisfare**	***satisfecho***
sobreponer	**sovrapporre**	***sobrepuesto***
transponer	**trasporre**	***transpuesto***
ver	**vedere**	***visto***
volver	**tornare**	***vuelto***

VERBI CON PARTICIPIO REGOLARE E IRREGOLARE

La forma **regolare** del *participio* viene usata per formare i tempi composti con l'ausiliare ***haber***. La forma **irregolare** è solitamente usata come aggettivo verbale:

INFINITIVO		*PARTICIPIO*	
		REGULAR	*IRREGULAR*
absorber	**assorbire**	***absorbido***	***absorto***
abstraer	**astrarre**	***abstraído***	***abstracto***
afligir	**affliggere**	***afligido***	***aflicto***
atender	**attendere**	***atendido***	***atento***
bendecir	**benedire**	***bendecido***	***bendito***
concluir	**concludere**	***concluido***	***concluso***
confesar	**confessare**	***confesado***	***confeso***
confundir	**confondere**	***confundido***	***confuso***
convencer	**convincere**	***convencido***	***convicto***
convertir	**convertire**	***convertido***	***converso***
corregir	**correggere**	***corregido***	***correcto***
corromper	**corrompere**	***corrompido***	***corrupto***
despertar	**svegliare**	***despertado***	***despierto***
difundir	**diffondere**	***difundido***	***difuso***
dividir	**dividere**	***dividido***	***diviso***
elegir	**eleggere**	***elegido***	***electo***
enjugar	**asciugare**	***enjugado***	***enjuto***
excluir	**escludere**	***excluido***	***excluso***
eximir	**esimere**	***eximido***	***exento***
expeler	**espellere**	***expelido***	***expulso***
expresar	**esprimere**	***exprimido***	***expreso***
extender	**estendere**	***extendido***	***extenso***
extinguir	**estinguere**	***extinguido***	***extinto***
fijar	**fissare**	***fijado***	***fijo***
freír	**friggere**	***freído***	***frito***
hartar	**saziare**	***hartado***	***harto***
imprimir	**imprimere, stampare**	***imprimido***	***impreso***
incluir	**includere**	***incluido***	***incluso***
infundir	**infondere**	***infundido***	***infuso***
insertar	**inserire**	***insertado***	***inserto***
invertir	**invertire**	***invertido***	***inverso***
juntar	**unire**	***juntado***	***junto***
maldecir	**maledire**	***maldecido***	***maldito***
manifestar	**manifestare**	***manifestado***	***manifiesto***
marchitar	**appassire**	***marchitado***	***marchito***
nacer	**nascere**	***nacido***	***nato***

omitir	**omettere**	***omitido***	***omiso***
oprimir	**opprimere**	***oprimido***	***opreso***
poseer	**possedere**	***poseído***	***poseso***
prender	**prendere, catturare**	***prendido***	***preso***
presumir	**presumere**	***presumido***	***presunto***
proveer	**provvedere**	***proveído***	***provisto***
recluir	**recludere**	***recluido***	***recluso***
retorcer	**ritorcere**	***retorcido***	***retuerto***
salvar	**salvare**	***salvado***	***salvo***
soltar	**sciogliere**	***soltado***	***suelto***
sujetar	**immobilizzare**	***sujetado***	***sujeto***
suspender	**sospendere**	***suspendido***	***suspenso***
teñir	**tingere**	***teñido***	***tinto***
torcer	**torcere**	***torcido***	***tuerto***

ELENCO DEI VERBI CON PREPOSIZIONE

Molti verbi spagnoli possono richiedere una preposizione diversa dai corrispondenti italiani. I più comuni sono:

abalanzarse a / sobre	**scagliarsi contro**
aborrecer de (muerte)	**odiare a (morte)**
acabar de	**avere appena finito qualcosa**
acabar por	**finire per**
acertar con	**azzeccare**
acordarse con	**mettersi d'accordo con**
acordarse de	**ricordarsi di**
adelantar a	**sorpassare**
adelantar en	**progredire**
agarrar de / *agarrar por*	**afferrare per**
alcanzar a	**riuscire**
alzarse con	**appropriarsi**
alzarse en	**insorgere**
amenazar con	**minacciare di**
apelar a	**ricorrere a**
apelarse de	**appellarsi contro**
aprender a	**imparare a**
aprender de (memoria)	**imparare a (memoria)**
apresurarse a contestar	**affrettarsi a rispondere**
apresurarse en contestar	**rispondere con precipitazione**
apretar a	**sollecitare**
apretar con	**assalire**
aprovecharse de alguien	**approfittare di qualcuno**
aprovechar en	**fare progressi**
arrojarse a	**gettarsi in**
asir de	**afferrare per**
asociarse con	**associarsi a**
atinar con	**indovinare**
caber en suerte	**toccare in sorte**
caer en	**comprendere, capire**
caer sobre	**scagliarsi contro**
cargar sobre	**pesare, influenzare**
colgar de	**appendere a**
comenzar por	**cominciare da**
comprometerse a	**impegnarsi a**
comprometerse con	**compromettersi con**
confiarse con	**avere fiducia in**

conformarse con	contentarsi di
consentir en	acconsentire a
contar con	fare assegnamento su
contentarse con	contentarsi di
creer en	credere a
cuidar de	prendersi cura di
cumplir con	adempiere a
dar con	imbattersi in, trovare
darse por	darsi per, dichiararsi
dejar de	smettere di
dejarse de	fare a meno
deshacerse de	disfarsi di
deshacerse en	struggersi in
deshacerse por	agognare
despedirse de	congedarsi da
divertirse de	divertirsi a
echar a la cara	rinfacciare
echar de menos	rimpiangere
echar de ver	accorgersi
echar sobre	lanciarsi su
empapar en	inzuppare di
empeñarse en	impegnarsi a
empezar por	cominciare da
encapricharse con / en	incapricciarsi di
enterarse de	accorgersi di
estar a todo	essere preparato a tutto
estar con cuidado	stare all'erta
estar de cuidado	essere gravemente ammalato
estar en	persuadersi
estar en todo	attendere a tutto
estar para	stare per, essere in procinto di
estar por	essere disposto a
estar por hacer	stare per fare (qualcosa)
exigir a	esigere da
fijarse en	fissarsi su
gozar con	godere di
gustar de	piacere
hacerse a	assuefarsi a
hacerse con	ottenere
hallarse con algo	possedere qualcosa
insistir en	insistere in
inspirarse en	ispirarsi a
ir a	andare in
ir a	stare per
ir con	andare con
ir por	andare in cerca di

negarse a	rifiutarsi di
obstinarse en	ostinarsi a
padecer de	soffrire abitualmente di
participar de	prendere parte a
participar en	partecipare a
pasar de	eccedere
pasar por	essere ritenuto, spacciarsi per
pensar en	pensare a
poner en cuidado	intimorire
ponerse a	mettersi a
preguntar a	chiedere a
preguntar por	domandare di
proceder a	cominciare
proceder en	continuare
quedar en hacer	rimanere d'accordo, promettere di fare
quedar por hacer	rimanere da fare
quedarse con	tenersi; prendere in giro
saber a	aver sapore di
saber de	intendersi di
salir bien	riuscire, avere buon successo
salir con	riuscire in, riuscere a
salir de	uscire da, abbandonare
servir de	servire da
servir para	servire a
soñar con	sognare, sognare di
sustituir por	sostituire con
tardar en	tardare a
tirar de	tirare
traducir a / al	tradurre in
tratar de	cercare di
tratar en	negoziare in
tropezar con	inciampare in
vender al contado	vendere a contanti
vivir en	abitare a
volver nuevo	rimettere a nuovo

Tavole dei verbi

SOMMARIO DELLE TAVOLE

Nelle tavole che seguono, i pronomi personali *nosotros* e *vosotros* sono stati abbreviati in *nos.* e *vos.*

HABER

INDICATIVO

Presente
- *yo* he
- *tú* has
- *él* ha
- *nos.* hemos
- *vos.* habéis
- *ellos* han

Pretérito imperfecto
- *yo* había
- *tú* habías
- *él* había
- *nos.* habíamos
- *vos.* habíais
- *ellos* habían

Pretérito indefinido
- *yo* hube
- *tú* hubiste
- *él* hubo
- *nos.* hubimos
- *vos.* hubisteis
- *ellos* hubieron

Futuro imperfecto
- *yo* habré
- *tú* habrás
- *él* habrá
- *nos.* habremos
- *vos.* habréis
- *ellos* habrán

Pretérito perfecto
- *yo* he habido
- *tú* has habido
- *él* ha habido
- *nos.* hemos habido
- *vos.* habéis habido
- *ellos* han habido

Pretérito pluscuamperfecto
- *yo* había habido
- *tú* habías habido
- *él* había habido
- *nos.* habíamos habido
- *vos.* habíais habido
- *ellos* habían habido

Pretérito anterior
- *yo* hube habido
- *tú* hubiste habido
- *él* hubo habido
- *nos.* hubimos habido
- *vos.* hubisteis habido
- *ellos* hubieron habido

Futuro perfecto
- *yo* habré habido
- *tú* habrás habido
- *él* habrá habido
- *nos.* habremos habido
- *vos.* habréis habido
- *ellos* habrán habido

SUBJUNTIVO

Presente
- *que yo* haya
- *que tú* hayas
- *que él* haya
- *que nos.* hayamos
- *que vos.* hayáis
- *que ellos* hayan

Pretérito imperfecto
- *que yo* hubiera
- *que tú* hubieras
- *que él* hubiera
- *que nos.* hubieramos
- *que vos.* hubierais
- *que ellos* hubieran

Seconda forma
- *que yo* hubiese
- *que tú* hubieses
- *que él* hubiese
- *que nos.* hubiésemos
- *que vos.* hubieseis
- *que ellos* hubiesen

Pretérito pluscuamperfecto
- *que yo* hubiera habido
- *que tú* hubieras habido
- *que él* hubiera habido
- *que nos.* hubiéramos habido
- *que vos.* hubierais habido
- *que ellos* hubieran habido

Seconda forma
- *que yo* hubiese habido
- *que tú* hubieses habido
- *que él* hubiese habido
- *que nos.* hubiésemos habido
- *que vos.* hubieseis habido
- *que ellos* hubiesen habido

Futuro imperfecto
- *que yo* hubiere
- *que tú* hubieres
- *que él* hubiere
- *que nos.* hubiéremos
- *que vos.* hubiereis
- *que ellos* hubieren

Pretérito perfecto
- *que yo* haya habido
- *que tú* hayas habido
- *que él* haya habido
- *que nos.* hayamos habido
- *que vos.* hayáis habido
- *que ellos* hayan habido

Futuro perfecto
- *que yo* hubiere habido
- *que tú* hubieres habido
- *que él* hubiere habido
- *que nos.* hubiéremos habido
- *que vos.* hubiereis habido
- *que ellos* hubieren habido

POTENCIAL

Simple
- *yo* habría
- *tú* habrías
- *él* habría
- *nos.* habríamos
- *vos.* habríais
- *ellos* habrían

Compuesto
- *yo* habría habido
- *tú* habrías habido
- *él* habría habido
- *nos.* habríamos habido
- *vos.* habríais habido
- *ellos* habrían habido

IMPERATIVO

Presente
—	hayamos
he	habed
haya	hayan

INFINITIVO
haber — haber habido

GERUNDIO
habiendo — habiendo habido

PARTICIPIO
habido

Haber (avere) è usato sia con significato proprio sia come ausiliare per formare i tempi composti di tutti i verbi (transitivi, intransitivi, riflessivi, impersonali). Il *participio* che lo accompagna è sempre invariabile. Se *haber* è usato impersonalmente la III persona sing. del *presente de indicativo* è *hay*.

SER

INDICATIVO

Presente
yo soy
tú eres
él es
nos. somos
vos. sois
ellos son

Pretérito imperfecto
yo era
tú eras
él era
nos. éramos
vos. erais
ellos eran

Pretérito indefinido
yo fui
tú fuiste
él fue
nos. fuimos
vos. fuisteis
ellos fueron

Futuro imperfecto
yo seré
tú serás
él será
nos. seremos
vos. seréis
ellos serán

Pretérito perfecto
yo he sido
tú has sido
él ha sido
nos. hemos sido
vos. habéis sido
ellos han sido

Pretérito pluscuamperfecto
yo había sido
tú habías sido
él había sido
nos. habíamos sido
vos. habíais sido
ellos habían sido

Pretérito anterior
yo hube sido
tú hubiste sido
él hubo sido
nos. hubimos sido
vos. hubisteis sido
ellos hubieron sido

Futuro perfecto
yo habré sido
tú habrás sido
él habrá sido
nos. habremos sido
vos. habréis sido
ellos habrán sido

SUBJUNTIVO

Presente
que yo sea
que tú seas
que él sea
que nos. seamos
que vos. seáis
que ellos sean

Pretérito imperfecto
que yo fuera
que tú fueras
que él fuera
que nos. fuéramos
que vos. fuerais
que ellos fueran

Seconda forma
que yo fuese
que tú fueses
que él fuese
que nos. fuésemos
que vos. fueseis
que ellos fuesen

Pretérito pluscuamperfecto
que yo hubiera sido
que tú hubieras sido
que él hubiera sido
que nos. hubiéramos sido
que vos. hubierais sido
que ellos hubieran sido

Seconda forma
que yo hubiese sido
que tú hubieses sido
que él hubiese sido
que nos. hubiésemos sido
que vos. hubieseis sido
que ellos hubiesen sido

Futuro imperfecto
que yo fuere
que tú fueres
que él fuere
que nos. fuéremos
que vos. fuereis
que ellos fueren

Pretérito perfecto
que yo haya sido
que tú hayas sido
que él haya sido
que nos. hayamos sido
que vos. hayáis sido
que ellos hayan sido

Futuro perfecto
que yo hubiere sido
que tú hubieres sido
que él hubiere sido
que nos. hubiéremos sido
que vos. hubiereis sido
que ellos hubieren sido

POTENCIAL

Simple
yo sería
tú serías
él sería
nos. seríamos
vos. seríais
ellos serían

Compuesto
yo habría sido
tú habrías sido
él habría sido
nos. habríamos sido
vos. habríais sido
ellos habrían sido

IMPERATIVO

Presente
— seamos
sé sed
sea sean

INFINITIVO
ser haber sido

GERUNDIO
siendo habiendo sido

PARTICIPIO
sido

Ser (essere) è usato sia con significato proprio sia come ausiliare della forma passiva. Il *participio* che lo accompagna si accorda con il soggetto.

SER AMADO

INDICATIVO

Presente

yo	soy	amado
tú	eres	amado
él	es	amado
nos.	somos	amados
vos.	sois	amados
ellos	son	amados

Pretérito imperfecto

yo	era	amado
tú	eras	amado
él	era	amado
nos.	éramos	amados
vos.	erais	amados
ellos	eran	amados

Pretérito indefinido

yo	fui	amado
tú	fuiste	amado
él	fue	amado
nos.	fuimos	amados
vos.	fuisteis	amados
ellos	fueron	amados

Futuro imperfecto

yo	seré	amado
tú	serás	amado
él	será	amado
nos.	seremos	amados
vos.	seréis	amados
ellos	serán	amados

Pretérito perfecto

yo	he	sido amado
tú	has	sido amado
él	ha	sido amado
nos.	hemos	sido amados
vos.	habéis	sido amados
ellos	han	sido amados

Pretérito pluscuamperfecto

yo	había	sido amado
tú	habías	sido amado
él	había	sido amado
nos.	habíamos	sido amados
vos.	habías	sido amados
ellos	habían	sido amados

Pretérito anterior

yo	hube	sido amado
tú	hubiste	sido amado
él	hubo	sido amado
nos.	hubimos	sido amados
vos.	hubisteis	sido amados
ellos	hubieron	sido amados

Futuro perfecto

yo	habré	sido amado
tú	habrás	sido amado
él	habrá	sido amado
nos.	habremos	sido amados
vos.	habréis	sido amados
ellos	habrán	sido amados

SUBJUNTIVO

Presente

que yo	sea	amado
que tú	seas	amado
que él	sea	amado
que nos.	seamos	amados
que vos.	seáis	amados
que ellos	sean	amados

Pretérito imperfecto

que yo	fuera	amado
que tú	fueras	amado
que él	fuera	amado
que nos.	fuéramos	amados
que vos.	fuerais	amados
que ellos	fueran	amados

Seconda forma

que yo	fuese	amado
que tú	fueses	amado
que él	fuese	amado
que nos.	fuésemos	amados
que vos.	fueseis	amados
que ellos	fuesen	amados

Pretérito pluscuamperfecto

que yo	hubiera	sido amado
que tú	hubieras	sido amado
que él	hubiera	sido amado
que nos.	hubiéramos	sido amados
que vos.	hubierais	sido amados
que ellos	hubieran	sido amados

Seconda forma

que yo	hubiese	sido amado
que tú	hubieses	sido amado
que él	hubiese	sido amado
que nos.	hubiésemos	sido amados
que vos.	hubieseis	sido amados
que ellos	hubiesen	sido amados

Futuro imperfecto

que yo	fuere	amado
que tú	fueres	amado
que él	fuere	amado
que nos.	fuéremos	amados
que vos.	fuereis	amados
que ellos	fueren	amados

Pretérito perfecto

yo	haya	sido amado
tú	hayas	sido amado
él	haya	sido amado
nos.	hayamos	sido amados
vos.	hayáis	sido amados
ellos	hayan	sido amados

Futuro perfecto

que yo	hubiere	sido amado
que tú	hubieres	sido amado
que él	hubiere	sido amado
que nos.	hubiéremos	sido amados
que vos.	hubiereis	sido amados
que ellos	hubieren	sido amados

POTENCIAL

Simple

yo	sería	amado
tú	serías	amado
él	sería	amado
nos.	seríamos	amados
vos.	seríais	amados
ellos	serían	amados

Compuesto

yo	habría	sido amado
tú	habrías	sido amado
él	habría	sido amado
nos.	habríamos	sido amados
vos.	habríais	sido amados
ellos	habrían	sido amados

IMPERATIVO

Presente

—	seamos amados
sé amado	sed amados
sea amado	sean amados

INFINITIVO

ser amado — haber sido amado

GERUNDIO

siendo amado — habiendo sido amado

PARTICIPIO

sido amado

Ser amado (essere amato). Nella forma passiva il *participio pasado* si accorda in genere e numero con il soggetto: *yo soy amada*, *ellas son amadas*.

LAVARSE

INDICATIVO

Presente
yo me lavo
tú te lavas
él se lava
nos. nos lavamos
vos. os laváis
ellos se lavan

Pretérito imperfecto
yo me lavaba
tú te lavabas
él se lavaba
nos. nos lavábamos
vos. os lavabais
ellos se lavaban

Pretérito indefinido
yo me lavé
tú te lavaste
él se lavó
nos. nos lavamos
vos. os lavasteis
ellos se lavaron

Futuro imperfecto
yo me lavaré
tú te lavarás
él se lavará
nos. nos lavaremos
vos. os lavaréis
ellos se lavarán

Pretérito perfecto
yo me he lavado
tú te has lavado
él se ha lavado
nos. nos hemos lavado
vos. os habéis lavado
ellos se han lavado

Pretérito pluscuamperfecto
yo me había lavado
tú te habías lavado
él se había lavado
nos. nos habíamos lavado
vos. os habíais lavado
ellos se habían lavado

Pretérito anterior
yo me hube lavado
tú te hubiste lavado
él se hubo lavado
nos. nos hubimos lavado
vos. os hubisteis lavado
ellos se hubieron lavado

Futuro perfecto
yo me habré lavado
tú te habrás lavado
él se habrá lavado
nos. nos habremos lavado
vos. os habréis lavado
ellos se habrán lavado

SUBJUNTIVO

Presente
que yo me lave
que tú te laves
que él se lave
que nos. nos lavemos
que vos. os lavéis
que ellos se laven

Pretérito imperfecto
que yo me lavara
que tú te lavaras
que él se lavara
que nos. nos laváramos
que vos. os lavarais
que ellos se lavaran

Seconda forma
que yo me lavase
que tú te lavases
que él se lavase
que nos. nos lavásemos
que vos. os lavaseis
que ellos se lavasen

Pretérito pluscuamperfecto
que yo me hubiera lavado
que tú te hubieras lavado
que él se hubiera lavado
que nos. nos hubiéramos lavado
que vos. os hubierais lavado
que ellos se hubieran lavado

Seconda forma
que yo me hubiese lavado
que tú te hubieses lavado
que él se hubiese lavado
que nos. nos hubiésemos lavado
que vos. os hubieseis lavado
que ellos se hubiesen lavado

Futuro imperfecto
que yo me lavare
que tú te lavares
que él se lavare
que nos. nos laváremos
que vos. os lavareis
que ellos se lavaren

Pretérito perfecto
que yo me haya lavado
que tú te hayas lavado
que él se haya lavado
que nos. nos hayamos lavado
que vos. os hayáis lavado
que ellos se hayan lavado

Futuro perfecto
que yo me hubiere lavado
que tú te hubieres lavado
que él se hubiere lavado
que nos. nos hubiéremos lavado
que vos. os hubiereis lavado
que ellos se hubieren lavado

POTENCIAL

Simple
yo me lavaría
tú te lavarías
él se lavaría
nos. nos lavaríamos
vos. os lavaríais
ellos se lavarían

Compuesto
yo me habría lavado
tú te habrías lavado
él se habría lavado
nos. nos habríamos lavado
vos. os habríais lavado
ellos se habrían lavado

IMPERATIVO

Presente
— lavémonos
lávate lavaos
lávese lávense

INFINITIVO
lavarse haberse lavado

GERUNDIO
lavándose habiéndose lavado

PARTICIPIO
—

Lavarse (lavarsi). Nei verbi pronominali il pronome riflessivo si colloca dopo il verbo, formando con esso una sola parola, nell'*infinitivo*, nel *gerundio* e nell'*imperativo*. Alla I e II persona pl. dell'*imperativo* si sopprimono rispettivamente la *s* e la *d* prima di aggiungere *nos* e *os* (fa eccezione la II persona pl. del verbo ir: *id*).

AMAR

INDICATIVO

Presente
yo amo
tú amas
él ama
nos. amamos
vos. amáis
ellos aman

Pretérito imperfecto
yo amaba
tú amabas
él amaba
nos. amábamos
vos. amabais
ellos amaban

Pretérito indefinido
yo amé
tú amaste
él amó
nos. amamos
vos. amasteis
ellos amaron

Futuro imperfecto
yo amaré
tú amarás
él amará
nos. amaremos
vos. amaréis
ellos amarán

Pretérito perfecto
yo he amado
tú has amado
él ha amado
nos. hemos amado
vos. habéis amado
ellos han amado

Pretérito pluscuamperfecto
yo había amado
tú habías amado
él había amado
nos. habíamos amado
vos. habíais amado
ellos habían amado

Pretérito anterior
yo hube amado
tú hubiste amado
él hubo amado
nos. hubimos amado
vos. hubisteis amado
ellos hubieron amado

Futuro perfecto
yo habré amado
tú habrás amado
él habrá amado
nos. habremos amado
vos. habréis amado
ellos habrán amado

POTENCIAL

Simple
yo amaría
tú amarías
él amaría
nos. amaríamos
vos. amaríais
ellos amarían

Compuesto
yo habría amado
tú habrías amado
él habría amado
nos. habríamos amado
vos. habríais amado
ellos habrían amado

SUBJUNTIVO

Presente
que yo ame
que tú ames
que él ame
que nos. amemos
que vos. améis
que ellos amen

Pretérito imperfecto
que yo amara
que tú amaras
que él amara
que nos. amáramos
que vos. amarais
que ellos amaran

Seconda forma
que yo amase
que tú amases
que él amase
que nos. amásemos
que vos. amaseis
que ellos amasen

Pretérito pluscuamperfecto
que yo hubiera amado
que tú hubieras amado
que él hubiera amado
que nos. hubiéramos amado
que vos. hubierais amado
que ellos hubieran amado

Seconda forma
que yo hubiese amado
que tú hubieses amado
que él hubiese amado
que nos. hubiésemos amado
que vos. hubieseis amado
que ellos hubiesen amado

Futuro imperfecto
que yo amare
que tú amares
que él amare
que nos. amáremos
que vos. amareis
que ellos amaren

Pretérito perfecto
que yo haya amado
que tú hayas amado
que él haya amado
que nos. hayamos amado
que vos. hayáis amado
que ellos hayan amado

Futuro perfecto
que yo hubiere amado
que tú hubieres amado
que él hubiere amado
que nos. hubiéremos amado
que vos. hubiereis amado
que ellos hubieren amado

IMPERATIVO

Presente
— amemos
ama amad
ame amen

INFINITIVO
amar haber amado

GERUNDIO
amando habiendo amado

PARTICIPIO
amado

Amar (amare) è il verbo modello della 1ª coniugazione. Così si coniugano tutti i verbi regolari terminanti in *-ar*.

AISLAR

INDICATIVO

Presente

yo	aíslo
tú	aíslas
él	aísla
nos.	aislamos
vos.	aisláis
ellos	aíslan

Pretérito imperfecto

yo	aislaba
tú	aislabas
él	aislaba
nos.	aislábamos
vos.	aislabais
ellos	aislaban

Pretérito indefinido

yo	aislé
tú	aislaste
él	aisló
nos.	aislamos
vos.	aislasteis
ellos	aislaron

Futuro imperfecto

yo	aislaré
tú	aislarás
él	aislará
nos.	aislaremos
vos.	aislaréis
ellos	aislarán

Pretérito perfecto

yo	he	aislado
tú	has	aislado
él	ha	aislado
nos.	hemos	aislado
vos.	habéis	aislado
ellos	han	aislado

Pretérito pluscuamperfecto

yo	había	aislado
tú	habías	aislado
él	había	aislado
nos.	habíamos	aislado
vos.	habíais	aislado
ellos	habían	aislado

Pretérito anterior

yo	hube	aislado
tú	hubiste	aislado
él	hubo	aislado
nos.	hubimos	aislado
vos.	hubisteis	aislado
ellos	hubieron	aislado

Futuro perfecto

yo	habré	aislado
tú	habrás	aislado
él	habrá	aislado
nos.	habremos	aislado
vos.	habréis	aislado
ellos	habrán	aislado

POTENCIAL

Simple

yo	aislaría
tú	aislarías
él	aislaría
nos.	aislaríamos
vos.	aislaríais
ellos	aislarían

Compuesto

yo	habría	aislado
tú	habrías	aislado
él	habría	aislado
nos.	habríamos	aislado
vos.	habríais	aislado
ellos	habrían	aislado

SUBJUNTIVO

Presente

que yo	aísle
que tú	aísles
que él	aísle
que nos.	aislemos
que vos.	aisléis
que ellos	aíslen

Pretérito imperfecto

que yo	aislara
que tú	aislaras
que él	aislara
que nos.	aisláramos
que vos.	aislarais
que ellos	aislaran

Seconda forma

que yo	aislase
que tú	aislases
que él	aislase
que nos.	aislásemos
que vos.	aislaseis
que ellos	aislasen

Pretérito pluscuamperfecto

que yo	hubiera	aislado
que tú	hubieras	aislado
que él	hubiera	aislado
que nos.	hubiéramos	aislado
que vos.	hubierais	aislado
que ellos	hubieran	aislado

Seconda forma

que yo	hubiese	aislado
que tú	hubieses	aislado
que él	hubiese	aislado
que nos.	hubiésemos	aislado
que vos.	hubieseis	aislado
que ellos	hubiesen	aislado

Futuro imperfecto

que yo	aislare
que tú	aislares
que él	aislare
que nos.	aisláremos
que vos.	aislareis
que ellos	aislaren

Futuro perfecto

que yo	hubiere	aislado
que tú	hubieres	aislado
que él	hubiere	aislado
que nos.	hubiéremos	aislado
que vos.	hubiereis	aislado
que ellos	hubieren	aislado

Pretérito perfecto

que yo	haya	aislado
que tú	hayas	aislado
que él	haya	aislado
que nos.	hayamos	aislado
que vos.	hayáis	aislado
que ellos	hayan	aislado

IMPERATIVO

Presente

—	aislemos
aísla	aislad
aísle	aíslen

INFINITIVO

aislar   haber aislado

GERUNDIO

aislando   habiendo aislado

PARTICIPIO

aislado

Verbo regolare che alla I, II e III persona sing. e III pl. del *presente de indicativo* e *de subjuntivo*, alla II e III persona sing. e III pl. dell'*imperativo* prende l'accento sulla *i* della radice (*yo aíslo*, *que él aísle*, *aísla*). Come *aislar* (isolare) si coniugano *airar* (irritare), *desainar* (estenuare), *desairar* (sprezzare).

AUNAR

INDICATIVO

Presente
yo aúno
tú aúnas
él aúna
nos. aunamos
vos. aunáis
ellos aúnan

Pretérito imperfecto
yo aunaba
tú aunabas
él aunaba
nos. aunábamos
vos. aunabais
ellos aunaban

Pretérito indefinido
yo auné
tú aunaste
él aunó
nos. aunamos
vos. aunasteis
ellos aunaron

Futuro imperfecto
yo aunaré
tú aunarás
él aunará
nos. aunaremos
vos. aunaréis
ellos aunarán

Pretérito perfecto
yo he aunado
tú has aunado
él ha aunado
nos. hemos aunado
vos. habéis aunado
ellos han aunado

Pretérito pluscuamperfecto
yo había aunado
tú habías aunado
él había aunado
nos. habíamos aunado
vos. habíais aunado
ellos habían aunado

Pretérito anterior
yo hube aunado
tú hubiste aunado
él hubo aunado
nos. hubimos aunado
vos. hubisteis aunado
ellos hubieron aunado

Futuro perfecto
yo habré aunado
tú habrás aunado
él habrá aunado
nos. habremos aunado
vos. habréis aunado
ellos habrán aunado

SUBJUNTIVO

Presente
que yo aúne
que tú aúnes
que él aúne
que nos. aunemos
que vos. aunéis
que ellos aúnen

Pretérito imperfecto
que yo aunara
que tú aunaras
que él aunara
que nos. aunáramos
que vos. aunarais
que ellos aunaran

Seconda forma
que yo aunase
que tú aunases
que él aunase
que nos. aunásemos
que vos. aunaseis
que ellos aunasen

Pretérito pluscuamperfecto
que yo hubiera aunado
que tú hubieras aunado
que él hubiera aunado
que nos. hubiéramos aunado
que vos. hubierais aunado
que ellos hubieran aunado

Seconda forma
que yo hubiese aunado
que tú hubieses aunado
que él hubiese aunado
que nos. hubiésemos aunado
que vos. hubieseis aunado
que ellos hubiesen aunado

Futuro imperfecto
que yo aunare
que tú aunares
que él aunare
que nos. aunáremos
que vos. aunareis
que ellos aunaren

Pretérito perfecto
que yo haya aunado
que tú hayas aunado
que él haya aunado
que nos. hayamos aunado
que vos. hayáis aunado
que ellos hayan aunado

Futuro perfecto
que yo hubiere aunado
que tú hubieres aunado
que él hubiere aunado
que nos. hubiéremos aunado
que vos. hubiereis aunado
que ellos hubieren aunado

POTENCIAL

Simple
yo aunaría
tú aunarías
él aunaría
nos. aunaríamos
vos. aunaríais
ellos aunarían

Compuesto
yo habría aunado
tú habrías aunado
él habría aunado
nos. habríamos aunado
vos. habríais aunado
ellos habrían aunado

IMPERATIVO

Presente
— aunemos
aúna aunad
aúne aúnen

INFINITIVO
aunar haber aunado

GERUNDIO
aunando habiendo aunado

PARTICIPIO
aunado

Verbo regolare che prende l'accento sulla *u* della radice alla I, II e III persona sing. e III pl. del *presente de indicativo* e *de subjuntivo*, alla II e III persona sing. e III pl. dell'*imperativo* (*yo aúno*, *que él aúne*, *aúna*). Come *aunar* (adunare) si coniugano *aullar* (urlare, ululare), *maullar* (miagolare), *rehusar* (rifiutare).

DESEAR

INDICATIVO

Presente
yo deseo
tú deseas
él desea
nos. deseamos
vos. deseáis
ellos desean

Pretérito imperfecto
yo deseaba
tú deseabas
él deseaba
nos. deseábamos
vos. deseabais
ellos deseaban

Pretérito indefinido
yo deseé
tú deseaste
él deseó
nos. deseamos
vos. deseasteis
ellos desearon

Futuro imperfecto
yo desearé
tú desearás
él deseará
nos. desearemos
vos. desearéis
ellos desearán

Pretérito perfecto
yo he deseado
tú has deseado
él ha deseado
nos. hemos deseado
vos. habéis deseado
ellos han deseado

Pretérito pluscuamperfecto
yo había deseado
tú habías deseado
él había deseado
nos. habíamos deseado
vos. habíais deseado
ellos habían deseado

Pretérito anterior
yo hube deseado
tú hubiste deseado
él hubo deseado
nos. hubimos deseado
vos. hubisteis deseado
ellos hubieron deseado

Futuro perfecto
yo habré deseado
tú habrás deseado
él habrá deseado
nos. habremos deseado
vos. habréis deseado
ellos habrán deseado

POTENCIAL

Simple
yo desearía
tú desearías
él desearía
nos. desearíamos
vos. desearíais
ellos desearían

Compuesto
yo habría deseado
tú habrías deseado
él habría deseado
nos. habríamos deseado
vos. habríais deseado
ellos habrían deseado

SUBJUNTIVO

Presente
que yo desee
que tú desees
que él desee
que nos. deseemos
que vos. deseéis
que ellos deseen

Pretérito imperfecto
que yo deseara
que tú desearas
que él deseara
que nos. deseáramos
que vos. desearais
que ellos desearan

Seconda forma
que yo desease
que tú deseases
que él desease
que nos. deseásemos
que vos. deseaseis
que ellos deseasen

Pretérito pluscuamperfecto
que yo hubiera deseado
que tú hubieras deseado
que él hubiera deseado
que nos. hubiéramos deseado
que vos. hubierais deseado
que ellos hubieran deseado

Seconda forma
que yo hubiese deseado
que tú hubieses deseado
que él hubiese deseado
que nos. hubiésemos deseado
que vos. hubieseis deseado
que ellos hubiesen deseado

Futuro imperfecto
que yo deseare
que tú deseares
que él deseare
que nos. deseáremos
que vos. deseareis
que ellos desearen

Futuro perfecto
que yo hubiere deseado
que tú hubieres deseado
que él hubiere deseado
que nos. hubiéremos deseado
que vos. hubiereis deseado
que ellos hubieren deseado

Pretérito perfecto
que yo haya deseado
que tú hayas deseado
que él haya deseado
que nos. hayamos deseado
que vos. hayáis deseado
que ellos hayan deseado

IMPERATIVO

Presente
— deseemos
desea desead
desee deseen

INFINITIVO
desear haber deseado

GERUNDIO
deseando habiendo deseado

PARTICIPIO
deseado

I verbi in *-ear*, come *desear* (desiderare), appartengono alla 1ª coniugazione regolare. Tuttavia, quando vi sono due vocali vicine (*eo*, *ea*, *ee*), l'accento tonico cade sempre sulla prima e precisamente alla I, II e III persona sing. e III pl. del *presente de indicativo* e *de subjuntivo* e alla II e III persona sing. e III pl. dell'*imperativo* (*yo deseo*, *que yo desee*, *desea*).

VARIAR

INDICATIVO

Presente
yo varío
tú varías
él varía
nos. variamos
vos. variáis
ellos varían

Pretérito imperfecto
yo variaba
tú variabas
él variaba
nos. variábamos
vos. variabais
ellos variaban

Pretérito indefinido
yo varié
tú variaste
él varió
nos. variamos
vos. variasteis
ellos variaron

Futuro imperfecto
yo variaré
tú variarás
él variará
nos. variaremos
vos. variaréis
ellos variarán

Pretérito perfecto
yo he variado
tú has variado
él ha variado
nos. hemos variado
vos. habéis variado
ellos han variado

Pretérito pluscuamperfecto
yo había variado
tú habías variado
él había variado
nos. habíamos variado
vos. habíais variado
ellos habían variado

Pretérito anterior
yo hube variado
tú hubiste variado
él hubo variado
nos. hubimos variado
vos. hubisteis variado
ellos hubieron variado

Futuro perfecto
yo habré variado
tú habrás variado
él habrá variado
nos. habremos variado
vos. habréis variado
ellos habrán variado

SUBJUNTIVO

Presente
que yo varíe
que tú varíes
que él varíe
que nos. variemos
que vos. variéis
que ellos varíen

Pretérito imperfecto
que yo variara
que tú variaras
que él variara
que nos. variáramos
que vos. variarais
que ellos variaran

Pretérito pluscuamperfecto
que yo hubiera variado
que tú hubieras variado
que él hubiera variado
que nos. hubiéramos variado
que vos. hubierais variado
que ellos hubieran variado

Futuro imperfecto
que yo variare
que tú variares
que él variare
que nos. variáremos
que vos. variareis
que ellos variaren

Pretérito perfecto
que yo haya variado
que tú hayas variado
que él haya variado
que nos. hayamos variado
que vos. hayáis variado
que ellos hayan variado

Seconda forma
que yo variase
que tú variases
que él variase
que nos. variásemos
que vos. variaseis
que ellos variasen

Seconda forma
que yo hubiese variado
que tú hubieses variado
que él hubiese variado
que nos. hubiésemos variado
que vos. hubieseis variado
que ellos hubiesen variado

Futuro perfecto
que yo hubiere variado
que tú hubieres variado
que él hubiere variado
que nos. hubiéremos variado
que vos. hubiereis variado
que ellos hubieren variado

POTENCIAL

Simple
yo variaría
tú variarías
él variaría
nos. variaríamos
vos. variaríais
ellos variarían

Compuesto
yo habría variado
tú habrías variado
él habría variado
nos. habríamos variado
vos. habríais variado
ellos habrían variado

IMPERATIVO

Presente
— variemos
varía variad
varíe varíen

INFINITIVO

variar haber variado

GERUNDIO

variando habiendo variado

PARTICIPIO

variado

I verbi in *-iar* del tipo *variar* (variare), come *ampliar* (ampliare) e *guiar* (guidare), sciolgono quasi tutti il dittongo e prendono l'accento sulla *i* alla I, II e III persona sing. e III pl. del *presente de indicativo* e *de subjuntivo*, alla II e III persona sing. e III pl. dell'*imperativo* (*yo varío*, *que él varíe*, *varía*).

ACTUAR

INDICATIVO

Presente
yo actúo
tú actúas
él actúa
nos. actuamos
vos. actuáis
ellos actúan

Pretérito imperfecto
yo actuaba
tú actuabas
él actuaba
nos. actuábamos
vos. actuabais
ellos actuaban

Pretérito indefinido
yo actué
tú actuaste
él actuó
nos. actuamos
vos. actuasteis
ellos actuaron

Futuro imperfecto
yo actuaré
tú actuarás
él actuará
nos. actuaremos
vos. actuaréis
ellos actuarán

Pretérito perfecto
yo he actuado
tú has actuado
él ha actuado
nos. hemos actuado
vos. habéis actuado
ellos han actuado

Pretérito pluscuamperfecto
yo había actuado
tú habías actuado
él había actuado
nos. habíamos actuado
vos. habíais actuado
ellos habían actuado

Pretérito anterior
yo hube actuado
tú hubiste actuado
él hubo actuado
nos. hubimos actuado
vos. hubisteis actuado
ellos hubieron actuado

Futuro perfecto
yo habré actuado
tú habrás actuado
él habrá actuado
nos. habremos actuado
vos. habréis actuado
ellos habrán actuado

POTENCIAL

Simple
yo actuaría
tú actuarías
él actuaría
nos. actuaríamos
vos. actuaríais
ellos actuarían

Compuesto
yo habría actuado
tú habrías actuado
él habría actuado
nos. habríamos actuado
vos. habríais actuado
ellos habrían actuado

SUBJUNTIVO

Presente
que yo actúe
que tú actúes
que él actúe
que nos. actuemos
que vos. actuéis
que ellos actúen

Pretérito imperfecto
que yo actuara
que tú actuaras
que él actuara
que nos. actuáramos
que vos. actuarais
que ellos actuaran

Seconda forma
que yo actuase
que tú actuases
que él actuase
que nos. actuásemos
que vos. actuaseis
que ellos actuasen

Pretérito pluscuamperfecto
que yo hubiera actuado
que tú hubieras actuado
que él hubiera actuado
que nos. hubiéramos actuado
que vos. hubierais actuado
que ellos hubieran actuado

Seconda forma
que yo hubiese actuado
que tú hubieses actuado
que él hubiese actuado
que nos. hubiésemos actuado
que vos. hubieseis actuado
que ellos hubiesen actuado

Futuro imperfecto
que yo actuare
que tú actuares
que él actuare
que nos. actuáremos
que vos. actuareis
que ellos actuaren

Pretérito perfecto
que yo haya actuado
que tú hayas actuado
que él haya actuado
que nos. hayamos actuado
que vos. hayáis actuado
que ellos hayan actuado

Futuro perfecto
que yo hubiere actuado
que tú hubieres actuado
que él hubiere actuado
que nos. hubiéremos actuado
que vos. hubiereis actuado
que ellos hubieren actuado

IMPERATIVO

Presente
— actuemos
actúa actuad
actúe actúen

INFINITIVO
actuar haber actuado

GERUNDIO
actuando habiendo actuado

PARTICIPIO
actuado

I verbi in *-uar* del tipo *actuar* (agire), come *continuar* (continuare) e *atenuar* (attenuare), sciolgono quasi tutti il dittongo e prendono l'accento sulla *u* alla I, II e III persona sing. e III pl. del *presente de indicativo* e *de subjuntivo*, alla II e III persona sing. e III pl. dell'*imperativo* (*yo actúo, que él actúe, actúa*). Conservano il dittongo, e quindi non prendono l'accento, i verbi in *-cuar* (*licuar* liquefare) e *-guar* (*averiguar* verificare).

SACAR

INDICATIVO

Presente
yo saco
tú sacas
él saca
nos. sacamos
vos. sacáis
ellos sacan

Pretérito imperfecto
yo sacaba
tú sacabas
él sacaba
nos. sacábamos
vos. sacabais
ellos sacaban

Pretérito indefinido
yo saqué
tú sacaste
él sacó
nos. sacamos
vos. sacasteis
ellos sacaron

Futuro imperfecto
yo sacaré
tú sacarás
él sacará
nos. sacaremos
vos. sacaréis
ellos sacarán

Pretérito perfecto
yo he sacado
tú has sacado
él ha sacado
nos. hemos sacado
vos. habéis sacado
ellos han sacado

Pretérito pluscuamperfecto
yo había sacado
tú habías sacado
él había sacado
nos. habíamos sacado
vos. habíais sacado
ellos habían sacado

Pretérito anterior
yo hube sacado
tú hubiste sacado
él hubo sacado
nos. hubimos sacado
vos. hubisteis sacado
ellos hubieron sacado

Futuro perfecto
yo habré sacado
tú habrás sacado
él habrá sacado
nos. habremos sacado
vos. habréis sacado
ellos habrán sacado

SUBJUNTIVO

Presente
que yo saque
que tú saques
que él saque
que nos. saquemos
que vos. saquéis
que ellos saquen

Pretérito imperfecto
que yo sacara
que tú sacaras
que él sacara
que nos. sacáramos
que vos. sacarais
que ellos sacaran

Seconda forma
que yo sacase
que tú sacases
que él sacase
que nos. sacásemos
que vos. sacaseis
que ellos sacasen

Pretérito pluscuamperfecto
que yo hubiera sacado
que tú hubieras sacado
que él hubiera sacado
que nos. hubiéramos sacado
que vos. hubierais sacado
que ellos hubieran sacado

Seconda forma
que yo hubiese sacado
que tú hubieses sacado
que él hubiese sacado
que nos. hubiésemos sacado
que vos. hubieseis sacado
que ellos hubiesen sacado

Futuro imperfecto
que yo sacare
que tú sacares
que él sacare
que nos. sacáremos
que vos. sacareis
que ellos sacaren

Pretérito perfecto
que yo haya sacado
que tú hayas sacado
que él haya sacado
que nos. hayamos sacado
que vos. hayáis sacado
que ellos hayan sacado

Futuro perfecto
que yo hubiere sacado
que tú hubieres sacado
que él hubiere sacado
que nos. hubiéremos sacado
que vos. hubiereis sacado
que ellos hubieren sacado

POTENCIAL

Simple
yo sacaría
tú sacarías
él sacaría
nos. sacaríamos
vos. sacaríais
ellos sacarían

Compuesto
yo habría sacado
tú habrías sacado
él habría sacado
nos. habríamos sacado
vos. habríais sacado
ellos habrían sacado

IMPERATIVO

Presente
— saquemos
saca sacad
saque saquen

INFINITIVO
sacar haber sacado

GERUNDIO
sacando habiendo sacado

PARTICIPIO
sacado

I verbi in *-car*, come *sacar* (togliere, tirar fuori, estrarre), mantengono inalterato il suono duro della *c* della radice e cambiano la *c* in *qu* quando la desinenza inizia per *e*, precisamente alla I persona sing. del *pretérito indefinido de indicativo*, nel *presente de subjuntivo*, alla III persona sing. e I e III pl. dell'*imperativo* (*yo saqué*, *que yo saque*, *saquemos*).

PAGAR

INDICATIVO

Presente

yo pago
tú pagas
él paga
nos. pagamos
vos. pagáis
ellos pagan

Pretérito imperfecto

yo pagaba
tú pagabas
él pagaba
nos. pagábamos
vos. pagabais
ellos pagaban

Pretérito indefinido

yo pagué
tú pagaste
él pagó
nos. pagamos
vos. pagasteis
ellos pagaron

Futuro imperfecto

yo pagaré
tú pagarás
él pagará
nos. pagaremos
vos. pagaréis
ellos pagarán

Pretérito perfecto

yo he pagado
tú has pagado
él ha pagado
nos. hemos pagado
vos. habéis pagado
ellos han pagado

Pretérito pluscuamperfecto

yo había pagado
tú habías pagado
él había pagado
nos. habíamos pagado
vos. habíais pagado
ellos habían pagado

Pretérito anterior

yo hube pagado
tú hubiste pagado
él hubo pagado
nos. hubimos pagado
vos. hubisteis pagado
ellos hubieron pagado

Futuro perfecto

yo habré pagado
tú habrás pagado
él habrá pagado
nos. habremos pagado
vos. habréis pagado
ellos habrán pagado

SUBJUNTIVO

Presente

que yo pague
que tú pagues
que él pague
que nos. paguemos
que vos. paguéis
que ellos paguen

Pretérito imperfecto

que yo pagara
que tú pagaras
que él pagara
que nos. pagáramos
que vos. pagarais
que ellos pagaran

Seconda forma

que yo pagase
que tú pagases
que él pagase
que nos. pagásemos
que vos. pagaseis
que ellos pagasen

Pretérito pluscuamperfecto

que yo hubiera pagado
que tú hubieras pagado
que él hubiera pagado
que nos. hubiéramos pagado
que vos. hubierais pagado
que ellos hubieran pagado

Seconda forma

que yo hubiese pagado
que tú hubieses pagado
que él hubiese pagado
que nos. hubiésemos pagado
que vos. hubieseis pagado
que ellos hubiesen pagado

Futuro imperfecto

que yo pagare
que tú pagares
que él pagare
que nos. pagáremos
que vos. pagareis
que ellos pagaren

Pretérito perfecto

que yo haya pagado
que tú hayas pagado
que él haya pagado
que nos. hayamos pagado
que vos. hayáis pagado
que ellos hayan pagado

Futuro perfecto

que yo hubiere pagado
que tú hubieres pagado
que él hubiere pagado
que nos. hubiéremos pagado
que vos. hubiereis pagado
que ellos hubieren pagado

POTENCIAL

Simple

yo pagaría
tú pagarías
él pagaría
nos. pagaríamos
vos. pagaríais
ellos pagarían

Compuesto

yo habría pagado
tú habrías pagado
él habría pagado
nos. habríamos pagado
vos. habríais pagado
ellos habrían pagado

IMPERATIVO

Presente

— paguemos
paga pagad
pague paguen

INFINITIVO

pagar haber pagado

GERUNDIO

pagando habiendo pagado

PARTICIPIO

pagado

Nei verbi in *-gar*, come *pagar* (pagare), la g mantiene sempre il suono duro; viene quindi inserita una *u* davanti alle desinenze che iniziano per *e*, precisamente alla I persona sing. del *pretérito indefinido de indicativo*, nel *presente de subjuntivo*, alla III persona sing. e I e III pl. dell'*imperativo* (*yo pague*, *que yo pague*, *paguemos*).

AVERIGUAR

INDICATIVO

Presente
yo averiguo
tú averiguas
él averigua
nos. averiguamos
vos. averiguáis
ellos averiguan

Pretérito perfecto
yo he averiguado
tú has averiguado
él ha averiguado
nos. hemos averiguado
vos. habéis averiguado
ellos han averiguado

Pretérito imperfecto
yo averiguaba
tú averiguabas
él averiguaba
nos. averiguábamos
vos. averiguabais
ellos averiguaban

Pretérito pluscuamperfecto
yo había averiguado
tú habías averiguado
él había averiguado
nos. habíamos averiguado
vos. habíais averiguado
ellos habían averiguado

Pretérito indefinido
yo averigüé
tú averiguaste
él averiguó
nos. averiguamos
vos. averiguasteis
ellos averiguaron

Pretérito anterior
yo hube averiguado
tú hubiste averiguado
él hubo averiguado
nos. hubimos averiguado
vos. hubisteis averiguado
ellos hubieron averiguado

Futuro imperfecto
yo averiguaré
tú averiguarás
él averiguará
nos. averiguaremos
vos. averiguaréis
ellos averiguarán

Futuro perfecto
yo habré averiguado
tú habrás averiguado
él habrá averiguado
nos. habremos averiguado
vos. habréis averiguado
ellos habrán averiguado

POTENCIAL

Simple
yo averiguaría
tú averiguarías
él averiguaría
nos. averiguaríamos
vos. averiguaríais
ellos averiguarían

Compuesto
yo habría averiguado
tú habrías averiguado
él habría averiguado
nos. habríamos averiguado
vos. habríais averiguado
ellos habrían averiguado

SUBJUNTIVO

Presente
que yo averigüe
que tú averigües
que él averigüe
que nos. averigüemos
que vos. averigüéis
que ellos averigüen

Pretérito perfecto
que yo haya averiguado
que tú hayas averiguado
que él haya averiguado
que nos. hayamos averiguado
que vos. hayáis averiguado
que ellos hayan averiguado

Pretérito imperfecto
que yo averiguara
que tú averiguaras
que él averiguara
que nos. averiguáramos
que vos. averiguarais
que ellos averiguaran

Seconda forma
que yo averiguase
que tú averiguases
que él averiguase
que nos. averiguásemos
que vos. averiguaseis
que ellos averiguasen

Pretérito pluscuamperfecto
que yo hubiera averiguado
que tú hubieras averiguado
que él hubiera averiguado
que nos. hubiéramos averiguado
que vos. hubierais averiguado
que ellos hubieran averiguado

Seconda forma
que yo hubiese averiguado
que tú hubieses averiguado
que él hubiese averiguado
que nos. hubiésemos averiguado
que vos. hubieseis averiguado
que ellos hubiesen averiguado

Futuro imperfecto
que yo averiguare
que tú averiguares
que él averiguare
que nos. averiguáremos
que vos. averiguareis
que ellos averiguaren

Futuro perfecto
que yo hubiere averiguado
que tú hubieres averiguado
que él hubiere averiguado
que nos. hubiéremos averiguado
que vos. hubiereis averiguado
que ellos hubieren averiguado

IMPERATIVO

Presente
— averigüemos
averigua averiguad
averigüe averigüen

INFINITIVO
averiguar haber averiguado

GERUNDIO
averiguando habiendo averiguado

PARTICIPIO
averiguado

Nei verbi in *-guar*, come *averiguar* (verificare), la *u* prende la dieresi quando la desinenza inizia per *e*, precisamente alla I persona sing. del *pretérito indefinido de indicativo*, nel *presente de subjuntivo*, alla III persona sing. e I e III pl. dell'*imperativo* (*yo averigüe*, *que él averigüé*, *averigüen*).

CAZAR

INDICATIVO

Presente

yo	cazo
tú	cazas
él	caza
nos.	cazamos
vos.	cazáis
ellos	cazan

Pretérito imperfecto

yo	cazaba
tú	cazabas
él	cazaba
nos.	cazábamos
vos.	cazabais
ellos	cazaban

Pretérito indefinido

yo	cacé
tú	cazaste
él	cazó
nos.	cazamos
vos.	cazasteis
ellos	cazaron

Futuro imperfecto

yo	cazaré
tú	cazarás
él	cazará
nos.	cazaremos
vos.	cazaréis
ellos	cazarán

Pretérito perfecto

yo	he	cazado
tú	has	cazado
él	ha	cazado
nos.	hemos	cazado
vos.	habéis	cazado
ellos	han	cazado

Pretérito pluscuamperfecto

yo	había	cazado
tú	habías	cazado
él	había	cazado
nos.	habíamos	cazado
vos.	habíais	cazado
ellos	habían	cazado

Pretérito anterior

yo	hube	cazado
tú	hubiste	cazado
él	hubo	cazado
nos.	hubimos	cazado
vos.	hubisteis	cazado
ellos	hubieron	cazado

Futuro perfecto

yo	habré	cazado
tú	habrás	cazado
él	habrá	cazado
nos.	habremos	cazado
vos.	habréis	cazado
ellos	habrán	cazado

POTENCIAL

Simple

yo	cazaría
tú	cazarías
él	cazaría
nos.	cazaríamos
vos.	cazaríais
ellos	cazarían

Compuesto

yo	habría	cazado
tú	habrías	cazado
él	habría	cazado
nos.	habríamos	cazado
vos.	habríais	cazado
ellos	habrían	cazado

SUBJUNTIVO

Presente

que yo	cace
que tú	caces
que él	cace
que nos.	cacemos
que vos.	cacéis
que ellos	cacen

Pretérito imperfecto

que yo	cazara
que tú	cazaras
que él	cazara
que nos.	cazáramos
que vos.	cazarais
que ellos	cazaran

Seconda forma

que yo	cazase
que tú	cazases
que él	cazase
que nos.	cazásemos
que vos.	cazaseis
que ellos	cazasen

Pretérito pluscuamperfecto

que yo	hubiera	cazado
que tú	hubieras	cazado
que él	hubiera	cazado
que nos.	hubiéramos	cazado
que vos.	hubierais	cazado
que ellos	hubieran	cazado

Seconda forma

que yo	hubiese	cazado
que tú	hubieses	cazado
que él	hubiese	cazado
que nos.	hubiésemos	cazado
que vos.	hubieseis	cazado
que ellos	hubiesen	cazado

Futuro imperfecto

que yo	cazare
que tú	cazares
que él	cazare
que nos.	cazáremos
que vos.	cazareis
que ellos	cazaren

Pretérito perfecto

que yo	haya	cazado
que tú	hayas	cazado
que él	haya	cazado
que nos.	hayamos	cazado
que vos.	hayáis	cazado
que ellos	hayan	cazado

Futuro perfecto

que yo	hubiere	cazado
que tú	hubieres	cazado
que él	hubiere	cazado
que nos.	hubiéremos	cazado
que vos.	hubiereis	cazado
que ellos	hubieren	cazado

IMPERATIVO

Presente

—	cacemos
caza	cazad
cace	cacen

INFINITIVO

cazar — haber cazado

GERUNDIO

cazando — habiendo cazado

PARTICIPIO

cazado

I verbi in *-zar* del tipo *cazar* (cacciare), come *gozar* (godere) e *rozar* (sfiorare), cambiano la *z* in *c* quando la desinenza inizia per *e*, cioè alla I persona sing. del *pretérito indefinido de indicativo*, nel *presente de subjuntivo*, alla III persona sing. e I e III pl. dell'*imperativo* (*yo cacé*, *que él cace*, *cacemos*).

CERRAR

INDICATIVO

Presente

yo	cierro
tú	cierras
él	cierra
nos.	cerramos
vos.	cerráis
ellos	cierran

Pretérito imperfecto

yo	cerraba
tú	cerrabas
él	cerraba
nos.	cerrábamos
vos.	cerrabais
ellos	cerraban

Pretérito indefinido

yo	cerré
tú	cerraste
él	cerró
nos.	cerramos
vos.	cerrasteis
ellos	cerraron

Futuro imperfecto

yo	cerraré
tú	cerrarás
él	cerrará
nos.	cerraremos
vos.	cerraréis
ellos	cerrarán

Pretérito perfecto

yo	he	cerrado
tú	has	cerrado
él	ha	cerrado
nos.	hemos	cerrado
vos.	habéis	cerrado
ellos	han	cerrado

Pretérito pluscuamperfecto

yo	había	cerrado
tú	habías	cerrado
él	había	cerrado
nos.	habíamos	cerrado
vos.	habíais	cerrado
ellos	habían	cerrado

Pretérito anterior

yo	hube	cerrado
tú	hubiste	cerrado
él	hubo	cerrado
nos.	hubimos	cerrado
vos.	hubisteis	cerrado
ellos	hubieron	cerrado

Futuro perfecto

yo	habré	cerrado
tú	habrás	cerrado
él	habrá	cerrado
nos.	habremos	cerrado
vos.	habréis	cerrado
ellos	habrán	cerrado

SUBJUNTIVO

Presente

que yo	cierre
que tú	cierres
que él	cierre
que nos.	cerremos
que vos.	cerréis
que ellos	cierren

Pretérito imperfecto

que yo	cerrara
que tú	cerraras
que él	cerrara
que nos.	cerráramos
que vos.	cerrarais
que ellos	cerraran

Seconda forma

que yo	cerrase
que tú	cerrases
que él	cerrase
que nos.	cerrásemos
que vos.	cerraseis
que ellos	cerrasen

Futuro imperfecto

que yo	cerrare
que tú	cerrares
que él	cerrare
que nos.	cerráremos
que vos.	cerrareis
que ellos	cerraren

Pretérito perfecto

que yo	haya	cerrado
que tú	hayas	cerrado
que él	haya	cerrado
que nos.	hayamos	cerrado
que vos.	hayáis	cerrado
que ellos	hayan	cerrado

Pretérito pluscuamperfecto

que yo	hubiera	cerrado
que tú	hubieras	cerrado
que él	hubiera	cerrado
que nos.	hubiéramos	cerrado
que vos.	hubierais	cerrado
que ellos	hubieran	cerrado

Seconda forma

que yo	hubiese	cerrado
que tú	hubieses	cerrado
que él	hubiese	cerrado
que nos.	hubiésemos	cerrado
que vos.	hubieseis	cerrado
que ellos	hubiesen	cerrado

Futuro perfecto

que yo	hubiere	cerrado
que tú	hubieres	cerrado
que él	hubiere	cerrado
que nos.	hubiéremos	cerrado
que vos.	hubiereis	cerrado
que ellos	hubieren	cerrado

POTENCIAL

Simple

yo	cerraría
tú	cerrarías
él	cerraría
nos.	cerraríamos
vos.	cerraríais
ellos	cerrarían

Compuesto

yo	habría	cerrado
tú	habrías	cerrado
él	habría	cerrado
nos.	habríamos	cerrado
vos.	habríais	cerrado
ellos	habrían	cerrado

IMPERATIVO

Presente

—	cerremos
cierra	cerrad
cierre	cierren

INFINITIVO

cerrar — haber cerrado

GERUNDIO

cerrando — habiendo cerrado

PARTICIPIO

cerrado

Verbo irregolare che dittonga la *e* in *ie* alla I, II e III persona sing. e III pl. del *presente de indicativo* e *de subjuntivo*, alla II e III persona sing. e III pl. dell'*imperativo* (*yo cierro*, *que él cierre*, *cierra*). Come *cerrar* (chiudere) si coniugano i suoi composti *encerrar* (rinchiudere) e *desencerrar* (schiudere) e molti altri verbi della 1ª coniugazione che hanno una *e* nella penultima sillaba dell'*infinitivo*.

ERRAR

INDICATIVO

Presente
yo yerro
tú yerras
él yerra
nos. erramos
vos. erráis
ellos yerran

Pretérito imperfecto
yo erraba
tú errabas
él erraba
nos. errábamos
vos. errabais
ellos erraban

Pretérito indefinido
yo erré
tú erraste
él erró
nos. erramos
vos. errasteis
ellos erraron

Futuro imperfecto
yo erraré
tú errarás
él errará
nos. erraremos
vos. erraréis
ellos errarán

Pretérito perfecto
yo he errado
tú has errado
él ha errado
nos. hemos errado
vos. habéis errado
ellos han errado

Pretérito pluscuamperfecto
yo había errado
tú habías errado
él había errado
nos. habíamos errado
vos. habíais errado
ellos habían errado

Pretérito anterior
yo hube errado
tú hubiste errado
él hubo errado
nos. hubimos errado
vos. hubisteis errado
ellos hubieron errado

Futuro perfecto
yo habré errado
tú habrás errado
él habrá errado
nos. habremos errado
vos. habréis errado
ellos habrán errado

POTENCIAL

Simple
yo erraría
tú errarías
él erraría
nos. erraríamos
vos. erraríais
ellos errarían

Compuesto
yo habría errado
tú habrías errado
él habría errado
nos. habríamos errado
vos. habríais errado
ellos habrían errado

SUBJUNTIVO

Presente
que yo yerre
que tú yerres
que él yerre
que nos. erremos
que vos. erréis
que ellos yerren

Pretérito imperfecto
que yo errara
que tú erraras
que él errara
que nos. erráramos
que vos. errarais
que ellos erraran

Seconda forma
que yo errase
que tú errases
que él errase
que nos. errásemos
que vos. erraseis
que ellos errasen

Pretérito pluscuamperfecto
que yo hubiera errado
que tú hubieras errado
que él hubiera errado
que nos. hubiéramos errado
que vos. hubierais errado
que ellos hubieran errado

Seconda forma
que yo hubiese errado
que tú hubieses errado
que él hubiese errado
que nos. hubiésemos errado
que vos. hubieseis errado
que ellos hubiesen errado

Futuro imperfecto
que yo errare
que tú errares
que él errare
que nos. erráremos
que vos. errareis
que ellos erraren

Pretérito perfecto
que yo haya errado
que tú hayas errado
que él haya errado
que nos. hayamos errado
que vos. hayáis errado
que ellos hayan errado

Futuro perfecto
que yo hubiere errado
que tú hubieres errado
que él hubiere errado
que nos. hubiéremos errado
que vos. hubiereis errado
que ellos hubieren errado

IMPERATIVO

Presente
— erremos
yerra errad
yerre yerren

INFINITIVO
errar haber errado

GERUNDIO
errando habiendo errado

PARTICIPIO
errado

Il verbo dittongato *errar* (errare), secondo le regole ortografiche spagnole, cambia la *e* in *ye* alla I, II e III persona sing. e III pl. del *presente de indicativo* e *de subjuntivo*, alla II e III persona sing. e III pl. dell'*imperativo*. Il dittongo *ie* rimane invariato se la *e* che dittonga, pur essendo in sillaba iniziale, è preceduta da un'*h* come in *herrar*, ferrare (*yo hierro*) e in *herir*, ferire (*yo hiero*).

NEGAR

INDICATIVO

Presente
yo niego
tú niegas
él niega
nos. negamos
vos. negáis
ellos niegan

Pretérito imperfecto
yo negaba
tú negabas
él negaba
nos. negábamos
vos. negabais
ellos negaban

Pretérito indefinido
yo negué
tú negaste
él negó
nos. negamos
vos. negasteis
ellos negaron

Futuro imperfecto
yo negaré
tú negarás
él negará
nos. negaremos
vos. negaréis
ellos negarán

Pretérito perfecto
yo he negado
tú has negado
él ha negado
nos. hemos negado
vos. habéis negado
ellos han negado

Pretérito pluscuamperfecto
yo había negado
tú habías negado
él había negado
nos. habíamos negado
vos. habíais negado
ellos habían negado

Pretérito anterior
yo hube negado
tú hubiste negado
él hubo negado
nos. hubimos negado
vos. hubisteis negado
ellos hubieron negado

Futuro perfecto
yo habré negado
tú habrás negado
él habrá negado
nos. habremos negado
vos. habréis negado
ellos habrán negado

POTENCIAL

Simple
yo negaría
tú negarías
él negaría
nos. negaríamos
vos. negaríais
ellos negarían

Compuesto
yo habría negado
tú habrías negado
él habría negado
nos. habríamos negado
vos. habríais negado
ellos habrían negado

SUBJUNTIVO

Presente
que yo niegue
que tú niegues
que él niegue
que nos. neguemos
que vos. neguéis
que ellos nieguen

Pretérito imperfecto
que yo negara
que tú negaras
que él negara
que nos. negáramos
que vos. negarais
que ellos negaran

Seconda forma
que yo negase
que tú negases
que él negase
que nos. negásemos
que vos. negaseis
que ellos negasen

Pretérito pluscuamperfecto
que yo hubiera negado
que tú hubieras negado
que él hubiera negado
que nos. hubiéramos negado
que vos. hubierais negado
que ellos hubieran negado

Seconda forma
que yo hubiese negado
que tú hubieses negado
que él hubiese negado
que nos. hubiésemos negado
que vos. hubieseis negado
que ellos hubiesen negado

Futuro imperfecto
que yo negare
que tú negares
que él negare
que nos. negáremos
que vos. negareis
que ellos negaren

Pretérito perfecto
que yo haya negado
que tú hayas negado
que él haya negado
que nos. hayamos negado
que vos. hayáis negado
que ellos hayan negado

Futuro perfecto
que yo hubiere negado
que tú hubieres negado
que él hubiere negado
que nos. hubiéremos negado
que vos. hubiereis negado
que ellos hubieren negado

IMPERATIVO

Presente
— neguemos
niega negad
niegue nieguen

INFINITIVO
negar haber negado

GERUNDIO
negando habiendo negado

PARTICIPIO
negado

Verbo irregolare che oltre ad aggiungere una *u* alla radice quando la desinenza inizia per *e*, come i verbi in *-gar* (v. pag. 90), dittonga la *e* in *ie* alla I, II e III persona sing. e III pl. del *presente de indicativo* e *de subjuntivo*, alla II e III persona sing. e III pl. dell'*imperativo* (*yo niego*, *que él niegue*, *niega*). Come *negar* (negare) si coniugano *fregar* (fregare), *plegar* (piegare), *regar* (innaffiare), *segar* (falciare).

TROPEZAR

INDICATIVO

Presente
yo tropiezo
tú tropiezas
él tropieza
nos. tropezamos
vos. tropezáis
ellos tropiezan

Pretérito imperfecto
yo tropezaba
tú tropezabas
él tropezaba
nos. tropezábamos
vos. tropezabais
ellos tropezaban

Pretérito indefinido
yo tropecé
tú tropezaste
él tropezó
nos. tropezamos
vos. tropezasteis
ellos tropezaron

Futuro imperfecto
yo tropezaré
tú tropezarás
él tropezará
nos. tropezaremos
vos. tropezaréis
ellos tropezarán

Pretérito perfecto
yo he tropezado
tú has tropezado
él ha tropezado
nos. hemos tropezado
vos. habéis tropezado
ellos han tropezado

Pretérito pluscuamperfecto
yo había tropezado
tú habías tropezado
él había tropezado
nos. habíamos tropezado
vos. habíais tropezado
ellos habían tropezado

Pretérito anterior
yo hube tropezado
tú hubiste tropezado
él hubo tropezado
nos. hubimos tropezado
vos. hubisteis tropezado
ellos hubieron tropezado

Futuro perfecto
yo habré tropezado
tú habrás tropezado
él habrá tropezado
nos. habremos tropezado
vos. habréis tropezado
ellos habrán tropezado

POTENCIAL

Simple
yo tropezaría
tú tropezarías
él tropezaría
nos. tropezaríamos
vos. tropezaríais
ellos tropezarían

Compuesto
yo habría tropezado
tú habrías tropezado
él habría tropezado
nos. habríamos tropezado
vos. habríais tropezado
ellos habrían tropezado

SUBJUNTIVO

Presente
que yo tropiece
que tú tropieces
que él tropiece
que nos. tropecemos
que vos. tropecéis
que ellos tropiecen

Pretérito imperfecto
que yo tropezara
que tú tropezaras
que él tropezara
que nos. tropezáramos
que vos. tropezarais
que ellos tropezaran

Seconda forma
que yo tropezase
que tú tropezases
que él tropezase
que nos. tropezásemos
que vos. tropezaseis
que ellos tropezasen

Pretérito pluscuamperfecto
que yo hubiera tropezado
que tú hubieras tropezado
que él hubiera tropezado
que nos. hubiéramos tropezado
que vos. hubierais tropezado
que ellos hubieran tropezado

Seconda forma
que yo hubiese tropezado
que tú hubieses tropezado
que él hubiese tropezado
que nos. hubiésemos tropezado
que vos. hubieseis tropezado
que ellos hubiesen tropezado

Futuro imperfecto
que yo tropezare
que tú tropezares
que él tropezare
que nos. tropezáremos
que vos. tropezareis
que ellos tropezaren

Pretérito perfecto
que yo haya tropezado
que tú hayas tropezado
que él haya tropezado
que nos. hayamos tropezado
que vos. hayáis tropezado
que ellos hayan tropezado

Futuro perfecto
que yo hubiere tropezado
que tú hubieres tropezado
que él hubiere tropezado
que nos. hubiéremos tropezado
que vos. hubiereis tropezado
que ellos hubieren tropezado

IMPERATIVO

Presente
— tropecemos
tropieza tropezad
tropiece tropiecen

INFINITIVO
tropezar haber tropezado

GERUNDIO
tropezando habiendo tropezado

PARTICIPIO
tropezado

Verbo irregolare che oltre a cambiare la *z* in *c* quando la desinenza inizia per *e*, come i verbi in *-zar* (v. pag. 92), dittonga la *e* in *ie* alla I, II e III persona sing. e III pl. del *presente de indicativo* e *de subjuntivo*, alla II e III persona sing. e III pl. dell'*imperativo* (*yo tropiezo*, *que él tropiece*, *tropieza*). Come *tropezar* (inciampare) si coniugano *despezar* (assottigliare) ed *empezar* (cominciare).

CONTAR

INDICATIVO

Presente
yo cuento
tú cuentas
él cuenta
nos. contamos
vos. contáis
ellos cuentan

Pretérito imperfecto
yo contaba
tú contabas
él contaba
nos. contábamos
vos. contabais
ellos contaban

Pretérito indefinido
yo conté
tú contaste
él contó
nos. contamos
vos. contasteis
ellos contaron

Futuro imperfecto
yo contaré
tú contarás
él contará
nos. contaremos
vos. contaréis
ellos contarán

Pretérito perfecto
yo he contado
tú has contado
él ha contado
nos. hemos contado
vos. habéis contado
ellos han contado

Pretérito pluscuamperfecto
yo había contado
tú habías contado
él había contado
nos. habíamos contado
vos. habíais contado
ellos habían contado

Pretérito anterior
yo hube contado
tú hubiste contado
él hubo contado
nos. hubimos contado
vos. hubisteis contado
ellos hubieron contado

Futuro perfecto
yo habré contado
tú habrás contado
él habrá contado
nos. habremos contado
vos. habréis contado
ellos habrán contado

POTENCIAL

Simple
yo contaría
tú contarías
él contaría
nos. contaríamos
vos. contaríais
ellos contarían

Compuesto
yo habría contado
tú habrías contado
él habría contado
nos. habríamos contado
vos. habríais contado
ellos habrían contado

SUBJUNTIVO

Presente
que yo cuente
que tú cuentes
que él cuente
que nos. contemos
que vos. contéis
que ellos cuenten

Pretérito imperfecto
que yo contara
que tú contaras
que él contara
que nos. contáramos
que vos. contarais
que ellos contaran

Seconda forma
que yo contase
que tú contases
que él contase
que nos. contásemos
que vos. contaseis
que ellos contasen

Pretérito pluscuamperfecto
que yo hubiera contado
que tú hubieras contado
que él hubiera contado
que nos. hubiéramos contado
que vos. hubierais contado
que ellos hubieran contado

Seconda forma
que yo hubiese contado
que tú hubieses contado
que él hubiese contado
que nos. hubiésemos contado
que vos. hubieseis contado
que ellos hubiesen contado

Futuro imperfecto
que yo contare
que tú contares
que él contare
que nos. contáremos
que vos. contareis
que ellos contaren

Pretérito perfecto
que yo haya contado
que tú hayas contado
que él haya contado
que nos. hayamos contado
que vos. hayáis contado
que ellos hayan contado

Futuro perfecto
que yo hubiere contado
que tú hubieres contado
que él hubiere contado
que nos. hubiéremos contado
que vos. hubiereis contado
que ellos hubieren contado

IMPERATIVO

Presente
— contemos
cuenta contad
cuente cuenten

INFINITIVO
contar haber contado

GERUNDIO
contando habiendo contado

PARTICIPIO
contado

Verbo irregolare che dittonga la *o* in *ue* alla I, II e III persona sing. e III pl. del *presente de indicativo* e *de subjuntivo*, alla II e III sing. e III pl. dell'*imperativo* (*yo cuento*, *que él cuente*, *cuenta*). Così si coniugano i composti di *contar* (contare): *descontar* (scontare) e *recontar* (ricontare) ed altri verbi della 1ª coniugazione che hanno una *o* nella penultima sillaba dell'*infinitivo* come *costar* (costare), *encontrar* (incontrare).

JUGAR

INDICATIVO

Presente
yo juego
tú juegas
él juega
nos. jugamos
vos. jugáis
ellos juegan

Pretérito imperfecto
yo jugaba
tú jugabas
él jugaba
nos. jugábamos
vos. jugabais
ellos jugaban

Pretérito indefinido
yo jugué
tú jugaste
él jugó
nos. jugamos
vos. jugasteis
ellos jugaron

Futuro imperfecto
yo jugaré
tú jugarás
él jugará
nos. jugaremos
vos. jugaréis
ellos jugarán

Pretérito perfecto
yo he jugado
tú has jugado
él ha jugado
nos. hemos jugado
vos. habéis jugado
ellos han jugado

Pretérito pluscuamperfecto
yo había jugado
tú habías jugado
él había jugado
nos. habíamos jugado
vos. habíais jugado
ellos habían jugado

Pretérito anterior
yo hube jugado
tú hubiste jugado
él hubo jugado
nos. hubimos jugado
vos. hubisteis jugado
ellos hubieron jugado

Futuro perfecto
yo habré jugado
tú habrás jugado
él habrá jugado
nos. habremos jugado
vos. habréis jugado
ellos habrán jugado

POTENCIAL

Simple
yo jugaría
tú jugarías
él jugaría
nos. jugaríamos
vos. jugaríais
ellos jugarían

Compuesto
yo habría jugado
tú habrías jugado
él habría jugado
nos. habríamos jugado
vos. habríais jugado
ellos habrían jugado

SUBJUNTIVO

Presente
que yo juegue
que tú juegues
que él juegue
que nos. juguemos
que vos. juguéis
que ellos jueguen

Pretérito imperfecto
que yo jugara
que tú jugaras
que él jugara
que nos. jugáramos
que vos. jugarais
que ellos jugaran

Seconda forma
que yo jugase
que tú jugases
que él jugase
que nos. jugásemos
que vos. jugaseis
que ellos jugasen

Pretérito pluscuamperfecto
que yo hubiera jugado
que tú hubieras jugado
que él hubiera jugado
que nos. hubiéramos jugado
que vos. hubierais jugado
que ellos hubieran jugado

Seconda forma
que yo hubiese jugado
que tú hubieses jugado
que él hubiese jugado
que nos. hubiésemos jugado
que vos. hubieseis jugado
que ellos hubiesen jugado

Futuro imperfecto
que yo jugare
que tú jugares
que él jugare
que nos. jugáremos
que vos. jugareis
que ellos jugaren

Pretérito perfecto
que yo haya jugado
que tú hayas jugado
que él haya jugado
que nos. hayamos jugado
que vos. hayáis jugado
que ellos hayan jugado

Futuro perfecto
que yo hubiere jugado
que tú hubieres jugado
que él hubiere jugado
que nos. hubiéremos jugado
que vos. hubiereis jugado
que ellos hubieren jugado

IMPERATIVO

Presente
— juguemos
juega jugad
juegue jueguen

INFINITIVO
jugar haber jugado

GERUNDIO
jugando habiendo jugado

PARTICIPIO
jugado

Jugar (giocare) dittonga la *u* della radice in *ue* nelle voci in cui l'accento tonico cade su questa vocale (I, II e III persona sing. e III pl. del *presente de indicativo* e *de subjuntivo*, II e III persona sing. e III pl. dell'*imperativo*): *yo juego, que él juegue, jueguen.* Questo verbo presenta anche le particolarità dei verbi in *-gar* (v. pag. 90). I verbi *enjugar* (asciugare) e *conjugar* (coniugare) sono regolari.

DESOSAR

INDICATIVO

Presente

yo	deshueso
tú	deshuesas
él	deshuesa
nos.	desosamos
vos.	desosáis
ellos	deshuesan

Pretérito perfecto

yo	he	desosado
tú	has	desosado
él	ha	desosado
nos.	hemos	desosado
vos.	habéis	desosado
ellos	han	desosado

Pretérito imperfecto

yo	desosaba
tú	desosabas
él	desosaba
nos.	desosábamos
vos.	desosabais
ellos	desosaban

Pretérito pluscuamperfecto

yo	había	desosado
tú	habías	desosado
él	había	desosado
nos.	habíamos	desosado
vos.	habíais	desosado
ellos	habían	desosado

Pretérito indefinido

yo	desosé
tú	desosaste
él	desosó
nos.	desosamos
vos.	desosasteis
ellos	desosaron

Pretérito anterior

yo	hube	desosado
tú	hubiste	desosado
él	hubo	desosado
nos.	hubimos	desosado
vos.	hubisteis	desosado
ellos	hubieron	desosado

Futuro imperfecto

yo	desosaré
tú	desosarás
él	desosará
nos.	desosaremos
vos.	desosaréis
ellos	desosarán

Futuro perfecto

yo	habré	desosado
tú	habrás	desosado
él	habrá	desosado
nos.	habremos	desosado
vos.	habréis	desosado
ellos	habrán	desosado

SUBJUNTIVO

Presente

que yo	deshuese
que tú	deshueses
que él	deshuese
que nos.	desosemos
que vos.	desoséis
que ellos	deshuesen

Pretérito perfecto

que yo	haya	desosado
que tú	hayas	desosado
que él	haya	desosado
que nos.	hayamos	desosado
que vos.	hayáis	desosado
que ellos	hayan	desosado

Pretérito imperfecto

que yo	desosara
que tú	desosaras
que él	desosara
que nos.	desosáramos
que vos.	desosarais
que ellos	desosaran

Seconda forma

que yo	desosase
que tú	desosases
que él	desosase
que nos.	desosásemos
que vos.	desosaseis
que ellos	desosasen

Pretérito pluscuamperfecto

que yo	hubiera	desosado
que tú	hubieras	desosado
que él	hubiera	desosado
que nos.	hubiéramos	desosado
que vos.	hubierais	desosado
que ellos	hubieran	desosado

Seconda forma

que yo	hubiese	desosado
que tú	hubieses	desosado
que él	hubiese	desosado
que nos.	hubiésemos	desosado
que vos.	hubieseis	desosado
que ellos	hubiesen	desosado

Futuro imperfecto

que yo	desosare
que tú	desosares
que él	desosare
que nos.	desosáremos
que vos.	desosareis
que ellos	desosaren

Futuro perfecto

que yo	hubiere	desosado
que tú	hubieres	desosado
que él	hubiere	desosado
que nos.	hubiéremos	desosado
que vos.	hubiereis	desosado
que ellos	hubieren	desosado

POTENCIAL

Simple

yo	desosaría
tú	desosarías
él	desosaría
nos.	desosaríamos
vos.	desosaríais
ellos	desosarían

Compuesto

yo	habría	desosado
tú	habrías	desosado
él	habría	desosado
nos.	habríamos	desosado
vos.	habríais	desosado
ellos	habrían	desosado

IMPERATIVO

Presente

—	desosemos
deshuesa	desosad
deshuese	deshuesen

INFINITIVO

desosar   haber desosado

GERUNDIO

desosando   habiendo desosado

PARTICIPIO

desosado

Desosar (disossare) è verbo irregolare che dittonga la *o* in *ue* e prende un'*h* davanti al dittongo alla I, II e III persona sing. e III persona pl. del *presente de indicativo* e *de subjuntivo*, alla II e III persona sing. e III pl. dell'*imperativo* (*yo deshueso*, *que él deshuese*, *deshuesa*).

AGORAR

INDICATIVO

Presente
yo agüero
tú agüeras
él agüera
nos. agoramos
vos. agoráis
ellos agüeran

Pretérito imperfecto
yo agoraba
tú agorabas
él agoraba
nos. agorábamos
vos. agorabais
ellos agoraban

Pretérito indefinido
yo agoré
tú agoraste
él agoró
nos. agoramos
vos. agorasteis
ellos agoraron

Futuro imperfecto
yo agoraré
tú agorarás
él agorará
nos. agoraremos
vos. agoraréis
ellos agorarán

Pretérito perfecto
yo he agorado
tú has agorado
él ha agorado
nos. hemos agorado
vos. habéis agorado
ellos han agorado

Pretérito pluscuamperfecto
yo había agorado
tú habías agorado
él había agorado
nos. habíamos agorado
vos. habíais agorado
ellos habían agorado

Pretérito anterior
yo hube agorado
tú hubiste agorado
él hubo agorado
nos. hubimos agorado
vos. hubisteis agorado
ellos hubieron agorado

Futuro perfecto
yo habré agorado
tú habrás agorado
él habrá agorado
nos. habremos agorado
vos. habréis agorado
ellos habrán agorado

SUBJUNTIVO

Presente
que yo agüere
que tú agüeres
que él agüere
que nos. agoremos
que vos. agoréis
que ellos agüeren

Pretérito imperfecto
que yo agorara
que tú agoraras
que él agorara
que nos. agoráramos
que vos. agorarais
que ellos agoraran

Seconda forma
que yo agorase
que tú agorases
que él agorase
que nos. agorásemos
que vos. agoraseis
que ellos agorasen

Pretérito pluscuamperfecto
que yo hubiera agorado
que tú hubieras agorado
que él hubiera agorado
que nos. hubiéramos agorado
que vos. hubierais agorado
que ellos hubieran agorado

Seconda forma
que yo hubiese agorado
que tú hubieses agorado
que él hubiese agorado
que nos. hubiésemos agorado
que vos. hubieseis agorado
que ellos hubiesen agorado

Futuro imperfecto
que yo agorare
que tú agorares
que él agorare
que nos. agoráremos
que vos. agorareis
que ellos agoraren

Pretérito perfecto
que yo haya agorado
que tú hayas agorado
que él haya agorado
que nos. hayamos agorado
que vos. hayáis agorado
que ellos hayan agorado

Futuro perfecto
que yo hubiere agorado
que tú hubieres agorado
que él hubiere agorado
que nos. hubiéremos agorado
que vos. hubiereis agorado
que ellos hubieren agorado

POTENCIAL

Simple
yo agoraría
tú agorarías
él agoraría
nos. agoraríamos
vos. agoraríais
ellos agorarían

Compuesto
yo habría agorado
tú habrías agorado
él habría agorado
nos. habríamos agorado
vos. habríais agorado
ellos habrían agorado

IMPERATIVO

Presente
— agoremos
agüera agorad
agüere agüeren

INFINITIVO
agorar haber agorado

GERUNDIO
agorando habiendo agorado

PARTICIPIO
agorado

Agorar (presagire) è verbo irregolare che dittonga la *o* in *ue* e prende la dieresi sulla *u* alla I, II e III persona sing. e III pl. del *presente de indicativo* e *de subjuntivo*, alla II e III persona sing. e III pl. dell'*imperativo* (*yo agüero*, *que él agüere*, *agüera*).

TROCAR

INDICATIVO

Presente		Pretérito imperfecto		Pretérito indefinido		Futuro imperfecto	
yo	trueco	*yo*	trocaba	*yo*	troqué	*yo*	trocaré
tú	truecas	*tú*	trocabas	*tú*	trocaste	*tú*	trocarás
él	trueca	*él*	trocaba	*él*	trocó	*él*	trocará
nos.	trocamos	*nos.*	trocábamos	*nos.*	trocamos	*nos.*	trocaremos
vos.	trocáis	*vos.*	trocabais	*vos.*	trocasteis	*vos.*	trocaréis
ellos	truecan	*ellos*	trocaban	*ellos*	trocaron	*ellos*	trocarán

Pretérito perfecto			Pretérito pluscuamperfecto			Pretérito anterior			Futuro perfecto		
yo	he	trocado	*yo*	había	trocado	*yo*	hube	trocado	*yo*	habré	trocado
tú	has	trocado	*tú*	habías	trocado	*tú*	hubiste	trocado	*tú*	habrás	trocado
él	ha	trocado	*él*	había	trocado	*él*	hubo	trocado	*él*	habrá	trocado
nos.	hemos	trocado	*nos.*	habíamos	trocado	*nos.*	hubimos	trocado	*nos.*	habremos	trocado
vos.	habéis	trocado	*vos.*	habíais	trocado	*vos.*	hubisteis	trocado	*vos.*	habréis	trocado
ellos	han	trocado	*ellos*	habían	trocado	*ellos*	hubieron	trocado	*ellos*	habrán	trocado

SUBJUNTIVO

Presente		Pretérito imperfecto		Pretérito pluscuamperfecto			Futuro imperfecto	
que yo	trueque	*que yo*	trocara	*que yo*	hubiera	trocado	*que yo*	trocare
que tú	trueques	*que tú*	trocaras	*que tú*	hubieras	trocado	*que tú*	trocares
que él	trueque	*que él*	trocara	*que él*	hubiera	trocado	*que él*	trocare
que nos.	troquemos	*que nos.*	trocáramos	*que nos.*	hubiéramos	trocado	*que nos.*	trocáremos
que vos.	troquéis	*que vos.*	trocarais	*que vos.*	hubierais	trocado	*que vos.*	trocareis
que ellos	truequen	*que ellos*	trocaran	*que ellos*	hubieran	trocado	*que ellos*	trocaren

Pretérito perfecto			*Seconda forma*		*Seconda forma*			Futuro perfecto		
que yo	haya	trocado	*que yo*	trocase	*que yo*	hubiese	trocado	*que yo*	hubiere	trocado
que tú	hayas	trocado	*que tú*	trocases	*que tú*	hubieses	trocado	*que tú*	hubieres	trocado
que él	haya	trocado	*que él*	trocase	*que él*	hubiese	trocado	*que él*	hubiere	trocado
que nos.	hayamos	trocado	*que nos.*	trocásemos	*que nos.*	hubiésemos	trocado	*que nos.*	hubiéremos	trocado
que vos.	hayáis	trocado	*que vos.*	trocaseis	*que vos.*	hubieseis	trocado	*que vos.*	hubiereis	trocado
que ellos	hayan	trocado	*que ellos*	trocasen	*que ellos*	hubiesen	trocado	*que ellos*	hubieren	trocado

POTENCIAL

Simple		Compuesto		
yo	trocaría	*yo*	habría	trocado
tú	trocarías	*tú*	habrías	trocado
él	trocaría	*él*	habría	trocado
nos.	trocaríamos	*nos.*	habríamos	trocado
vos.	trocaríais	*vos.*	habríais	trocado
ellos	trocarían	*ellos*	habrían	trocado

IMPERATIVO

Presente

—	troquemos
trueca	trocad
trueque	truequen

INFINITIVO

trocar haber trocado

GERUNDIO

trocando habiendo trocado

PARTICIPIO

trocado

Trocar (barattare) è verbo irregolare che, oltre a cambiare la *c* in *qu* quando la desinenza inizia per *e*, come i verbi in *-car* (v. pag. 89), dittonga la *o* in *ue* alla I, II e III persona sing. e III pl. del *presente de indicativo* e *de subjuntivo*, alla II e III persona sing. e III pl. dell'*imperativo* (*yo trueco*, *que él trueque*, *trueca*). Così si coniugano *destrocar* (annullare uno scambio), *trastocar* (tramutare), *desflocar* (sfrangiare), *aclocar* (covare).

COLGAR

INDICATIVO

Presente	Pretérito imperfecto	Pretérito indefinido	Futuro imperfecto
yo cuelgo	*yo* colgaba	*yo* colgué	*yo* colgaré
tú cuelgas	*tú* colgabas	*tú* colgaste	*tú* colgarás
él cuelga	*él* colgaba	*él* colgó	*él* colgará
nos. colgamos	*nos.* colgábamos	*nos.* colgamos	*nos.* colgaremos
vos. colgáis	*vos.* colgabais	*vos.* colgasteis	*vos.* colgaréis
ellos cuelgan	*ellos* colgaban	*ellos* colgaron	*ellos* colgarán

Pretérito perfecto	Pretérito pluscuamperfecto	Pretérito anterior	Futuro perfecto
yo he colgado	*yo* había colgado	*yo* hube colgado	*yo* habré colgado
tú has colgado	*tú* habías colgado	*tú* hubiste colgado	*tú* habrás colgado
él ha colgado	*él* había colgado	*él* hubo colgado	*él* habrá colgado
nos. hemos colgado	*nos.* habíamos colgado	*nos.* hubimos colgado	*nos.* habremos colgado
vos. habéis colgado	*vos.* habíais colgado	*vos.* hubisteis colgado	*vos.* habréis colgado
ellos han colgado	*ellos* habían colgado	*ellos* hubieron colgado	*ellos* habrán colgado

POTENCIAL

Simple	Compuesto
yo colgaría	*yo* habría colgado
tú colgarías	*tú* habrías colgado
él colgaría	*él* habría colgado
nos. colgaríamos	*nos.* habríamos colgado
vos. colgaríais	*vos.* habríais colgado
ellos colgarían	*ellos* habrían colgado

SUBJUNTIVO

Presente	Pretérito imperfecto	Pretérito pluscuamperfecto	Futuro imperfecto
que yo cuelgue	*que yo* colgara	*que yo* hubiera colgado	*que yo* colgare
que tú cuelgues	*que tú* colgaras	*que tú* hubieras colgado	*que tú* colgares
que él cuelgue	*que él* colgara	*que él* hubiera colgado	*que él* colgare
que nos. colguemos	*que nos.* colgáramos	*que nos.* hubiéramos colgado	*que nos.* colgáremos
que vos. colguéis	*que vos.* colgarais	*que vos.* hubierais colgado	*que vos.* colgareis
que ellos cuelguen	*que ellos* colgaran	*que ellos* hubieran colgado	*que ellos* colgaren

Pretérito perfecto	*Seconda forma*	*Seconda forma*	Futuro perfecto
que yo haya colgado	*que yo* colgase	*que yo* hubiese colgado	*que yo* hubiere colgado
que tú hayas colgado	*que tú* colgases	*que tú* hubieses colgado	*que tú* hubieres colgado
que él haya colgado	*que él* colgase	*que él* hubiese colgado	*que él* hubiere colgado
que nos. hayamos colgado	*que nos.* colgásemos	*que nos.* hubiésemos colgado	*que nos.* hubiéremos colgado
que vos. hayáis colgado	*que vos.* colgaseis	*que vos.* hubieseis colgado	*que vos.* hubiereis colgado
que ellos hayan colgado	*que ellos* colgasen	*que ellos* hubiesen colgado	*que ellos* hubieren colgado

IMPERATIVO

Presente

—	colguemos
cuelga	colgad
cuelgue	cuelguen

INFINITIVO

colgar haber colgado

GERUNDIO

colgando habiendo colgado

PARTICIPIO

colgado

Verbo irregolare che oltre ad aggiungere una *u* alla radice quando la desinenza inizia per *e*, come i verbi in *-gar* (v. pag. 90), dittonga la *o* in *ue* alla I, II e III persona sing. e III pl. del *presente de indicativo* e *de subjuntivo*, alla II e III persona sing. e III pl. dell'*imperativo* (*yo cuelgo*, *que él cuelgue*, *cuelga*). Come *colgar* (appendere) si coniugano *holgar* (riposare, oziare) e *descolgar* (staccare).

ALMORZAR

INDICATIVO

Presente

yo	almuerzo
tú	almuerzas
él	almuerza
nos.	almorzamos
vos.	almorzáis
ellos	almuerzan

Pretérito imperfecto

yo	almorzaba
tú	almorzabas
él	almorzaba
nos.	almorzábamos
vos.	almorzabais
ellos	almorzaban

Pretérito indefinido

yo	almorcé
tú	almorzaste
él	almorzó
nos.	almorzamos
vos.	almorzasteis
ellos	almorzaron

Futuro imperfecto

yo	almorzaré
tú	almorzarás
él	almorzará
nos.	almorzaremos
vos.	almorzaréis
ellos	almorzarán

Pretérito perfecto

yo	he	almorzado
tú	has	almorzado
él	ha	almorzado
nos.	hemos	almorzado
vos.	habéis	almorzado
ellos	han	almorzado

Pretérito pluscuamperfecto

yo	había	almorzado
tú	habías	almorzado
él	había	almorzado
nos.	habíamos	almorzado
vos.	habíais	almorzado
ellos	habían	almorzado

Pretérito anterior

yo	hube	almorzado
tú	hubiste	almorzado
él	hubo	almorzado
nos.	hubimos	almorzado
vos.	hubisteis	almorzado
ellos	hubieron	almorzado

Futuro perfecto

yo	habré	almorzado
tú	habrás	almorzado
él	habrá	almorzado
nos.	habremos	almorzado
vos.	habréis	almorzado
ellos	habrán	almorzado

SUBJUNTIVO

Presente

que yo	almuerce
que tú	almuerces
que él	almuerce
que nos.	almorcemos
que vos.	almorcéis
que ellos	almuercen

Pretérito imperfecto

que yo	almorzara
que tú	almorzaras
que él	almorzara
que nos.	almorzáramos
que vos.	almorzarais
que ellos	almorzaran

Seconda forma

que yo	almorzase
que tú	almorzases
que él	almorzase
que nos.	almorzásemos
que vos.	almorzaseis
que ellos	almorzasen

Pretérito pluscuamperfecto

que yo	hubiera	almorzado
que tú	hubieras	almorzado
que él	hubiera	almorzado
que nos.	hubiéramos	almorzado
que vos.	hubierais	almorzado
que ellos	hubieran	almorzado

Seconda forma

que yo	hubiese	almorzado
que tú	hubieses	almorzado
que él	hubiese	almorzado
que nos.	hubiésemos	almorzado
que vos.	hubieseis	almorzado
que ellos	hubiesen	almorzado

Futuro imperfecto

que yo	almorzare
que tú	almorzares
que él	almorzare
que nos.	almorzáremos
que vos.	almorzareis
que ellos	almorzaren

Pretérito perfecto

que yo	haya	almorzado
que tú	hayas	almorzado
que él	haya	almorzado
que nos.	hayamos	almorzado
que vos.	hayáis	almorzado
que ellos	hayan	almorzado

Futuro perfecto

que yo	hubiere	almorzado
que tú	hubieres	almorzado
que él	hubiere	almorzado
que nos.	hubiéremos	almorzado
que vos.	hubiereis	almorzado
que ellos	hubieren	almorzado

POTENCIAL

Simple

yo	almorzaría
tú	almorzarías
él	almorzaría
nos.	almorzaríamos
vos.	almorzaríais
ellos	almorzarían

Compuesto

yo	habría	almorzado
tú	habrías	almorzado
él	habría	almorzado
nos.	habríamos	almorzado
vos.	habríais	almorzado
ellos	habrían	almorzado

IMPERATIVO

Presente

—	almorcemos
almuerza	almorzad
almuerce	almuercen

INFINITIVO

almorzar haber almorzado

GERUNDIO

almorzando habiendo almorzado

PARTICIPIO

almorzado

Verbo irregolare che oltre a cambiare la *z* in *c* quando la desinenza inizia per *e*, come i verbi in *-zar* (v. pag. 92), dittonga la *o* in *ue* alla I, II e III persona sing. e III pl. del *presente de indicativo* e *de subjuntivo*, alla II e III persona sing. e III pl. dell'*imperativo* (*yo almuerzo*, *que él almuerce*, *almuerza*). Come *almorzar* (fare colazione) si coniugano *forzar* (forzare), *esforzar* (sforzare) e *reforzar* (rinforzare).

AVERGONZAR

INDICATIVO

Presente
yo avergüenzo
tú avergüenzas
él avergüenza
nos. avergonzamos
vos. avergonzáis
ellos avergüenzan

Pretérito imperfecto
yo avergonzaba
tú avergonzabas
él avergonzaba
nos. avergonzábamos
vos. avergonzabais
ellos avergonzaban

Pretérito indefinido
yo avergoncé
tú avergonzaste
él avergonzó
nos. avergonzamos
vos. avergonzasteis
ellos avergonzaron

Futuro imperfecto
yo avergonzaré
tú avergonzarás
él avergonzará
nos. avergonzaremos
vos. avergonzaréis
ellos avergonzarán

Pretérito perfecto
yo he avergonzado
tú has avergonzado
él ha avergonzado
nos. hemos avergonzado
vos. habéis avergonzado
ellos han avergonzado

Pretérito pluscuamperfecto
yo había avergonzado
tú habías avergonzado
él había avergonzado
nos. habíamos avergonzado
vos. habíais avergonzado
ellos habían avergonzado

Pretérito anterior
yo hube avergonzado
tú hubiste avergonzado
él hubo avergonzado
nos. hubimos avergonzado
vos. hubisteis avergonzado
ellos hubieron avergonzado

Futuro perfecto
yo habré avergonzado
tú habrás avergonzado
él habrá avergonzado
nos. habremos avergonzado
vos. habréis avergonzado
ellos habrán avergonzado

SUBJUNTIVO

Presente
que yo avergüence
que tú avergüences
que él avergüence
que nos. avergoncemos
que vos. avergoncéis
que ellos avergüencen

Pretérito imperfecto
que yo avergonzara
que tú avergonzaras
que él avergonzara
que nos. avergonzáramos
que vos. avergonzarais
que ellos avergonzaran

Seconda forma
que yo avergonzase
que tú avergonzases
que él avergonzase
que nos. avergonzásemos
que vos. avergonzaseis
que ellos avergonzasen

Pretérito pluscuamperfecto
que yo hubiera avergonzado
que tú hubieras avergonzado
que él hubiera avergonzado
que nos. hubiéramos avergonzado
que vos. hubierais avergonzado
que ellos hubieran avergonzado

Seconda forma
que yo hubiese avergonzado
que tú hubieses avergonzado
que él hubiese avergonzado
que nos. hubiésemos avergonzado
que vos. hubieseis avergonzado
que ellos hubiesen avergonzado

Futuro imperfecto
que yo avergonzare
que tú avergonzares
que él avergonzare
que nos. avergonzáremos
que vos. avergonzareis
que ellos avergonzaren

Pretérito perfecto
que yo haya avergonzado
que tú hayas avergonzado
que él haya avergonzado
que nos. hayamos avergonzado
que vos. hayáis avergonzado
que ellos hayan avergonzado

Futuro perfecto
que yo hubiere avergonzado
que tú hubieres avergonzado
que él hubiere avergonzado
que nos. hubiéremos avergonzado
que vos. hubiereis avergonzado
que ellos hubieren avergonzado

POTENCIAL

Simple
yo avergonzaría
tú avergonzarías
él avergonzaría
nos. avergonzaríamos
vos. avergonzaríais
ellos avergonzarían

Compuesto
yo habría avergonzado
tú habrías avergonzado
él habría avergonzado
nos. habríamos avergonzado
vos. habríais avergonzado
ellos habrían avergonzado

IMPERATIVO

Presente
— avergoncemos
avergüenza avergonzad
avergüence avergüencen

INFINITIVO
avergonzar haber avergonzado

GERUNDIO
avergonzando habiendo avergonzado

PARTICIPIO avergonzado

Avergonzar (svergognare) è verbo irregolare che oltre a cambiare la *z* in *c* quando la desinenza inizia per *e*, come i verbi in *-zar* (v. pag. 92), dittonga la *o* in *ue* e vuole una dieresi sulla *u* alla I, II e III persona sing. e III pl. del *presente de indicativo* e *de subjuntivo*, alla II e III persona sing. e III pl. dell'*imperativo* (*yo avergüenzo*, *que yo avergüence*, *avergüenza*). Così si coniuga *desvergonzarse* (agire con insolenza).

ANDAR

INDICATIVO

Presente

yo ando
tú andas
él anda
nos. andamos
vos. andáis
ellos andan

Pretérito imperfecto

yo andaba
tú andabas
él andaba
nos. andábamos
vos. andabais
ellos andaban

Pretérito indefinido

yo anduve
tú anduviste
él anduvo
nos. anduvimos
vos. anduvisteis
ellos anduvieron

Futuro imperfecto

yo andaré
tú andarás
él andará
nos. andaremos
vos. andaréis
ellos andarán

Pretérito perfecto

yo he andado
tú has andado
él ha andado
nos. hemos andado
vos. habéis andado
ellos han andado

Pretérito pluscuamperfecto

yo había andado
tú habías andado
él había andado
nos. habíamos andado
vos. habíais andado
ellos habían andado

Pretérito anterior

yo hube andado
tú hubiste andado
él hubo andado
nos. hubimos andado
vos. hubisteis andado
ellos hubieron andado

Futuro perfecto

yo habré andado
tú habrás andado
él habrá andado
nos. habremos andado
vos. habréis andado
ellos habrán andado

SUBJUNTIVO

Presente

que yo ande
que tú andes
que él ande
que nos. andemos
que vos. andéis
que ellos anden

Pretérito imperfecto

que yo anduviera
que tú anduvieras
que él anduviera
que nos. anduvierámos
que vos. anduvierais
que ellos anduvieran

Seconda forma

que yo anduviese
que tú anduvieses
que él anduviese
que nos. anduviésemos
que vos. anduvieseis
que ellos anduviesen

Pretérito pluscuamperfecto

que yo hubiera andado
que tú hubieras andado
que él hubiera andado
que nos. hubiéramos andado
que vos. hubierais andado
que ellos hubieran andado

Seconda forma

que yo hubiese andado
que tú hubieses andado
que él hubiese andado
que nos. hubiésemos andado
que vos. hubieseis andado
que ellos hubiesen andado

Futuro imperfecto

que yo anduviere
que tú anduvieres
que él anduviere
que nos. anduviéremos
que vos. anduviereis
que ellos anduvieren

Pretérito perfecto

que yo haya andado
que tú hayas andado
que él haya andado
que nos. hayamos andado
que vos. hayáis andado
que ellos hayan andado

Futuro perfecto

que yo hubiere andado
que tú hubieres andado
que él hubiere andado
que nos. hubiéremos andado
que vos. hubiereis andado
que ellos hubieren andado

POTENCIAL

Simple

yo andaría
tú andarías
él andaría
nos. andaríamos
vos. andaríais
ellos andarían

Compuesto

yo habría andado
tú habrías andado
él habría andado
nos. habríamos andado
vos. habríais andado
ellos habrían andado

IMPERATIVO

Presente

— andemos
anda andad
ande anden

INFINITIVO

andar haber andado

GERUNDIO

andando habiendo andado

PARTICIPIO

andado

Verbo irregolare che modifica la desinenza al *pretérito indefinido* e nei tempi da esso derivati (*yo anduve*, *que él anduviera*, *que tú anduvieres*). Come *andar* (camminare) si coniugano i suoi composti *desandar* (retrocedere) e *malandar* (andar male). Sono invece regolari *mandar* (comandare, mandare), *comandar* (comandare) e *remandar* (rimandare).

DAR

INDICATIVO

Presente
yo	doy	
tú	das	
él	da	
nos.	damos	
vos.	dáis	
ellos	dan	

Pretérito perfecto
yo	he	dado
tú	has	dado
él	ha	dado
nos.	hemos	dado
vos.	habéis	dado
ellos	han	dado

Pretérito imperfecto
yo	daba	
tú	dabas	
él	daba	
nos.	dábamos	
vos.	dabais	
ellos	daban	

Pretérito pluscuamperfecto
yo	había	dado
tú	habías	dado
él	había	dado
nos.	habíamos	dado
vos.	habíais	dado
ellos	habían	dado

Pretérito indefinido
yo	di	
tú	diste	
él	dio	
nos.	dimos	
vos.	disteis	
ellos	dieron	

Pretérito anterior
yo	hube	dado
tú	hubiste	dado
él	hubo	dado
nos.	hubimos	dado
vos.	hubisteis	dado
ellos	hubieron	dado

Futuro imperfecto
yo	daré	
tú	darás	
él	dará	
nos.	daremos	
vos.	daréis	
ellos	darán	

Futuro perfecto
yo	habré	dado
tú	habrás	dado
él	habrá	dado
nos.	habremos	dado
vos.	habréis	dado
ellos	habrán	dado

POTENCIAL

Simple
yo	daría	
tú	darías	
él	daría	
nos.	daríamos	
vos.	daríais	
ellos	darían	

Compuesto
yo	habría	dado
tú	habrías	dado
él	habría	dado
nos.	habríamos	dado
vos.	habríais	dado
ellos	habrían	dado

SUBJUNTIVO

Presente
que yo	dé	
que tú	des	
que él	dé	
que nos.	demos	
que vos.	deis	
que ellos	den	

Pretérito perfecto
que yo	haya	dado
que tú	hayas	dado
que él	haya	dado
que nos.	hayamos	dado
que vos.	hayáis	dado
que ellos	hayan	dado

Pretérito imperfecto
que yo	diera	
que tú	dieras	
que él	diera	
que nos.	diéramos	
que vos.	dierais	
que ellos	dieran	

Seconda forma

que yo	diese	
que tú	dieses	
que él	diese	
que nos.	diésemos	
que vos.	dieseis	
que ellos	diesen	

Pretérito pluscuamperfecto
que yo	hubiera	dado
que tú	hubieras	dado
que él	hubiera	dado
que nos.	hubiéramos	dado
que vos.	hubierais	dado
que ellos	hubieran	dado

Seconda forma

que yo	hubiese	dado
que tú	hubieses	dado
que él	hubiese	dado
que nos.	hubiésemos	dado
que vos.	hubieseis	dado
que ellos	hubiesen	dado

Futuro imperfecto
que yo	diere	
que tú	dieres	
que él	diere	
que nos.	diéremos	
que vos.	diereis	
que ellos	dieren	

Futuro perfecto
que yo	hubiere	dado
que tú	hubieres	dado
que él	hubiere	dado
que nos.	hubiéremos	dado
que vos.	hubiereis	dado
que ellos	hubieren	dado

IMPERATIVO

Presente
—	demos
da	dad
dé	den

INFINITIVO
dar haber dado

GERUNDIO
dando habiendo dado

PARTICIPIO
dado

Dar (dare) è verbo irregolare che prende una *y* alla I persona sing. del *presente de indicativo* (*yo doy*). Il *pretérito indefinido* e i tempi da esso derivati prendono le desinenze dei verbi regolari della 2ª e 3ª coniugazione (*yo di*, *que él diera*, *que ellos dieren*).

ESTAR

INDICATIVO

Presente

yo	estoy
tú	estás
él	está
nos.	estamos
vos.	estáis
ellos	están

Pretérito imperfecto

yo	estaba
tú	estabas
él	estaba
nos.	estábamos
vos.	estabais
ellos	estaban

Pretérito indefinido

yo	estuve
tú	estuviste
él	estuvo
nos.	estuvimos
vos.	estuvisteis
ellos	estuvieron

Futuro imperfecto

yo	estaré
tú	estarás
él	estará
nos.	estaremos
vos.	estaréis
ellos	estarán

Pretérito perfecto

yo	he	estado
tú	has	estado
él	ha	estado
nos.	hemos	estado
vos.	habéis	estado
ellos	han	estado

Pretérito pluscuamperfecto

yo	había	estado
tú	habías	estado
él	había	estado
nos.	habíamos	estado
vos.	habíais	estado
ellos	habían	estado

Pretérito anterior

yo	hube	estado
tú	hubiste	estado
él	hubo	estado
nos.	hubimos	estado
vos.	hubisteis	estado
ellos	hubieron	estado

Futuro perfecto

yo	habré	estado
tú	habrás	estado
él	habrá	estado
nos.	habremos	estado
vos.	habréis	estado
ellos	habrán	estado

POTENCIAL

Simple

yo	estaría
tú	estarías
él	estaría
nos.	estaríamos
vos.	estaríais
ellos	estarían

Compuesto

yo	habría	estado
tú	habrías	estado
él	habría	estado
nos.	habríamos	estado
vos.	habríais	estado
ellos	habrían	estado

SUBJUNTIVO

Presente

que yo	esté
que tú	estés
que él	esté
que nos.	estemos
que vos.	estéis
que ellos	estén

Pretérito imperfecto

que yo	estuviera
que tú	estuvieras
que él	estuviera
que nos.	estuviéramos
que vos.	estuvierais
que ellos	estuvieran

Seconda forma

que yo	estuviese
que tú	estuvieses
que él	estuviese
que nos.	estuviésemos
que vos.	estuvieseis
que ellos	estuviesen

Futuro imperfecto

que yo	estuviere
que tú	estuvieres
que él	estuviere
que nos.	estuviéremos
que vos.	estuviereis
que ellos	estuvieren

Pretérito perfecto

que yo	haya	estado
que tú	hayas	estado
que él	haya	estado
que nos.	hayamos	estado
que vos.	hayáis	estado
que ellos	hayan	estado

Pretérito pluscuamperfecto

que yo	hubiera	estado
que tú	hubieras	estado
que él	hubiera	estado
que nos.	hubiéramos	estado
que vos.	hubierais	estado
que ellos	hubieran	estado

Seconda forma

que yo	hubiese	estado
que tú	hubieses	estado
que él	hubiese	estado
que nos.	hubiésemos	estado
que vos.	hubieseis	estado
que ellos	hubiesen	estado

Futuro perfecto

que yo	hubiere	estado
que tú	hubieres	estado
que él	hubiere	estado
que nos.	hubiéremos	estado
que vos.	hubiereis	estado
que ellos	hubieren	estado

IMPERATIVO

Presente

—	estemos
está	estad
esté	estén

INFINITIVO

estar haber estado

GERUNDIO

estando habiendo estado

PARTICIPIO

estado

Estar (essere, stare) indica una caratteristica transitoria del soggetto. Può essere usato anche per mettere in evidenza il risultato di un'azione. Seguito da un *gerundio* esprime un'azione nel suo svolgersi. La I persona sing. del *presente de indicativo* prende una *y* (*yo estoy*). Il *pretérito indefinido* e i tempi da esso derivati sono irregolari perché modificano la desinenza (*yo estuve*; *que tú estuvieras*; *que nos estuviéramos*).

TEMER

INDICATIVO

Presente
yo temo
tú temes
él teme
nos. tememos
vos. teméis
ellos temen

Pretérito imperfecto
yo temía
tú temías
él temía
nos. temíamos
vos. temíais
ellos temían

Pretérito indefinido
yo temí
tú temiste
él temió
nos. temimos
vos. temisteis
ellos temieron

Futuro imperfecto
yo temeré
tú temerás
él temerá
nos. temeremos
vos. temeréis
ellos temerán

Pretérito perfecto
yo he temido
tú has temido
él ha temido
nos. hemos temido
vos. habéis temido
ellos han temido

Pretérito pluscuamperfecto
yo había temido
tú habías temido
él había temido
nos. habíamos temido
vos. habíais temido
ellos habían temido

Pretérito anterior
yo hube temido
tú hubiste temido
él hubo temido
nos. hubimos temido
vos. hubisteis temido
ellos hubieron temido

Futuro perfecto
yo habré temido
tú habrás temido
él habrá temido
nos. habremos temido
vos. habréis temido
ellos habrán temido

SUBJUNTIVO

Presente
que yo tema
que tú temas
que él tema
que nos. temamos
que vos. temáis
que ellos teman

Pretérito imperfecto
que yo temiera
que tú temieras
que él temiera
que nos. temiéramos
que vos. temierais
que ellos temieran

Seconda forma
que yo temiese
que tú temieses
que él temiese
que nos. temiésemos
que vos. temieseis
que ellos temiesen

Pretérito pluscuamperfecto
que yo hubiera temido
que tú hubieras temido
que él hubiera temido
que nos. hubiéramos temido
que vos. hubierais temido
que ellos hubieran temido

Seconda forma
que yo hubiese temido
que tú hubieses temido
que él hubiese temido
que nos. hubiésemos temido
que vos. hubieseis temido
que ellos hubiesen temido

Futuro imperfecto
que yo temiere
que tú temieres
que él temiere
que nos. temiéremos
que vos. temiereis
que ellos temieren

Pretérito perfecto
que yo haya temido
que tú hayas temido
que él haya temido
que nos. hayamos temido
que vos. hayáis temido
que ellos hayan temido

Futuro perfecto
que yo hubiere temido
que tú hubieres temido
que él hubiere temido
que nos. hubiéremos temido
que vos. hubiereis temido
que ellos hubieren temido

POTENCIAL

Simple
yo temería
tú temerías
él temería
nos. temeríamos
vos. temeríais
ellos temerían

Compuesto
yo habría temido
tú habrías temido
él habría temido
nos. habríamos temido
vos. habríais temido
ellos habrían temido

IMPERATIVO

Presente
— temamos
teme temed
tema teman

INFINITIVO
temer haber temido

GERUNDIO
temiendo habiendo temido

PARTICIPIO
temido

Temer (temere) è il verbo modello della 2ª coniugazione. Così si coniugano tutti i verbi regolari terminanti in *-er*.

VENCER

INDICATIVO

Presente
yo venzo
tú vences
él vence
nos. vencemos
vos. vencéis
ellos vencen

Pretérito imperfecto
yo vencía
tú vencías
él vencía
nos. vencíamos
vos. vencíais
ellos vencían

Pretérito indefinido
yo vencí
tú venciste
él venció
nos. vencimos
vos. vencisteis
ellos vencieron

Futuro imperfecto
yo venceré
tú vencerás
él vencerá
nos. venceremos
vos. venceréis
ellos vencerán

Pretérito perfecto
yo he vencido
tú has vencido
él ha vencido
nos. hemos vencido
vos. habéis vencido
ellos han vencido

Pretérito pluscuamperfecto
yo había vencido
tú habías vencido
él había vencido
nos. habíamos vencido
vos. habíais vencido
ellos habían vencido

Pretérito anterior
yo hube vencido
tú hubiste vencido
él hubo vencido
nos. hubimos vencido
vos. hubisteis vencido
ellos hubieron vencido

Futuro perfecto
yo habré vencido
tú habrás vencido
él habrá vencido
nos. habremos vencido
vos. habréis vencido
ellos habrán vencido

POTENCIAL

Simple
yo vencería
tú vencerías
él vencería
nos. venceríamos
vos. venceríais
ellos vencerían

Compuesto
yo habría vencido
tú habrías vencido
él habría vencido
nos. habríamos vencido
vos. habríais vencido
ellos habrían vencido

SUBJUNTIVO

Presente
que yo venza
que tú venzas
que él venza
que nos. venzamos
que vos. venzáis
que ellos venzan

Pretérito imperfecto
que yo venciera
que tú vencieras
que él venciera
que nos. venciéramos
que vos. vencierais
que ellos vencieran

Seconda forma
que yo venciese
que tú vencieses
que él venciese
que nos. venciésemos
que vos. vencieseis
que ellos venciesen

Pretérito pluscuamperfecto
que yo hubiera vencido
que tú hubieras vencido
que él hubiera vencido
que nos. hubiéramos vencido
que vos. hubierais vencido
que ellos hubieran vencido

Seconda forma
que yo hubiese vencido
que tú hubieses vencido
que él hubiese vencido
que nos. hubiésemos vencido
que vos. hubieseis vencido
que ellos hubiesen vencido

Futuro imperfecto
que yo venciere
que tú vencieres
que él venciere
que nos. venciéremos
que vos. venciereis
que ellos vencieren

Pretérito perfecto
que yo haya vencido
que tú hayas vencido
que él haya vencido
que nos. hayamos vencido
que vos. hayáis vencido
que ellos hayan vencido

Futuro perfecto
que yo hubiere vencido
que tú hubieres vencido
que él hubiere vencido
que nos. hubiéremos vencido
que vos. hubiereis vencido
que ellos hubieren vencido

IMPERATIVO

Presente
—	venzamos
vence	venced
venza	venzan

INFINITIVO
vencer haber vencido

GERUNDIO
venciendo habiendo vencido

PARTICIPIO
vencido

I verbi in *-cer* come *vencer* (vincere) mantengono inalterato il suono fricativo interdentale e cambiano la *c* in *z* quando la desinenza inizia per *a* o per *o*, precisamente alla I persona sing. del *presente de indicativo*, nel *presente de subjuntivo*, alla III persona sing. e alla I e III dell'*imperativo* (*yo venzo*, *que él venza*, *venzamos*).

CREER

INDICATIVO

Presente
yo creo
tú crees
él cree
nos. creemos
vos. creéis
ellos creen

Pretérito imperfecto
yo creía
tú creías
él creía
nos. creíamos
vos. creíais
ellos creían

Pretérito indefinido
yo creí
tú creíste
él creyó
nos. creímos
vos. creísteis
ellos creyeron

Futuro imperfecto
yo creeré
tú creerás
él creerá
nos. creeremos
vos. creeréis
ellos creerán

Pretérito perfecto
yo he creído
tú has creído
él ha creído
nos. hemos creído
vos. habéis creído
ellos han creído

Pretérito pluscuamperfecto
yo había creído
tú habías creído
él había creído
nos. habíamos creído
vos. habíais creído
ellos habían creído

Pretérito anterior
yo hube creído
tú hubiste creído
él hubo creído
nos. hubimos creído
vos. hubisteis creído
ellos hubieron creído

Futuro perfecto
yo habré creído
tú habrás creído
él habrá creído
nos. habremos creído
vos. habréis creído
ellos habrán creído

POTENCIAL

Simple
yo creería
tú creerías
él creería
nos. creeríamos
vos. creeríais
ellos creerían

Compuesto
yo habría creído
tú habrías creído
él habría creído
nos. habríamos creído
vos. habríais creído
ellos habrían creído

SUBJUNTIVO

Presente
que yo crea
que tú creas
que él crea
que nos. creamos
que vos. creáis
que ellos crean

Pretérito imperfecto
que yo creyera
que tú creyeras
que él creyera
que nos. creyéramos
que vos. creyerais
que ellos creyeran

Seconda forma
que yo creyese
que tú creyeses
que él creyese
que nos. creyésemos
que vos. creyeseis
que ellos creyesen

Pretérito pluscuamperfecto
que yo hubiera creído
que tú hubieras creído
que él hubiera creído
que nos. hubiéramos creído
que vos. hubierais creído
que ellos hubieran creído

Seconda forma
que yo hubiese creído
que tú hubieses creído
que él hubiese creído
que nos. hubiésemos creído
que vos. hubieseis creído
que ellos hubiesen creído

Futuro imperfecto
que yo creyere
que tú creyeres
que él creyere
que nos. creyéremos
que vos. creyereis
que ellos creyeren

Pretérito perfecto
que yo haya creído
que tú hayas creído
que él haya creído
que nos. hayamos creído
que vos. hayáis creído
que ellos hayan creído

Futuro perfecto
que yo hubiere creído
que tú hubieres creído
que él hubiere creído
que nos. hubiéremos creído
que vos. hubiereis creído
que ellos hubieren creído

IMPERATIVO

Presente
— creamos
cree creed
crea crean

INFINITIVO
creer haber creído

GERUNDIO
creyendo habiendo creído

PARTICIPIO
creído

I verbi in *-eer*, come *creer* (credere) cambiano la *i* iniziale della desinenza in *y* davanti a una vocale tonica (*él creyó*, *creyendo*). Nelle voci del *pretérito indefinido* in cui la desinenza inizia con *i* tonica e nel *participio* questi verbi vogliono l'accento grafico sulla *i* (*tú creíste*, *creído*).

PROVEER

INDICATIVO

Presente
yo proveo
tú provees
él provee
nos. proveemos
vos. proveéis
ellos proveen

Pretérito imperfecto
yo proveía
tú proveías
él proveía
nos. proveíamos
vos. proveíais
ellos proveían

Pretérito indefinido
yo proveí
tú proveiste
él proveyó
nos. proveímos
vos. proveísteis
ellos proveyeron

Futuro imperfecto
yo proveeré
tú proveerás
él proveerá
nos. proveeremos
vos. proveeréis
ellos proveerán

Pretérito perfecto
yo he proveído
tú has proveído
él ha proveído
nos. hemos proveído
vos. habéis proveído
ellos han proveído

Pretérito pluscuamperfecto
yo había proveído
tú habías proveído
él había proveído
nos. habíamos proveído
vos. habíais proveído
ellos habían proveído

Pretérito anterior
yo hube proveído
tú hubiste proveído
él hubo proveído
nos. hubimos proveído
vos. hubisteis proveído
ellos hubieron proveído

Futuro perfecto
yo habré proveído
tú habrás proveído
él habrá proveído
nos. habremos proveído
vos. habréis proveído
ellos habrán proveído

SUBJUNTIVO

Presente
que yo provea
que tú proveas
que él provea
que nos. proveamos
que vos. proveáis
que ellos provean

Pretérito imperfecto
que yo proveyera
que tú proveyeras
que él proveyera
que nos. proveyéramos
que vos. proveyerais
que ellos proveyeran

Seconda forma
que yo proveyese
que tú proveyeses
que él proveyese
que nos. proveyésemos
que vos. proveyeseis
que ellos proveyesen

Pretérito pluscuamperfecto
que yo hubiera proveído
que tú hubieras proveído
que él hubiera proveído
que nos. hubiéramos proveído
que vos. hubierais proveído
que ellos hubieran proveído

Seconda forma
que yo hubiese proveído
que tú hubieses proveído
que él hubiese proveído
que nos. hubiésemos proveído
que vos. hubieseis proveído
que ellos hubiesen proveído

Futuro imperfecto
que yo proveyere
que tú proveyeres
que él proveyere
que nos. proveyéremos
que vos. proveyereis
que ellos proveyeren

Pretérito perfecto
que yo haya proveído
que tú hayas proveído
que él haya proveído
que nos. hayamos proveído
que vos. hayáis proveído
que ellos hayan proveído

Futuro perfecto
que yo hubiere proveído
que tú hubieres proveído
que él hubiere proveído
que nos. hubiéremos proveído
que vos. hubiereis proveído
que ellos hubieren proveído

POTENCIAL

Simple
yo proveería
tú proveerías
él proveería
nos. proveeríamos
vos. proveeríais
ellos proveerían

Compuesto
yo habría proveído
tú habrías proveído
él habría proveído
nos. habríamos proveído
vos. habríais proveído
ellos habrían proveído

IMPERATIVO

Presente
— proveamos
provee proveed
provea provean

INFINITIVO

proveer haber proveído

GERUNDIO

proveyendo habiendo proveído

PARTICIPIO

proveído

Proveer (provvedere) è un verbo regolare e non un composto di *ver*. Presenta la modificazione ortografica dei verbi in *-eer*; infatti cambia la *i* iniziale della desinenza in *y* davanti a vocale tonica (*él proveyó, que tú proveyeras, proveyendo*). Ha due participi: uno regolare *proveído* e l'altro irregolare *provisto*; quest'ultimo ha anche valore di aggettivo. Così si coniuga *desproveer* (sprovvedere).

COGER

INDICATIVO

Presente	Pretérito imperfecto	Pretérito indefinido	Futuro imperfecto
yo cojo	*yo* cogía	*yo* cogí	*yo* cogeré
tú coges	*tú* cogías	*tú* cogiste	*tú* cogerás
él coge	*él* cogía	*él* cogió	*él* cogerá
nos. cogemos	*nos.* cogíamos	*nos.* cogimos	*nos.* cogeremos
vos. cogéis	*vos.* cogíais	*vos.* cogisteis	*vos.* cogeréis
ellos cogen	*ellos* cogían	*ellos* cogieron	*ellos* cogerán

Pretérito perfecto	Pretérito pluscuamperfecto	Pretérito anterior	Futuro perfecto
yo he cogido	*yo* había cogido	*yo* hube cogido	*yo* habré cogido
tú has cogido	*tú* habías cogido	*tú* hubiste cogido	*tú* habrás cogido
él ha cogido	*él* había cogido	*él* hubo cogido	*él* habrá cogido
nos. hemos cogido	*nos.* habíamos cogido	*nos.* hubimos cogido	*nos.* habremos cogido
vos. habéis cogido	*vos.* habíais cogido	*vos.* hubisteis cogido	*vos.* habréis cogido
ellos han cogido	*ellos* habían cogido	*ellos* hubieron cogido	*ellos* habrán cogido

POTENCIAL

Simple	Compuesto
yo cogería	*yo* habría cogido
tú cogerías	*tú* habrías cogido
él cogería	*él* habría cogido
nos. cogeríamos	*nos.* habríamos cogido
vos. cogeríais	*vos.* habríais cogido
ellos cogerían	*ellos* habrían cogido

SUBJUNTIVO

Presente	Pretérito imperfecto	Pretérito pluscuamperfecto	Futuro imperfecto
que yo coja	*que yo* cogiera	*que yo* hubiera cogido	*que yo* cogiere
que tú cojas	*que tú* cogieras	*que tú* hubieras cogido	*que tú* cogieres
que él coja	*que él* cogiera	*que él* hubiera cogido	*que él* cogiere
que nos. cojamos	*que nos.* cogiéramos	*que nos.* hubiéramos cogido	*que nos.* cogiéremos
que vos. cojáis	*que vos.* cogierais	*que vos.* hubierais cogido	*que vos.* cogiereis
que ellos cojan	*que ellos* cogieran	*que ellos* hubieran cogido	*que ellos* cogieren

Pretérito perfecto	*Seconda forma*	*Seconda forma*	Futuro perfecto
que yo haya cogido	*que yo* cogiese	*que yo* hubiese cogido	*que yo* hubiere cogido
que tú hayas cogido	*que tú* cogieses	*que tú* hubieses cogido	*que tú* hubieres cogido
que él haya cogido	*que él* cogiese	*que él* hubiese cogido	*que él* hubiere cogido
que nos. hayamos cogido	*que nos.* cogiésemos	*que nos.* hubiésemos cogido	*que nos.* hubiéremos cogido
que vos. hayáis cogido	*que vos.* cogieseis	*que vos.* hubieseis cogido	*que vos.* hubiereis cogido
que ellos hayan cogido	*que ellos* cogiesen	*que ellos* hubiesen cogido	*que ellos* hubieren cogido

IMPERATIVO

Presente

—	cojamos
coge	coged
coja	cojan

INFINITIVO

coger — haber cogido

GERUNDIO

cogiendo — habiendo cogido

PARTICIPIO

cogido

I verbi in *-ger*, come *coger* (prendere), mantengono inalterata la pronuncia aspirata e cambiano la *g* in *j* quando la desinenza inizia per *o* o per *a*, precisamente alla I persona sing. del *presente de indicativo*, nel *presente de subjuntivo*, alla III persona sing. e alla I e III pl. dell'*imperativo* (*yo cojo*, *que él coja*, *cojamos*).

TAÑER

INDICATIVO

Presente
yo taño
tú tañes
él tañe
nos. tañemos
vos. tañéis
ellos tañen

Pretérito perfecto
yo he tañido
tú has tañido
él ha tañido
nos. hemos tañido
vos. habéis tañido
ellos han tañido

Pretérito imperfecto
yo tañía
tú tañías
él tañía
nos. tañíamos
vos. tañíais
ellos tañían

Pretérito pluscuamperfecto
yo había tañido
tú habías tañido
él había tañido
nos. habíamos tañido
vos. habíais tañido
ellos habían tañido

Pretérito indefinido
yo tañí
tú tañiste
él tañó
nos. tañimos
vos. tañisteis
ellos tañeron

Pretérito anterior
yo hube tañido
tú hubiste tañido
él hubo tañido
nos. hubimos tañido
vos. hubisteis tañido
ellos hubieron tañido

Futuro imperfecto
yo tañeré
tú tañerás
él tañerá
nos. tañeremos
vos. tañeréis
ellos tañerán

Futuro perfecto
yo habré tañido
tú habrás tañido
él habrá tañido
nos. habremos tañido
vos. habréis tañido
ellos habrán tañido

SUBJUNTIVO

Presente
que yo taña
que tú tañas
que él taña
que nos. tañamos
que vos. tañáis
que ellos tañan

Pretérito perfecto
que yo haya tañido
que tú hayas tañido
que él haya tañido
que nos. hayamos tañido
que vos. hayáis tañido
que ellos hayan tañido

Pretérito imperfecto
que yo tañera
que tú tañeras
que él tañera
que nos. tañéramos
que vos. tañerais
que ellos tañeran

Seconda forma
que yo tañese
que tú tañeses
que él tañese
que nos. tañésemos
que vos. tañeseis
que ellos tañesen

Pretérito pluscuamperfecto
que yo hubiera tañido
que tú hubieras tañido
que él hubiera tañido
que nos. hubiéramos tañido
que vos. hubierais tañido
que ellos hubieran tañido

Seconda forma
que yo hubiese tañido
que tú hubieses tañido
que él hubiese tañido
que nos. hubiésemos tañido
que vos. hubieseis tañido
que ellos hubiesen tañido

Futuro imperfecto
que yo tañere
que tú tañeres
que él tañere
que nos. tañéremos
que vos. tañereis
que ellos tañeren

Futuro perfecto
que yo hubiere tañido
que tú hubieres tañido
que él hubiere tañido
que nos. hubiéremos tañido
que vos. hubiereis tañido
que ellos hubieren tañido

POTENCIAL

Simple
yo tañería
tú tañerías
él tañería
nos. tañeríamos
vos. tañeríais
ellos tañerían

Compuesto
yo habría tañido
tú habrías tañido
él habría tañido
nos. habríamos tañido
vos. habríais tañido
ellos habrían tañido

IMPERATIVO

Presente
— tañamos
tañe tañed
taña tañan

INFINITIVO
tañir haber tañido

GERUNDIO
tañendo habiendo tañido

PARTICIPIO
tañido

I verbi in *-ñer*, come *tañer* (suonare) e *atañer* (concernere), perdono la *i* atona iniziale della desinenza alla III persona sing. e pl. del *pretérito indefinido* e nei tempi da esso derivati (*él tañó*, *que tú tañeras*, *que yo tañere*, *tañendo*).

PERDER

INDICATIVO

Presente
yo pierdo
tú pierdes
él pierde
nos. perdemos
vos. perdéis
ellos pierden

Pretérito imperfecto
yo perdía
tú perdías
él perdía
nos. perdíamos
vos. perdíais
ellos perdían

Pretérito indefinido
yo perdí
tú perdiste
él perdió
nos. perdimos
vos. perdisteis
ellos perdieron

Futuro imperfecto
yo perderé
tú perderás
él perderá
nos. perderemos
vos. perderéis
ellos perderán

Pretérito perfecto
yo he perdido
tú has perdido
él ha perdido
nos. hemos perdido
vos. habéis perdido
ellos han perdido

Pretérito pluscuamperfecto
yo había perdido
tú habías perdido
él había perdido
nos. habíamos perdido
vos. habíais perdido
ellos habían perdido

Pretérito anterior
yo hube perdido
tú hubiste perdido
él hubo perdido
nos. hubimos perdido
vos. hubisteis perdido
ellos hubieron perdido

Futuro perfecto
yo habré perdido
tú habrás perdido
él habrá perdido
nos. habremos perdido
vos. habréis perdido
ellos habrán perdido

SUBJUNTIVO

Presente
que yo pierda
que tú pierdas
que él pierda
que nos. perdamos
que vos. perdáis
que ellos pierdan

Pretérito imperfecto
que yo perdiera
que tú perdieras
que él perdiera
que nos. perdiéramos
que vos. perdierais
que ellos perdieran

Seconda forma
que yo perdiese
que tú perdieses
que él perdiese
que nos. perdiésemos
que vos. perdieseis
que ellos perdiesen

Pretérito pluscuamperfecto
que yo hubiera perdido
que tú hubieras perdido
que él hubiera perdido
que nos. hubiéramos perdido
que vos. hubierais perdido
que ellos hubieran perdido

Seconda forma
que yo hubiese perdido
que tú hubieses perdido
que él hubiese perdido
que nos. hubiésemos perdido
que vos. hubieseis perdido
que ellos hubiesen perdido

Futuro imperfecto
que yo perdiere
que tú perdieres
que él perdiere
que nos. perdiéremos
que vos. perdiereis
que ellos perdieren

Pretérito perfecto
que yo haya perdido
que tú hayas perdido
que él haya perdido
que nos. hayamos perdido
que vos. hayáis perdido
que ellos hayan perdido

Futuro perfecto
que yo hubiere perdido
que tú hubieres perdido
que él hubiere perdido
que nos. hubiéremos perdido
que vos. hubiereis perdido
que ellos hubieren perdido

POTENCIAL

Simple
yo perdería
tú perderías
él perdería
nos. perderíamos
vos. perderíais
ellos perderían

Compuesto
yo habría perdido
tú habrías perdido
él habría perdido
nos. habríamos perdido
vos. habríais perdido
ellos habrían perdido

IMPERATIVO

Presente
— perdamos
pierde perded
pierda pierdan

INFINITIVO
perder haber perdido

GERUNDIO
perdiendo habiendo perdido

PARTICIPIO
perdido

Perder (perdere) è verbo irregolare che dittonga la *e* in *ie* alla I, II e III persona sing. e III pl. del *presente de indicativo* e *de subjuntivo*, alla II e III persona sing. e III pl. dell'*imperativo* (*yo pierdo*, *que él pierda*, *pierde*). Così si comportano molti verbi della 2ª coniugazione che hanno una *e* nella penultima sillaba dell'*infinitivo*.

MOVER

INDICATIVO

Presente
yo muevo
tú mueves
él mueve
nos. movemos
vos. movéis
ellos mueven

Pretérito imperfecto
yo movía
tú movías
él movía
nos. movíamos
vos. movíais
ellos movían

Pretérito indefinido
yo moví
tú moviste
él movió
nos. movimos
vos. movisteis
ellos movieron

Futuro imperfecto
yo moveré
tú moverás
él moverá
nos. moveremos
vos. moveréis
ellos moverán

Pretérito perfecto
yo he movido
tú has movido
él ha movido
nos. hemos movido
vos. habéis movido
ellos han movido

Pretérito pluscuamperfecto
yo había movido
tú habías movido
él había movido
nos. habíamos movido
vos. habíais movido
ellos habían movido

Pretérito anterior
yo hube movido
tú hubiste movido
él hubo movido
nos. hubimos movido
vos. hubisteis movido
ellos hubieron movido

Futuro perfecto
yo habré movido
tú habrás movido
él habrá movido
nos. habremos movido
vos. habréis movido
ellos habrán movido

SUBJUNTIVO

Presente
que yo mueva
que tú muevas
que él mueva
que nos. movamos
que vos. mováis
que ellos muevan

Pretérito imperfecto
que yo moviera
que tú movieras
que él moviera
que nos. moviéramos
que vos. movierais
que ellos movieran

Seconda forma
que yo moviese
que tú movieses
que él moviese
que nos. moviésemos
que vos. movieseis
que ellos moviesen

Pretérito pluscuamperfecto
que yo hubiera movido
que tú hubieras movido
que él hubiera movido
que nos. hubiéramos movido
que vos. hubierais movido
que ellos hubieran movido

Seconda forma
que yo hubiese movido
que tú hubieses movido
que él hubiese movido
que nos. hubiésemos movido
que vos. hubieseis movido
que ellos hubiesen movido

Futuro imperfecto
que yo moviere
que tú movieres
que él moviere
que nos. moviéremos
que vos. moviereis
que ellos movieren

Futuro perfecto
que yo hubiere movido
que tú hubieres movido
que él hubiere movido
que nos. hubiéremos movido
que vos. hubiereis movido
que ellos hubieren movido

Pretérito perfecto
que yo haya movido
que tú hayas movido
que él haya movido
que nos. hayamos movido
que vos. hayáis movido
que ellos hayan movido

POTENCIAL

Simple
yo movería
tú moverías
él movería
nos. moveríamos
vos. moveríais
ellos moverían

Compuesto
yo habría movido
tú habrías movido
él habría movido
nos. habríamos movido
vos. habríais movido
ellos habrían movido

IMPERATIVO

Presente
—	movamos
mueve	moved
mueva	muevan

INFINITIVO
mover haber movido

GERUNDIO
moviendo habiendo movido

PARTICIPIO
movido

Mover (muovere) è verbo irregolare che dittonga la *o* della radice in *ue* nelle voci in cui l'accento tonico cade su questa vocale e cioè alla I, II e III persona sing. e III pl. del *presente de indicativo* e *de subjuntivo*, alla II e III persona sing. e III pl. dell'*imperativo* (*yo muevo*, *que él mueva*, *muevan*). Presentano questa irregolarità molti verbi della 2ª coniugazione che hanno una *o* nella penultima sillaba dell'*infinitivo*.

OLER

INDICATIVO

Presente

yo	huelo
tú	hueles
él	huele
nos.	olemos
vos.	oléis
ellos	huelen

Pretérito imperfecto

yo	olía
tú	olías
él	olía
nos.	olíamos
vos.	olíais
ellos	olían

Pretérito indefinido

yo	olí
tú	oliste
él	olió
nos.	olimos
vos.	olisteis
ellos	olieron

Futuro imperfecto

yo	oleré
tú	olerás
él	olerá
nos.	oleremos
vos.	oleréis
ellos	olerán

Pretérito perfecto

yo	he	olido
tú	has	olido
él	ha	olido
nos.	hemos	olido
vos.	habéis	olido
ellos	han	olido

Pretérito pluscuamperfecto

yo	había	olido
tú	habías	olido
él	había	olido
nos.	habíamos	olido
vos.	habíais	olido
ellos	habían	olido

Pretérito anterior

yo	hube	olido
tú	hubiste	olido
él	hubo	olido
nos.	hubimos	olido
vos.	hubisteis	olido
ellos	hubieron	olido

Futuro perfecto

yo	habré	olido
tú	habrás	olido
él	habrá	olido
nos.	habremos	olido
vos.	habréis	olido
ellos	habrán	olido

SUBJUNTIVO

Presente

que yo	huela
que tú	huelas
que él	huela
que nos.	olamos
que vos.	oláis
que ellos	huelan

Pretérito imperfecto

que yo	oliera
que tú	olieras
que él	oliera
que nos.	oliéramos
que vos.	olierais
que ellos	olieran

Pretérito pluscuamperfecto

que yo	hubiera	olido
que tú	hubieras	olido
que él	hubiera	olido
que nos.	hubiéramos	olido
que vos.	hubierais	olido
que ellos	hubieran	olido

Futuro imperfecto

que yo	oliere
que tú	olieres
que él	oliere
que nos.	oliéremos
que vos.	oliereis
que ellos	olieren

Pretérito perfecto

que yo	haya	olido
que tú	hayas	olido
que él	haya	olido
que nos.	hayamos	olido
que vos.	hayáis	olido
que ellos	hayan	olido

Seconda forma

que yo	oliese
que tú	olieses
que él	oliese
que nos.	oliésemos
que vos.	olieseis
que ellos	oliesen

Seconda forma

que yo	hubiese	olido
que tú	hubieses	olido
que él	hubiese	olido
que nos.	hubiésemos	olido
que vos.	hubieseis	olido
que ellos	hubiesen	olido

Futuro perfecto

que yo	hubiere	olido
que tú	hubieres	olido
que él	hubiere	olido
que nos.	hubiéremos	olido
que vos.	hubiereis	olido
que ellos	hubieren	olido

POTENCIAL

Simple

yo	olería
tú	olerías
él	olería
nos.	oleríamos
vos.	oleríais
ellos	olerían

Compuesto

yo	habría	olido
tú	habrías	olido
él	habría	olido
nos.	habríamos	olido
vos.	habríais	olido
ellos	habrían	olido

IMPERATIVO

Presente

—	olamos
huele	oled
huela	huelan

INFINITIVO

oler haber olido

GERUNDIO

oliendo habiendo olido

PARTICIPIO

olido

Oler (odorare) dittonga la *o* in *ue* e prende un'*h* davanti al dittongo alla I, II e III persona sing. e III pl. del *presente de indicativo* e *de subjuntivo*, alla II e III persona sing. e III pl. dell'*imperativo* (*yo huelo*, *que él huela*, *huele*).

VOLVER

INDICATIVO

Presente

yo	vuelvo
tú	vuelves
él	vuelve
nos.	volvemos
vos.	volvéis
ellos	vuelven

Pretérito imperfecto

yo	volvía
tú	volvías
él	volvía
nos.	volvíamos
vos.	volvíais
ellos	volvían

Pretérito indefinido

yo	volví
tú	volviste
él	volvió
nos.	volvimos
vos.	volvisteis
ellos	volvieron

Futuro imperfecto

yo	volveré
tú	volverás
él	volverá
nos.	volveremos
vos.	volveréis
ellos	volverán

Pretérito perfecto

yo	he	vuelto
tú	has	vuelto
él	ha	vuelto
nos.	hemos	vuelto
vos.	habéis	vuelto
ellos	han	vuelto

Pretérito pluscuamperfecto

yo	había	vuelto
tú	habías	vuelto
él	había	vuelto
nos.	habíamos	vuelto
vos.	habíais	vuelto
ellos	habían	vuelto

Pretérito anterior

yo	hube	vuelto
tú	hubiste	vuelto
él	hubo	vuelto
nos.	hubimos	vuelto
vos.	hubisteis	vuelto
ellos	hubieron	vuelto

Futuro perfecto

yo	habré	vuelto
tú	habrás	vuelto
él	habrá	vuelto
nos.	habremos	vuelto
vos.	habréis	vuelto
ellos	habrán	vuelto

SUBJUNTIVO

Presente

que yo	vuelva
que tú	vuelvas
que él	vuelva
que nos.	volvamos
que vos.	volváis
que ellos	vuelvan

Pretérito imperfecto

que yo	volviera
que tú	volvieras
que él	volviera
que nos.	volviéramos
que vos.	volvierais
que ellos	volvieran

Seconda forma

que yo	volviese
que tú	volvieses
que él	volviese
que nos.	volviésemos
que vos.	volvieseis
que ellos	volviesen

Pretérito pluscuamperfecto

que yo	hubiera	vuelto
que tú	hubieras	vuelto
que él	hubiera	vuelto
que nos.	hubiéramos	vuelto
que vos.	hubierais	vuelto
que ellos	hubieran	vuelto

Seconda forma

que yo	hubiese	vuelto
que tú	hubieses	vuelto
que él	hubiese	vuelto
que nos.	hubiésemos	vuelto
que vos.	hubieseis	vuelto
que ellos	hubiesen	vuelto

Futuro imperfecto

que yo	volviere
que tú	volvieres
que él	volviere
que nos.	volviéremos
que vos.	volviereis
que ellos	volvieren

Pretérito perfecto

que yo	haya	vuelto
que tú	hayas	vuelto
que él	haya	vuelto
que nos.	hayamos	vuelto
que vos.	hayáis	vuelto
que ellos	hayan	vuelto

Futuro perfecto

que yo	hubiere	vuelto
que tú	hubieres	vuelto
que él	hubiere	vuelto
que nos.	hubiéremos	vuelto
que vos.	hubiereis	vuelto
que ellos	hubieren	vuelto

POTENCIAL

Simple

yo	volvería
tú	volverías
él	volvería
nos.	volveríamos
vos.	volveríais
ellos	volverían

Compuesto

yo	habría	vuelto
tú	habrías	vuelto
él	habría	vuelto
nos.	habríamos	vuelto
vos.	habríais	vuelto
ellos	habrían	vuelto

IMPERATIVO

Presente

—	volvamos
vuelve	volved
vuelva	vuelvan

INFINITIVO

volver haber vuelto

GERUNDIO

volviendo habiendo vuelto

PARTICIPIO

vuelto

Tutti i verbi in *-olver* come *volver* (tornare), *devolver* (restituire), *envolver* (avvolgere), *resolver* (risolvere), *disolver* (dissolvere) dittongano la *o* in *ue* alla I, II e III persona sing. e III pl. del *presente de indicativo* e *de subjuntivo*, alla II e III persona sing. e III pl. dell'*imperativo* (*yo vuelvo*, *que él vuelva*, *vuelve*); hanno il *participio* in *-uelto*.

NACER

INDICATIVO

Presente

yo	nazco
tú	naces
él	nace
nos.	nacemos
vos.	nacéis
ellos	nacen

Pretérito imperfecto

yo	nacía
tú	nacías
él	nacía
nos.	nacíamos
vos.	nacíais
ellos	nacían

Pretérito indefinido

yo	nací
tú	naciste
él	nació
nos.	nacimos
vos.	nacisteis
ellos	nacieron

Futuro imperfecto

yo	naceré
tú	nacerás
él	nacerá
nos.	naceremos
vos.	naceréis
ellos	nacerán

Pretérito perfecto

yo	he	nacido
tú	has	nacido
él	ha	nacido
nos.	hemos	nacido
vos.	habéis	nacido
ellos	han	nacido

Pretérito pluscuamperfecto

yo	había	nacido
tú	habías	nacido
él	había	nacido
nos.	habíamos	nacido
vos.	habíais	nacido
ellos	habían	nacido

Pretérito anterior

yo	hube	nacido
tú	hubiste	nacido
él	hubo	nacido
nos.	hubimos	nacido
vos.	hubisteis	nacido
ellos	hubieron	nacido

Futuro perfecto

yo	habré	nacido
tú	habrás	nacido
él	habrá	nacido
nos.	habremos	nacido
vos.	habréis	nacido
ellos	habrán	nacido

POTENCIAL

Simple

yo	nacería
tú	nacerías
él	nacería
nos.	naceríamos
vos.	naceríais
ellos	nacerían

Compuesto

yo	habría	nacido
tú	habrías	nacido
él	habría	nacido
nos.	habríamos	nacido
vos.	habríais	nacido
ellos	habrían	nacido

SUBJUNTIVO

Presente

que yo	nazca
que tú	nazcas
que él	nazca
que nos.	nazcamos
que vos.	nazcáis
que ellos	nazcan

Pretérito imperfecto

que yo	naciera
que tú	nacieras
que él	naciera
que nos.	naciéramos
que vos.	nacierais
que ellos	nacieran

Seconda forma

que yo	naciese
que tú	nacieses
que él	naciese
que nos.	naciésemos
que vos.	nacieseis
que ellos	naciesen

Pretérito pluscuamperfecto

que yo	hubiera	nacido
que tú	hubieras	nacido
que él	hubiera	nacido
que nos.	hubiéramos	nacido
que vos.	hubierais	nacido
que ellos	hubieran	nacido

Seconda forma

que yo	hubiese	nacido
que tú	hubieses	nacido
que él	hubiese	nacido
que nos.	hubiésemos	nacido
que vos.	hubieseis	nacido
que ellos	hubiesen	nacido

Futuro imperfecto

que yo	naciere
que tú	nacieres
que él	naciere
que nos.	naciéremos
que vos.	naciereis
que ellos	nacieren

Pretérito perfecto

que yo	haya	nacido
que tú	hayas	nacido
que él	haya	nacido
que nos.	hayamos	nacido
que vos.	hayáis	nacido
que ellos	hayan	nacido

Futuro perfecto

que yo	hubiere	nacido
que tú	hubieres	nacido
que él	hubiere	nacido
que nos.	hubiéremos	nacido
que vos.	hubiereis	nacido
que ellos	hubieren	nacido

IMPERATIVO

Presente

—	nazcamos
nace	naced
nazca	nazcan

INFINITIVO

nacer　haber nacido

GERUNDIO

naciendo　habiendo nacido

PARTICIPIO

nacido

I verbi in *-acer* del tipo *nacer* (nascere), come *pacer* (pascere) e *renacer* (rinascere), aggiungono una *z* davanti alla *c* della radice alla I persona sing. del *presente de indicativo* e nei tempi da esso derivati (*yo nazco*, *que él nazca*, nazcan). Fanno eccezione *hacer* (fare) e i suoi composti (v. pag. 124) e il verbo *yacer* (giacere).

MERECER

INDICATIVO

Presente
yo merezco
tú mereces
él merece
nos. merecemos
vos. merecéis
ellos merecen

Pretérito imperfecto
yo merecía
tú merecías
él merecía
nos. merecíamos
vos. merecíais
ellos merecían

Pretérito indefinido
yo merecí
tú mereciste
él mereció
nos. merecimos
vos. merecisteis
ellos merecieron

Futuro imperfecto
yo mereceré
tú merecerás
él merecerá
nos. mereceremos
vos. mereceréis
ellos merecerán

Pretérito perfecto
yo he merecido
tú has merecido
él ha merecido
nos. hemos merecido
vos. habéis merecido
ellos han merecido

Pretérito pluscuamperfecto
yo había merecido
tú habías merecido
él había merecido
nos. habíamos merecido
vos. habíais merecido
ellos habían merecido

Pretérito anterior
yo hube merecido
tú hubiste merecido
él hubo merecido
nos. hubimos merecido
vos. hubisteis merecido
ellos hubieron merecido

Futuro perfecto
yo habré merecido
tú habrás merecido
él habrá merecido
nos. habremos merecido
vos. habréis merecido
ellos habrán merecido

SUBJUNTIVO

Presente
que yo merezca
que tú merezcas
que él merezca
que nos. merezcamos
que vos. merezcáis
que ellos merezcan

Pretérito imperfecto
que yo mereciera
que tú merecieras
que él mereciera
que nos. mereciéramos
que vos. merecierais
que ellos merecieran

Seconda forma
que yo mereciese
que tú merecieses
que él mereciese
que nos. mereciésemos
que vos. merecieseis
que ellos mereciesen

Pretérito pluscuamperfecto
que yo hubiera merecido
que tú hubieras merecido
que él hubiera merecido
que nos. hubiéramos merecido
que vos. hubierais merecido
que ellos hubieran merecido

Seconda forma
que yo hubiese merecido
que tú hubieses merecido
que él hubiese merecido
que nos. hubiésemos merecido
que vos. hubieseis merecido
que ellos hubiesen merecido

Futuro imperfecto
que yo mereciere
que tú merecieres
que él mereciere
que nos. mereciéremos
que vos. mereciereis
que ellos merecieren

Pretérito perfecto
que yo haya merecido
que tú hayas merecido
que él haya merecido
que nos. hayamos merecido
que vos. hayáis merecido
que ellos hayan merecido

Futuro perfecto
que yo hubiere merecido
que tú hubieres merecido
que él hubiere merecido
que nos. hubiéremos merecido
que vos. hubiereis merecido
que ellos hubieren merecido

POTENCIAL

Simple
yo merecería
tú merecerías
él merecería
nos. mereceríamos
vos. mereceríais
ellos merecerían

Compuesto
yo habría merecido
tú habrías merecido
él habría merecido
nos. habríamos merecido
vos. habríais merecido
ellos habrían merecido

IMPERATIVO

Presente
—	merezcamos
merece	mereced
merezca	merezcan

INFINITIVO
merecer haber merecido

GERUNDIO
mereciendo habiendo merecido

PARTICIPIO
merecido

I verbi in *-ecer* del tipo *merecer* (meritare), come *aparecer* (apparire), *compadecer* (compatire), *crecer* (crescere) aggiungono una *z* davanti alla *c* della radice alla I persona sing. del *presente de indicativo* e nei tempi da esso derivati (*yo merezco, que él merezca, merezcan*). Fanno eccezione *empecer* (nuocere), *mecer* (dondolare) e *remecer* (scrollare), che si coniugano come i verbi in *-cer* (v. pag. 109).

CONOCER

INDICATIVO

Presente
yo conozco
tú conoces
él conoce
nos. conocemos
vos. conocéis
ellos conocen

Pretérito imperfecto
yo conocía
tú conocías
él conocía
nos. conocíamos
vos. conocíais
ellos conocían

Pretérito indefinido
yo conocí
tú conociste
él conoció
nos. conocimos
vos. conocisteis
ellos conocieron

Futuro imperfecto
yo conoceré
tú conocerás
él conocerá
nos. conoceremos
vos. conoceréis
ellos conocerán

Pretérito perfecto
yo he conocido
tú has conocido
él ha conocido
nos. hemos conocido
vos. habéis conocido
ellos han conocido

Pretérito pluscuamperfecto
yo había conocido
tú habías conocido
él había conocido
nos. habíamos conocido
vos. habíais conocido
ellos habían conocido

Pretérito anterior
yo hube conocido
tú hubiste conocido
él hubo conocido
nos. hubimos conocido
vos. hubisteis conocido
ellos hubieron conocido

Futuro perfecto
yo habré conocido
tú habrás conocido
él habrá conocido
nos. habremos conocido
vos. habréis conocido
ellos habrán conocido

POTENCIAL

Simple
yo conocería
tú conocerías
él conocería
nos. conoceríamos
vos. conoceríais
ellos conocerían

Compuesto
yo habría conocido
tú habrías conocido
él habría conocido
nos. habríamos conocido
vos. habríais conocido
ellos habrían conocido

SUBJUNTIVO

Presente
que yo conozca
que tú conozcas
que él conozca
que nos. conozcamos
que vos. conozcáis
que ellos conozcan

Pretérito imperfecto
que yo conociera
que tú conocieras
que él conociera
que nos. conociéramos
que vos. conocierais
que ellos conocieran

Seconda forma
que yo conociese
que tú conocieses
que él conociese
que nos. conociésemos
que vos. conocieseis
que ellos conociesen

Futuro imperfecto
que yo conociere
que tú conocieres
que él conociere
que nos. conociéremos
que vos. conociereis
que ellos conocieren

Pretérito perfecto
que yo haya conocido
que tú hayas conocido
que él haya conocido
que nos. hayamos conocido
que vos. hayáis conocido
que ellos hayan conocido

Pretérito pluscuamperfecto
que yo hubiera conocido
que tú hubieras conocido
que él hubiera conocido
que nos. hubiéramos conocido
que vos. hubierais conocido
que ellos hubieran conocido

Seconda forma
que yo hubiese conocido
que tú hubieses conocido
que él hubiese conocido
que nos. hubiésemos conocido
que vos. hubieseis conocido
que ellos hubiesen conocido

Futuro perfecto
que yo hubiere conocido
que tú hubieres conocido
que él hubiere conocido
que nos. hubiéremos conocido
que vos. hubiereis conocido
que ellos hubieren conocido

IMPERATIVO

Presente
— conozcamos
conoce conoced
conozca conozcan

INFINITIVO
conocer haber conocido

GERUNDIO
conociendo habiendo conocido

PARTICIPIO
conocido

I verbi in *-ocer*, come *conocer* (conoscere), e i suoi composti *desconocer* (disconoscere) e *reconocer* (riconoscere) aggiungono una *z* davanti alla *c* della radice alla I persona sing. del *presente de indicativo* e nei tempi da esso derivati (*yo conozco, que él conozca, conozcan*). Fanno eccezione *cocer* (cuocere) e i suoi composti, che hanno altre irregolarità (v. pag. 121).

COCER

INDICATIVO

Presente

yo	cuezo
tú	cueces
él	cuece
nos.	cocemos
vos.	cocéis
ellos	cuecen

Pretérito imperfecto

yo	cocía
tú	cocías
él	cocía
nos.	cocíamos
vos.	cocíais
ellos	cocían

Pretérito indefinido

yo	cocí
tú	cociste
él	coció
nos.	cocimos
vos.	cocisteis
ellos	cocieron

Futuro imperfecto

yo	coceré
tú	cocerás
él	cocerá
nos.	coceremos
vos.	coceréis
ellos	cocerán

Pretérito perfecto

yo	he	cocido
tú	has	cocido
él	ha	cocido
nos.	hemos	cocido
vos.	habéis	cocido
ellos	han	cocido

Pretérito pluscuamperfecto

yo	había	cocido
tú	habías	cocido
él	había	cocido
nos.	habíamos	cocido
vos.	habíais	cocido
ellos	habían	cocido

Pretérito anterior

yo	hube	cocido
tú	hubiste	cocido
él	hubo	cocido
nos.	hubimos	cocido
vos.	hubisteis	cocido
ellos	hubieron	cocido

Futuro perfecto

yo	habré	cocido
tú	habrás	cocido
él	habrá	cocido
nos.	habremos	cocido
vos.	habréis	cocido
ellos	habrán	cocido

POTENCIAL

Simple

yo	cocería
tú	cocerías
él	cocería
nos.	coceríamos
vos.	coceríais
ellos	cocerían

Compuesto

yo	habría	cocido
tú	habrías	cocido
él	habría	cocido
nos.	habríamos	cocido
vos.	habríais	cocido
ellos	habrían	cocido

SUBJUNTIVO

Presente

que yo	cueza
que tú	cuezas
que él	cueza
que nos.	cozamos
que vos.	cozáis
que ellos	cuezan

Pretérito imperfecto

que yo	cociera
que tú	cocieras
que él	cociera
que nos.	cociéramos
que vos.	cocierais
que ellos	cocieran

Seconda forma

que yo	cociese
que tú	cocieses
que él	cociese
que nos.	cociésemos
que vos.	cocieseis
que ellos	cociesen

Pretérito pluscuamperfecto

que yo	hubiera	cocido
que tú	hubieras	cocido
que él	hubiera	cocido
que nos.	hubiéramos	cocido
que vos.	hubierais	cocido
que ellos	hubieran	cocido

Seconda forma

que yo	hubiese	cocido
que tú	hubieses	cocido
que él	hubiese	cocido
que nos.	hubiésemos	cocido
que vos.	hubieseis	cocido
que ellos	hubiesen	cocido

Futuro imperfecto

que yo	cociere
que tú	cocieres
que él	cociere
que nos.	cociéremos
que vos.	viereis
que ellos	cocieren

Pretérito perfecto

que yo	haya	cocido
que tú	hayas	cocido
que él	haya	cocido
que nos.	hayamos	cocido
que vos.	hayáis	cocido
que ellos	hayan	cocido

Futuro perfecto

que yo	hubiere	cocido
que tú	hubieres	cocido
que él	hubiere	cocido
que nos.	hubiéremos	cocido
que vos.	hubiereis	cocido
que ellos	hubieren	cocido

IMPERATIVO

Presente

—	cozamos
cuece	coced
cueza	cuezan

INFINITIVO

cocer   haber cocido

GERUNDIO

cociendo   habiendo cocido

PARTICIPIO

cocido

Cocer (cuocere) è verbo irregolare che cambia la *c* in *z* quando la desinenza inizia per *a* o per *o*, come i verbi in *-cer* (v. pag. 120) e dittonga la *o* della radice in *ue* alla I, II e III persona sing. e III pl. del *presente de indicativo* e *de subjuntivo*, alla II e III sing. e III pl. dell'*imperativo* (*yo cuezo*, *que él cueza*, *cuece*). Così si coniugano *escocer* (bruciare), *recocer* (ricuocere) e *descocer* (digerire).

CABER

INDICATIVO

Presente	Pretérito imperfecto	Pretérito indefinido	Futuro imperfecto
yo quepo	*yo* cabía	*yo* cupe	*yo* cabré
tú cabes	*tú* cabías	*tú* cupiste	*tú* cabrás
él cabe	*él* cabía	*él* cupo	*él* cabrá
nos. cabemos	*nos.* cabíamos	*nos.* cupimos	*nos.* cabremos
vos. cabéis	*vos.* cabíais	*vos.* cupisteis	*vos.* cabréis
ellos caben	*ellos* cabían	*ellos* cupieron	*ellos* cabrán

Pretérito perfecto	Pretérito pluscuamperfecto	Pretérito anterior	Futuro perfecto
yo he cabido	*yo* había cabido	*yo* hube cabido	*yo* habré cabido
tú has cabido	*tú* habías cabido	*tú* hubiste cabido	*tú* habrás cabido
él ha cabido	*él* había cabido	*él* hubo cabido	*él* habrá cabido
nos. hemos cabido	*nos.* habíamos cabido	*nos.* hubimos cabido	*nos.* habremos cabido
vos. habéis cabido	*vos.* habíais cabido	*vos.* hubisteis cabido	*vos.* habréis cabido
ellos han cabido	*ellos* habían cabido	*ellos* hubieron cabido	*ellos* habrán cabido

POTENCIAL

Simple	Compuesto
yo cabría	*yo* habría cabido
tú cabrías	*tú* habrías cabido
él cabría	*él* habría cabido
nos. cabríamos	*nos.* habríamos cabido
vos. cabríais	*vos.* habríais cabido
ellos cabrían	*ellos* habrían cabido

SUBJUNTIVO

Presente	Pretérito imperfecto	Pretérito pluscuamperfecto	Futuro imperfecto
que yo quepa	*que yo* cupiera	*que yo* hubiera cabido	*que yo* cupiere
que tú quepas	*que tú* cupieras	*que tú* hubieras cabido	*que tú* cupieres
que él quepa	*que él* cupiera	*que él* hubiera cabido	*que él* cupiere
que nos. quepamos	*que nos.* cupiéramos	*que nos.* hubiéramos cabido	*que nos.* cupiéremos
que vos. quepáis	*que vos.* cupierais	*que vos.* hubierais cabido	*que vos.* cupiereis
que ellos quepan	*que ellos* cupieran	*que ellos* hubieran cabido	*que ellos* cupieren

Pretérito perfecto	*Seconda forma*	*Seconda forma*	Futuro perfecto
que yo haya cabido	*que yo* cupiese	*que yo* hubiese cabido	*que yo* hubiere cabido
que tú hayas cabido	*que tú* cupieses	*que tú* hubieses cabido	*que tú* hubieres cabido
que él haya cabido	*que él* cupiese	*que él* hubiese cabido	*que él* hubiere cabido
que nos. hayamos cabido	*que nos.* cupiésemos	*que nos.* hubiésemos cabido	*que nos.* hubiéremos cabido
que vos. hayáis cabido	*que vos.* cupieseis	*que vos.* hubieseis cabido	*que vos.* hubiereis cabido
que ellos hayan cabido	*que ellos* cupiesen	*que ellos* hubiesen cabido	*que ellos* hubieren cabido

IMPERATIVO

Presente

—	quepamos
cabe	cabed
quepa	quepan

INFINITIVO

caber — haber cabido

GERUNDIO

cabiendo — habiendo cabido

PARTICIPIO

cabido

Caber (starci) cambia la radice in *quep-* alla I persona sing. del *presente de indicativo* e nei tempi derivati (*yo quepo*, *que ellos quepan*, *quepa*); cambia la radice in *cup-* al *pretérito indefinido* e nei tempi derivati (*tú cupiste, que él cupiera, que yo cupiere*); al *futuro imperfecto de indicativo* e al *potencial* fa: *yo cabré...*, *yo cabría...* La I e III persona sing. del *pretérito indefinido* modificano la desinenza (*yo cupe*, *él cupo*).

CAER

INDICATIVO

Presente
yo caigo
tú caes
él cae
nos. caemos
vos. caéis
ellos caen

Pretérito imperfecto
yo caía
tú caías
él caía
nos. caíamos
vos. caíais
ellos caían

Pretérito indefinido
yo caí
tú caíste
él cayó
nos. caímos
vos. caísteis
ellos cayeron

Futuro imperfecto
yo caeré
tú caerás
él caerá
nos. caeremos
vos. caeréis
ellos caerán

Pretérito perfecto
yo he caído
tú has caído
él ha caído
nos. hemos caído
vos. habéis caído
ellos han caído

Pretérito pluscuamperfecto
yo había caído
tú habías caído
él había caído
nos. habíamos caído
vos. habíais caído
ellos habían caído

Pretérito anterior
yo hube caído
tú hubiste caído
él hubo caído
nos. hubimos caído
vos. hubisteis caído
ellos hubieron caído

Futuro perfecto
yo habré caído
tú habrás caído
él habrá caído
nos. habremos caído
vos. habréis caído
ellos habrán caído

SUBJUNTIVO

Presente
que yo caiga
que tú caigas
que él caiga
que nos. caigamos
que vos. caigáis
que ellos caigan

Pretérito imperfecto
que yo cayera
que tú cayeras
que él cayera
que nos. cayéramos
que vos. cayerais
que ellos cayeran

Seconda forma
que yo cayese
que tú cayeses
que él cayese
que nos. cayésemos
que vos. cayeseis
que ellos cayesen

Pretérito pluscuamperfecto
que yo hubiera caído
que tú hubieras caído
que él hubiera caído
que nos. hubiéramos caído
que vos. hubierais caído
que ellos hubieran caído

Seconda forma
que yo hubiese caído
que tú hubieses caído
que él hubiese caído
que nos. hubiésemos caído
que vos. hubieseis caído
que ellos hubiesen caído

Futuro imperfecto
que yo cayere
que tú cayeres
que él cayere
que nos. cayéremos
que vos. cayereis
que ellos cayeren

Pretérito perfecto
que yo haya caído
que tú hayas caído
que él haya caído
que nos. hayamos caído
que vos. hayáis caído
que ellos hayan caído

Futuro perfecto
que yo hubiere caído
que tú hubieres caído
que él hubiere caído
que nos. hubiéremos caído
que vos. hubiereis caído
que ellos hubieren caído

POTENCIAL

Simple
yo caería
tú caerías
él caería
nos. caeríamos
vos. caeríais
ellos caerían

Compuesto
yo habría caído
tú habrías caído
él habría caído
nos. habríamos caído
vos. habríais caído
ellos habrían caído

IMPERATIVO

Presente
—	caigamos
cae	caed
caiga	caigan

INFINITIVO
caer haber caído

GERUNDIO
cayendo habiendo caído

PARTICIPIO
caído

Verbo irregolare che inserisce *-ig-* tra la radice e la desinenza alla I persona sing. del *presente de indicativo* e nei tempi da esso derivati (*yo caigo*, *que tú caigas*, *caigan*). Alla III persona sing. e pl. del *pretérito indefinido* e nei tempi da esso derivati la *i* della desinenza diventa *y* (*él cayó*, *que tú cayeras*, *que yo cayere*). Come *caer* (cadere) si coniugano *decaer* (decadere) e *recaer* (ricadere).

HACER

INDICATIVO

Presente

yo	hago
tú	haces
él	hace
nos.	hacemos
vos.	hacéis
ellos	hacen

Pretérito imperfecto

yo	hacía
tú	hacías
él	hacía
nos.	hacíamos
vos.	hacíais
ellos	hacían

Pretérito indefinido

yo	hice
tú	hiciste
él	hizo
nos.	hicimos
vos.	hicisteis
ellos	hicieron

Futuro imperfecto

yo	haré
tú	harás
él	hará
nos.	haremos
vos.	haréis
ellos	harán

Pretérito perfecto

yo	he	hecho
tú	has	hecho
él	ha	hecho
nos.	hemos	hecho
vos.	habéis	hecho
ellos	han	hecho

Pretérito pluscuamperfecto

yo	había	hecho
tú	habías	hecho
él	había	hecho
nos.	habíamos	hecho
vos.	habíais	hecho
ellos	habían	hecho

Pretérito anterior

yo	hube	hecho
tú	hubiste	hecho
él	hubo	hecho
nos.	hubimos	hecho
vos.	hubisteis	hecho
ellos	hubieron	hecho

Futuro perfecto

yo	habré	hecho
tú	habrás	hecho
él	habrá	hecho
nos.	habremos	hecho
vos.	habréis	hecho
ellos	habrán	hecho

SUBJUNTIVO

Presente

que yo	haga
que tú	hagas
que él	haga
que nos.	hagamos
que vos.	hagáis
que ellos	hagan

Pretérito imperfecto

que yo	hiciera
que tú	hicieras
que él	hiciera
que nos.	hiciéramos
que vos.	hicierais
que ellos	hicieran

Seconda forma

que yo	hiciese
que tú	hicieses
que él	hiciese
que nos.	hiciésemos
que vos.	hicieseis
que ellos	hiciesen

Futuro imperfecto

que yo	hiciere
que tú	hicieres
que él	hiciere
que nos.	hiciéremos
que vos.	hiciereis
que ellos	hicieren

Pretérito perfecto

que yo	haya	hecho
que tú	hayas	hecho
que él	haya	hecho
que nos.	hayamos	hecho
que vos.	hayáis	hecho
que ellos	hayan	hecho

Pretérito pluscuamperfecto

que yo	hubiera	hecho
que tú	hubieras	hecho
que él	hubiera	hecho
que nos.	hubiéramos	hecho
que vos.	hubierais	hecho
que ellos	hubieran	hecho

Seconda forma

que yo	hubiese	hecho
que tú	hubieses	hecho
que él	hubiese	hecho
que nos.	hubiésemos	hecho
que vos.	hubieseis	hecho
que ellos	hubiesen	hecho

Futuro perfecto

que yo	hubiere	hecho
que tú	hubieres	hecho
que él	hubiere	hecho
que nos.	hubiéremos	hecho
que vos.	hubiereis	hecho
que ellos	hubieren	hecho

POTENCIAL

Simple

yo	haría
tú	harías
él	haría
nos.	haríamos
vos.	haríais
ellos	harían

Compuesto

yo	habría	hecho
tú	habrías	hecho
él	habría	hecho
nos.	habríamos	hecho
vos.	habríais	hecho
ellos	habrían	hecho

IMPERATIVO

Presente

—	hagamos
haz	haced
haga	hagan

INFINITIVO

hacer haber hecho

GERUNDIO

haciendo habiendo hecho

PARTICIPIO

hecho

Hacer (fare) è verbo irregolare che modifica sia la radice sia la desinenza. I suoi composti *deshacer* (disfare), *rehacer* (rifare), *contrahacer* (contraffare) hanno la stessa irregolarità. Per *satisfacer*, v. pag. 125.

SATISFACER

INDICATIVO

Presente
yo satisfago
tú satisfaces
él satisface
nos. satisfacemos
vos. satisfacéis
ellos satisfacen

Pretérito imperfecto
yo satisfacía
tú satisfacías
él satisfacía
nos. satisfacíamos
vos. satisfacíais
ellos satisfacían

Pretérito indefinido
yo satisfice
tú satisficiste
él satisfizo
nos. satisficimos
vos. satisficisteis
ellos satisficieron

Futuro imperfecto
yo satisfaré
tú satisfarás
él satisfará
nos. satisfaremos
vos. satisfaréis
ellos satisfarán

Pretérito perfecto
yo he satisfecho
tú has satisfecho
él ha satisfecho
nos. hemos satisfecho
vos. habéis satisfecho
ellos han satisfecho

Pretérito pluscuamperfecto
yo había satisfecho
tú habías satisfecho
él había satisfecho
nos. habíamos satisfecho
vos. habíais satisfecho
ellos habían satisfecho

Pretérito anterior
yo hube satisfecho
tú hubiste satisfecho
él hubo satisfecho
nos. hubimos satisfecho
vos. hubisteis satisfecho
ellos hubieron satisfecho

Futuro perfecto
yo habré satisfecho
tú habrás satisfecho
él habrá satisfecho
nos. habremos satisfecho
vos. habréis satisfecho
ellos habrán satisfecho

SUBJUNTIVO

Presente
que yo satisfaga
que tú satisfagas
que él satisfaga
que nos. satisfagamos
que vos. satisfagáis
que ellos satisfagan

Pretérito imperfecto
que yo satisficiera
que tú satisficieras
que él satisficiera
que nos. satisficiéramos
que vos. satisficierais
que ellos satisficieran

Seconda forma
que yo satisficiese
que tú satisficieses
que él satisficiese
que nos. satisficiésemos
que vos. satisficieseis
que ellos satisficiesen

Pretérito pluscuamperfecto
que yo hubiera satisfecho
que tú hubieras satisfecho
que él hubiera satisfecho
que nos. hubiéramos satisfecho
que vos. hubierais satisfecho
que ellos hubieran satisfecho

Seconda forma
que yo hubiese satisfecho
que tú hubieses satisfecho
que él hubiese satisfecho
que nos. hubiésemos satisfecho
que vos. hubieseis satisfecho
que ellos hubiesen satisfecho

Futuro imperfecto
que yo satisficiere
que tú satisficieres
que él satisficiere
que nos. satisficiéremos
que vos. satisficiereis
que ellos satisficieren

Pretérito perfecto
que yo haya satisfecho
que tú hayas satisfecho
que él haya satisfecho
que nos. hayamos satisfecho
que vos. hayáis satisfecho
que ellos hayan satisfecho

Futuro perfecto
que yo hubiere satisfecho
que tú hubieres satisfecho
que él hubiere satisfecho
que nos. hubiéremos satisfecho
que vos. hubiereis satisfecho
que ellos hubieren satisfecho

POTENCIAL

Simple
yo satisfaría
tú satisfarías
él satisfaría
nos. satisfaríamos
vos. satisfaríais
ellos satisfarían

Compuesto
yo habría satisfecho
tú habrías satisfecho
él habría satisfecho
nos. habríamos satisfecho
vos. habríais satisfecho
ellos habrían satisfecho

IMPERATIVO

Presente
— satisfagamos
satisfaz/satisface satisfaced
satisfaga satisfagan

INFINITIVO
satisfacer haber satisfecho

GERUNDIO
satisfaciendo habiendo satisfecho

PARTICIPIO satisfecho

Verbo irregolare che modifica sia la radice sia la desinenza. La II persona sing. dell'*imperativo* ha due forme: *satisfaz*, *satisface*. Il *participio* è *satisfecho*. Come *satisfacer* (soddisfare) si coniugano *rarefacer* (rarefare), che al *participio* ha la forma: *rarefacto*, *licuefacer* (liquefare) e *tumefacer* (tumefare).

PLACER

INDICATIVO

Presente
yo plazco
tú places
él place
nos. placemos
vos. placéis
ellos placen

Pretérito imperfecto
yo placía
tú placías
él placía
nos. placíamos
vos. placíais
ellos placían

Pretérito indefinido
yo plací
tú placiste
él plació/plugo
nos. placimos
vos. placisteis
ellos placieron/pluguieron

Futuro imperfecto
yo placeré
tú placerás
él placerá
nos. placeremos
vos. placeréis
ellos placerán

Pretérito perfecto
yo he placido
tú has placido
él ha placido
nos. hemos placido
vos. habéis placido
ellos han placido

Pretérito pluscuamperfecto
yo había placido
tú habías placido
él había placido
nos. habíamos placido
vos. habíais placido
ellos habían placido

Pretérito anterior
yo hube placido
tú hubiste placido
él hubo placido
nos. hubimos placido
vos. hubisteis placido
ellos hubieron placido

Futuro perfecto
yo habré placido
tú habrás placido
él habrá placido
nos. habremos placido
vos. habréis placido
ellos habrán placido

SUBJUNTIVO

Presente
que yo plazca
que tú plazcas
que él plazca/plegue
que nos. plazcamos
que vos. plazcáis
que ellos plazcan

Pretérito imperfecto
que yo placiera
que tú placieras
que él placiera/pluguiera
que nos. placiéramos
que vos. placierais
que ellos placieran

Seconda forma
que yo placiese
que tú placieses
que él placiese/pluguiese
que nos. placiésemos
que vos. placieseis
que ellos placiesen

Pretérito pluscuamperfecto
que yo hubiera placido
que tú hubieras placido
que él hubiera placido
que nos. hubiéramos placido
que vos. hubierais placido
que ellos hubieran placido

Seconda forma
que yo hubiese placido
que tú hubieses placido
que él hubiese placido
que nos. hubiésemos placido
que vos. hubieseis placido
que ellos hubiesen placido

Futuro imperfecto
que yo placiere
que tú placieres
que él placiere/pluguiere
que nos. placiéremos
que vos. placiereis
que ellos placieren

Futuro perfecto
que yo hubiere placido
que tú hubieres placido
que él hubiere placido
que nos. hubiéremos placido
que vos. hubiereis placido
que ellos hubieren placido

Pretérito perfecto
que yo haya placido
que tú hayas placido
que él haya placido
que nos. hayamos placido
que vos. hayáis placido
que ellos hayan placido

POTENCIAL

Simple
yo placería
tú placerías
él placería
nos. placeríamos
vos. placeríais
ellos placerían

Compuesto
yo habría placido
tú habrías placido
él habría placido
nos. habríamos placido
vos. habríais placido
ellos habrían placido

IMPERATIVO

Presente
— plazcamos
place placed
plazca plazcan

INFINITIVO
placer haber placido

GERUNDIO
placiendo habiendo placido

PARTICIPIO
placido

Verbo irregolare che aggiunge una *z* davanti alla *c* alla I persona sing. del *presente de indicativo* e nei tempi da esso derivati (*yo plazco*, *que tú plazcas*, *plazca*). La III persona sing. e pl. del *pretérito indefinido* e la III sing. dei tempi semplici del *subjuntivo* hanno due forme, la seconda delle quali è sempre irregolare. Generalmente *placer* (piacere) è usato solo alla III persona sing.; nelle altre voci viene sostituito con i sinonimi *gustar* o *agradar*.

PODER

INDICATIVO

Presente

yo	puedo
tú	puedes
él	puede
nos.	podemos
vos.	podéis
ellos	pueden

Pretérito perfecto

yo	he	podido
tú	has	podido
él	ha	podido
nos.	hemos	podido
vos.	habéis	podido
ellos	han	podido

Pretérito imperfecto

yo	podía
tú	podías
él	podía
nos.	podíamos
vos.	podíais
ellos	podían

Pretérito pluscuamperfecto

yo	había	podido
tú	habías	podido
él	había	podido
nos.	habíamos	podido
vos.	habíais	podido
ellos	habían	podido

Pretérito indefinido

yo	pude
tú	pudiste
él	pudo
nos.	pudimos
vos.	pudisteis
ellos	pudieron

Pretérito anterior

yo	hube	podido
tú	hubiste	podido
él	hubo	podido
nos.	hubimos	podido
vos.	hubisteis	podido
ellos	hubieron	podido

Futuro imperfecto

yo	podré
tú	podrás
él	podrá
nos.	podremos
vos.	podréis
ellos	podrán

Futuro perfecto

yo	habré	podido
tú	habrás	podido
él	habrá	podido
nos.	habremos	podido
vos.	habréis	podido
ellos	habrán	podido

SUBJUNTIVO

Presente

que yo	pueda
que tú	puedas
que él	pueda
que nos.	podamos
que vos.	podáis
que ellos	puedan

Pretérito perfecto

que yo	haya	podido
que tú	hayas	podido
que él	haya	podido
que nos.	hayamos	podido
que vos.	hayáis	podido
que ellos	hayan	podido

Pretérito imperfecto

que yo	pudiera
que tú	pudieras
que él	pudiera
que nos.	pudiéramos
que vos.	pudierais
que ellos	pudieran

Seconda forma

que yo	pudiese
que tú	pudieses
que él	pudiese
que nos.	pudiésemos
que vos.	pudieseis
que ellos	pudiesen

Pretérito pluscuamperfecto

que yo	hubiera	podido
que tú	hubieras	podido
que él	hubiera	podido
que nos.	hubiéramos	podido
que vos.	hubierais	podido
que ellos	hubieran	podido

Seconda forma

que yo	hubiese	podido
que tú	hubieses	podido
que él	hubiese	podido
que nos.	hubiésemos	podido
que vos.	hubieseis	podido
que ellos	hubiesen	podido

Futuro imperfecto

que yo	pudiere
que tú	pudieres
que él	pudiere
que nos.	pudiéremos
que vos.	pudiereis
que ellos	pudieren

Futuro perfecto

que yo	hubiere	podido
que tú	hubieres	podido
que él	hubiere	podido
que nos.	hubiéremos	podido
que vos.	hubiereis	podido
que ellos	hubieren	podido

POTENCIAL

Simple

yo	podría
tú	podrías
él	podría
nos.	podríamos
vos.	podríais
ellos	podrían

Compuesto

yo	habría	podido
tú	habrías	podido
él	habría	podido
nos.	habríamos	podido
vos.	habríais	podido
ellos	habrían	podido

IMPERATIVO

Presente

—	podamos
puede	poded
pueda	puedan

INFINITIVO

poder   haber podido

GERUNDIO

pudiendo   habiendo podido

PARTICIPIO

podido

Poder (potere) è verbo irregolare che dittonga la *o* della radice in *ue* alla I, II e III persona sing. e III pl. del *presente de indicativo* e *de subjuntivo* e alla II e III sing. e III pl. dell'*imperativo*. Cambia la radice in *pud-* al *pretérito indefinido* e nei tempi derivati. *Futuro imperfecto de indicativo* e *potencial simple* hanno le forme: *yo podré...*; *yo podría*.

PONER

INDICATIVO

Presente

yo pongo
tú pones
él pone
nos. ponemos
vos. ponéis
ellos ponen

Pretérito perfecto

yo he puesto
tú has puesto
él ha puesto
nos. hemos puesto
vos. habéis puesto
ellos han puesto

Pretérito imperfecto

yo ponía
tú ponías
él ponía
nos. poníamos
vos. poníais
ellos ponían

Pretérito pluscuamperfecto

yo había puesto
tú habías puesto
él había puesto
nos. habíamos puesto
vos. habíais puesto
ellos habían puesto

Pretérito indefinido

yo puse
tú pusiste
él puso
nos. pusimos
vos. pusisteis
ellos pusieron

Pretérito anterior

yo hube puesto
tú hubiste puesto
él hubo puesto
nos. hubimos puesto
vos. hubisteis puesto
ellos hubieron puesto

Futuro imperfecto

yo pondré
tú pondrás
él pondrá
nos. pondremos
vos. pondréis
ellos pondrán

Futuro perfecto

yo habré puesto
tú habrás puesto
él habrá puesto
nos. habremos puesto
vos. habréis puesto
ellos habrán puesto

SUBJUNTIVO

Presente

que yo ponga
que tú pongas
que él ponga
que nos. pongamos
que vos. pongáis
que ellos pongan

Pretérito perfecto

que yo haya puesto
que tú hayas puesto
que él haya puesto
que nos. hayamos puesto
que vos. hayáis puesto
que ellos hayan puesto

Pretérito imperfecto

que yo pusiera
que tú pusieras
que él pusiera
que nos. pusiéramos
que vos. pusierais
que ellos pusieran

Seconda forma

que yo pusiese
que tú pusieses
que él pusiese
que nos. pusiésemos
que vos. pusieseis
que ellos pusiesen

Pretérito pluscuamperfecto

que yo hubiera puesto
que tú hubieras puesto
que él hubiera puesto
que nos. hubiéramos puesto
que vos. hubierais puesto
que ellos hubieran puesto

Seconda forma

que yo hubiese puesto
que tú hubieses puesto
que él hubiese puesto
que nos. hubiésemos puesto
que vos. hubieseis puesto
que ellos hubiesen puesto

Futuro imperfecto

que yo pusiere
que tú pusieres
que él pusiere
que nos. pusiéremos
que vos. pusiereis
que ellos pusieren

Futuro perfecto

que yo hubiere puesto
que tú hubieres puesto
que él hubiere puesto
que nos. hubiéremos puesto
que vos. hubiereis puesto
que ellos hubieren puesto

POTENCIAL

Simple

yo pondría
tú pondrías
él pondría
nos. pondríamos
vos. pondríais
ellos pondrían

Compuesto

yo habría puesto
tú habrías puesto
él habría puesto
nos. habríamos puesto
vos. habríais puesto
ellos habrían puesto

IMPERATIVO

Presente

— pongamos
pon poned
ponga pongan

INFINITIVO

poner haber puesto

GERUNDIO

poniendo habiendo puesto

PARTICIPIO

puesto

È verbo irregolare che modifica sia la radice sia la desinenza. La II persona sing. dell'imperativo fa *pon*. Come *poner* (porre, mettere) si coniugano tutti i suoi composti tra i quali *anteponer* (anteporre), *deponer* (deporre), *descomponer* (scomporre).

QUERER

INDICATIVO

Presente
yo quiero
tú quieres
él quiere
nos. queremos
vos. queréis
ellos quieren

Pretérito imperfecto
yo quería
tú querías
él quería
nos. queríamos
vos. queríais
ellos querían

Pretérito indefinido
yo quise
tú quisiste
él quiso
nos. quisimos
vos. quisisteis
ellos quisieron

Futuro imperfecto
yo querré
tú querrás
él querrá
nos. querremos
vos. querréis
ellos querrán

Pretérito perfecto
yo he querido
tú has querido
él ha querido
nos. hemos querido
vos. habéis querido
ellos han querido

Pretérito pluscuamperfecto
yo había querido
tú habías querido
él había querido
nos. habíamos querido
vos. habíais querido
ellos habían querido

Pretérito anterior
yo hube querido
tú hubiste querido
él hubo querido
nos. hubimos querido
vos. hubisteis querido
ellos hubieron querido

Futuro perfecto
yo habré querido
tú habrás querido
él habrá querido
nos. habremos querido
vos. habréis querido
ellos habrán querido

SUBJUNTIVO

Presente
que yo quiera
que tú quieras
que él quiera
que nos. queramos
que vos. queráis
que ellos quieran

Pretérito imperfecto
que yo quisiera
que tú quisieras
que él quisiera
que nos. quisiéramos
que vos. quisierais
que ellos quisieran

Pretérito pluscuamperfecto
que yo hubiera querido
que tú hubieras querido
que él hubiera querido
que nos. hubiéramos querido
que vos. hubierais querido
que ellos hubieran querido

Futuro imperfecto
que yo quisiere
que tú quisieres
que él quisiere
que nos. quisiéremos
que vos. quisiereis
que ellos quisieren

Pretérito perfecto
que yo haya querido
que tú hayas querido
que él haya querido
que nos. hayamos querido
que vos. hayáis querido
que ellos hayan querido

Seconda forma
que yo quisiese
que tú quisieses
que él quisiese
que nos. quisiésemos
que vos. quisieseis
que ellos quisiesen

Seconda forma
que yo hubiese querido
que tú hubieses querido
que él hubiese querido
que nos. hubiésemos querido
que vos. hubieseis querido
que ellos hubiesen querido

Futuro perfecto
que yo hubiere querido
que tú hubieres querido
que él hubiere querido
que nos. hubiéremos querido
que vos. hubiereis querido
que ellos hubieren querido

POTENCIAL

Simple
yo querría
tú querrías
él querría
nos. querríamos
vos. querríais
ellos querrían

Compuesto
yo habría querido
tú habrías querido
él habría querido
nos. habríamos querido
vos. habríais querido
ellos habrían querido

IMPERATIVO

Presente
— queramos
quiere quered
quiera quieran

INFINITIVO
querer haber querido

GERUNDIO
queriendo habiendo querido

PARTICIPIO
querido

Verbo irregolare che modifica sia la radice sia la desinenza. Quando *querer* è seguito dalla proposizione *a* significa ''amare'', senza preposizione significa ''volere''. Come *querer* si coniugano i suoi composti *bienquerer* (voler bene), *malquerer* (voler male).

RAER

INDICATIVO

Presente
yo rao/raigo/rayo
tú raes
él rae
nos. raemos
vos. raéis
ellos raen

Pretérito imperfecto
yo raía
tú raías
él raía
nos. raíamos
vos. raíais
ellos raían

Pretérito indefinido
yo raí
tú raiste
él rayó
nos. raímos
vos. raísteis
ellos rayeron

Futuro imperfecto
yo raeré
tú raerás
él raerá
nos. raeremos
vos. raeréis
ellos raerán

Pretérito perfecto
yo he raído
tú has raído
él ha raído
nos. hemos raído
vos. habéis raído
ellos han raído

Pretérito pluscuamperfecto
yo había raído
tú habías raído
él había raído
nos. habíamos raído
vos. habíais raído
ellos habían raído

Pretérito anterior
yo hube raído
tú hubiste raído
él hubo raído
nos. hubimos raído
vos. hubisteis raído
ellos hubieron raído

Futuro perfecto
yo habré raído
tú habrás raído
él habrá raído
nos. habremos raído
vos. habréis raído
ellos habrán raído

POTENCIAL

Simple
yo raería
tú raerías
él raería
nos. raeríamos
vos. raeríais
ellos raerían

Compuesto
yo habría raído
tú habrías raído
él habría raído
nos. habríamos raído
vos. habríais raído
ellos habrían raído

SUBJUNTIVO

Presente
que yo raiga/raya
que tú raigas/rayas
que él raiga/raya
que nos. raigamos/rayamos
que vos. raigáis/rayáis
que ellos raigan/rayan

Pretérito imperfecto
que yo rayera
que tú rayeras
que él rayera
que nos. rayéramos
que vos. rayerais
que ellos rayeran

Seconda forma
que yo rayese
que tú rayeses
que él rayese
que nos. rayésemos
que vos. rayeseis
que ellos rayesen

Pretérito pluscuamperfecto
que yo hubiera raído
que tú hubieras raído
que él hubiera raído
que nos. hubiéramos raído
que vos. hubierais raído
que ellos hubieran raído

Seconda forma
que yo hubiese raído
que tú hubieses raído
que él hubiese raído
que nos. hubiésemos raído
que vos. hubieseis raído
que ellos hubiesen raído

Futuro imperfecto
que yo rayere
que tú rayeres
que él rayere
que nos. rayéremos
que vos. rayereis
que ellos rayeren

Futuro perfecto
que yo hubiere raído
que tú hubieres raído
que él hubiere raído
que nos. hubiéremos raído
que vos. hubiereis raído
que ellos hubieren raído

Pretérito perfecto
que yo haya raído
que tú hayas raído
que él haya raído
que nos. hayamos raído
que vos. hayáis raído
que ellos hayan raído

IMPERATIVO

Presente
— raigamos/rayamos
rae raed
raiga/raya raigan/rayan

INFINITIVO

raer haber raído

GERUNDIO

rayendo habiendo raído

PARTICIPIO

raído

Raer (radere) è verbo irregolare, che alla I persona sing. del *presente de indicativo* ha tre forme (*yo rao/raigo/rayo*) e nel *presente de subjuntivo* e alla III persona sing. e I e III pl. dell'imperativo ne ha due (*que yo raiga/raya, raigan/rayan*). Solitamente queste forme irregolari non vengono usate perché hanno un suono sgradevole; al loro posto si usa un verbo sinonimo, come *afeitar*.

ROER

INDICATIVO

Presente
yo roo/roigo/royo
tú roes
él roe
nos. roemos
vos. roéis
ellos roen

Pretérito imperfecto
yo roía
tú roías
él roía
nos. roíamos
vos. roíais
ellos roían

Pretérito indefinido
yo roí
tú roiste
él royó
nos. roímos
vos. roísteis
ellos royeron

Futuro imperfecto
yo roeré
tú roerás
él roerá
nos. roeremos
vos. roeréis
ellos roerán

Pretérito perfecto
yo he roído
tú has roído
él ha roído
nos. hemos roído
vos. habéis roído
ellos han roído

Pretérito pluscuamperfecto
yo había roído
tú habías roído
él había roído
nos. habíamos roído
vos. habíais roído
ellos habían roído

Pretérito anterior
yo hube roído
tú hubiste roído
él hubo roído
nos. hubimos roído
vos. hubisteis roído
ellos hubieron roído

Futuro perfecto
yo habré roído
tú habrás roído
él habrá roído
nos. habremos roído
vos. habréis roído
ellos habrán roído

POTENCIAL

Simple
yo roería
tú roerías
él roería
nos. roeríamos
vos. roeríais
ellos roerían

Compuesto
yo habría roído
tú habrías roído
él habría roído
nos. habríamos roído
vos. habríais roído
ellos habrían roído

SUBJUNTIVO

Presente
que yo roa/roiga/roya
que tú roas/roigas/royas
que él roa/roiga/roya
que nos. roamos/roigamos/royamos
que vos. roáis/roigáis/royáis
que ellos roan/roigan/royan

Pretérito imperfecto
que yo royera
que tú royeras
que él royera
que nos. royéramos
que vos. royerais
que ellos royeran

Seconda forma
que yo royese
que tú royeses
que él royese
que nos. royésemos
que vos. royeseis
que ellos royesen

Pretérito pluscuamperfecto
que yo hubiera roído
que tú hubieras roído
que él hubiera roído
que nos. hubiéramos roído
que vos. hubierais roído
que ellos hubieran roído

Seconda forma
que yo hubiese roído
que tú hubieses roído
que él hubiese roído
que nos. hubiésemos roído
que vos. hubieseis roído
que ellos hubiesen roído

Futuro imperfecto
que yo royere
que tú royeres
que él royere
que nos. royéremos
que vos. royereis
que ellos royeren

Pretérito perfecto
que yo haya roído
que tú hayas roído
que él haya roído
que nos. hayamos roído
que vos. hayáis roído
que ellos hayan roído

Futuro perfecto
que yo hubiere roído
que tú hubieres roído
que él hubiere roído
que nos. hubiéremos roído
que vos. hubiereis roído
que ellos hubieren roído

IMPERATIVO

Presente
—
roe
roa/roiga/roya
roamos/roigamos/royamos
roed
roan/roigan/royan

INFINITIVO
roer haber roído

GERUNDIO
royendo habiendo roído

PARTICIPIO roído

Roder (rodere) è verbo irregolare che alla I persona sing. del *presente de indicativo*, nel *presente de subjuntivo*, alla III persona sing. e II e III pl. dell'*imperativo* ha tre forme, di cui due irregolari: *yo roo/roigo/royo*; *que yo roa/roiga/roya roan/roigan/royan. La forma roo* solitamente non viene usata perché ha un suono sgradevole.

SABER

INDICATIVO

Presente
yo sé
tú sabes
él sabe
nos. sabemos
vos. sabéis
ellos saben

Pretérito imperfecto
yo sabía
tú sabías
él sabía
nos. sabíamos
vos. sabíais
ellos sabían

Pretérito indefinido
yo supe
tú supiste
él supo
nos. supimos
vos. supisteis
ellos supieron

Futuro imperfecto
yo sabré
tú sabrás
él sabrá
nos. sabremos
vos. sabréis
ellos sabrán

Pretérito perfecto
yo he sabido
tú has sabido
él ha sabido
nos. hemos sabido
vos. habéis sabido
ellos han sabido

Pretérito pluscuamperfecto
yo había sabido
tú habías sabido
él había sabido
nos. habíamos sabido
vos. habíais sabido
ellos habían sabido

Pretérito anterior
yo hube sabido
tú hubiste sabido
él hubo sabido
nos. hubimos sabido
vos. hubisteis sabido
ellos hubieron sabido

Futuro perfecto
yo habré sabido
tú habrás sabido
él habrá sabido
nos. habremos sabido
vos. habréis sabido
ellos habrán sabido

POTENCIAL

Simple
yo sabría
tú sabrías
él sabría
nos. sabríamos
vos. sabríais
ellos sabrían

Compuesto
yo habría sabido
tú habrías sabido
él habría sabido
nos. habríamos sabido
vos. habríais sabido
ellos habrían sabido

SUBJUNTIVO

Presente
que yo sepa
que tú sepas
que él sepa
que nos. sepamos
que vos. sepáis
que ellos sepan

Pretérito imperfecto
que yo supiera
que tú supieras
que él supiera
que nos. supiéramos
que vos. supierais
que ellos supieran

Seconda forma
que yo supiese
que tú supieses
que él supiese
que nos. supiésemos
que vos. supieseis
que ellos supiesen

Pretérito pluscuamperfecto
que yo hubiera sabido
que tú hubieras sabido
que él hubiera sabido
que nos. hubiéramos sabido
que vos. hubierais sabido
que ellos hubieran sabido

Seconda forma
que yo hubiese sabido
que tú hubieses sabido
que él hubiese sabido
que nos. hubiésemos sabido
que vos. hubieseis sabido
que ellos hubiesen sabido

Futuro imperfecto
que yo supiere
que tú supieres
que él supiere
que nos. supiéremos
que vos. supiereis
que ellos supieren

Pretérito perfecto
que yo haya sabido
que tú hayas sabido
que él haya sabido
que nos. hayamos sabido
que vos. hayáis sabido
que ellos hayan sabido

Futuro perfecto
que yo hubiere sabido
que tú hubieres sabido
que él hubiere sabido
que nos. hubiéremos sabido
que vos. hubiereis sabido
que ellos hubieren sabido

IMPERATIVO

Presente
— sepamos
sabe sabed
sepa sepan

INFINITIVO
saber haber sabido

GERUNDIO
sabiendo habiendo sabido

PARTICIPIO
sabido

Saber (sapere) modifica sia la radice sia la desinenza. È irregolare alla I persona sing. del *presente de indicativo* (*yo sé*). Ha tre radici: *sup-* nel *pretérito indefinido* e nei tempi derivati, *sabr-* nel *futuro imperfecto de indicativo* e al *potencial simple*, *sep-* nel *presente de subjuntivo* e alla III persona sing e I e III pl. dell'*imperativo*. Così si coniuga *resaber* (saper bene).

TENER

INDICATIVO

Presente	Pretérito imperfecto	Pretérito indefinido	Futuro imperfecto
yo tengo	*yo* tenía	*yo* tuve	*yo* tendré
tú tienes	*tú* tenías	*tú* tuviste	*tú* tendrás
él tiene	*él* tenía	*él* tuvo	*él* tendrá
nos. tenemos	*nos.* teníamos	*nos.* tuvimos	*nos.* tendremos
vos. tenéis	*vos.* teníais	*vos.* tuvisteis	*vos.* tendréis
ellos tienen	*ellos* tenían	*ellos* tuvieron	*ellos* tendrán

Pretérito perfecto	Pretérito pluscuamperfecto	Pretérito anterior	Futuro perfecto
yo he tenido	*yo* había tenido	*yo* hube tenido	*yo* habré tenido
tú has tenido	*tú* habías tenido	*tú* hubiste tenido	*tú* habrás tenido
él ha tenido	*él* había tenido	*él* hubo tenido	*él* habrá tenido
nos. hemos tenido	*nos.* habíamos tenido	*nos.* hubimos tenido	*nos.* habremos tenido
vos. habéis tenido	*vos.* habíais tenido	*vos.* hubisteis tenido	*vos.* habréis tenido
ellos han tenido	*ellos* habían tenido	*ellos* hubieron tenido	*ellos* habrán tenido

POTENCIAL

Simple	Compuesto
yo tendría	*yo* habría tenido
tú tendrías	*tú* habrías tenido
él tendría	*él* habría tenido
nos. tendríamos	*nos.* habríamos tenido
vos. tendríais	*vos.* habríais tenido
ellos tendrían	*ellos* habrían tenido

SUBJUNTIVO

Presente	Pretérito imperfecto	Pretérito pluscuamperfecto	Futuro imperfecto
que yo tenga	*que yo* tuviera	*que yo* hubiera tenido	*que yo* tuviere
que tú tengas	*que tú* tuvieras	*que tú* hubieras tenido	*que tú* tuvieres
que él tenga	*que él* tuviera	*que él* hubiera tenido	*que él* tuviere
que nos. tengamos	*que nos.* tuviéramos	*que nos.* hubiéramos tenido	*que nos.* tuviéremos
que vos. tengáis	*que vos.* tuvierais	*que vos.* hubierais tenido	*que vos.* tuviereis
que ellos tengan	*que ellos* tuvieran	*que ellos* hubieran tenido	*que ellos* tuvieren

Pretérito perfecto	*Seconda forma*	*Seconda forma*	Futuro perfecto
que yo haya tenido	*que yo* tuviese	*que yo* hubiese tenido	*que yo* hubiere tenido
que tú hayas tenido	*que tú* tuvieses	*que tú* hubieses tenido	*que tú* hubieres tenido
que él haya tenido	*que él* tuviese	*que él* hubiese tenido	*que él* hubiere tenido
que nos. hayamos tenido	*que nos.* tuviésemos	*que nos.* hubiésemos tenido	*que nos.* hubiéremos tenido
que vos. hayáis tenido	*que vos.* tuvieseis	*que vos.* hubieseis tenido	*que vos.* hubiereis tenido
que ellos hayan tenido	*que ellos* tuviesen	*que ellos* hubiesen tenido	*que ellos* hubieren tenido

IMPERATIVO

Presente

—	tengamos
ten	tened
tenga	tengan

INFINITIVO

tener haber tenido

GERUNDIO

teniendo habiendo tenido

PARTICIPIO

tenido

Tener (avere, tenere) è un verbo irregolare che modifica sia la radice sia la desinenza. La II persona sing. dell'*imperativo* fa *ten*. Esprime possesso; traduce l'italiano *avere* quando non è ausiliare. Se *tener* viene usato come ausiliare il *participio pasado* concorda con il complemento oggetto (*Tengo escritas veinte cartas* Ho già scritto venti lettere).

TRAER

INDICATIVO

Presente
yo traigo
tú traes
él trae
nos. traemos
vos. traéis
ellos traen

Pretérito imperfecto
yo traía
tú traías
él traía
nos. traíamos
vos. traíais
ellos traían

Pretérito indefinido
yo traje
tú trajiste
él trajo
nos. trajimos
vos. trajisteis
ellos trajeron

Futuro imperfecto
yo traeré
tú traerás
él traerá
nos. traeremos
vos. traeréis
ellos traerán

Pretérito perfecto
yo he traído
tú has traído
él ha traído
nos. hemos traído
vos. habéis traído
ellos han traído

Pretérito pluscuamperfecto
yo había traído
tú habías traído
él había traído
nos. habíamos traído
vos. habíais traído
ellos habían traído

Pretérito anterior
yo hube traído
tú hubiste traído
él hubo traído
nos. hubimos traído
vos. hubisteis traído
ellos hubieron traído

Futuro perfecto
yo habré traído
tú habrás traído
él habrá traído
nos. habremos traído
vos. habréis traído
ellos habrán traído

POTENCIAL

Simple
yo traería
tú traerías
él traería
nos. traeríamos
vos. traeríais
ellos traerían

Compuesto
yo habría traído
tú habrías traído
él habría traído
nos. habríamos traído
vos. habríais traído
ellos habrían traído

SUBJUNTIVO

Presente
que yo traiga
que tú traigas
que él traiga
que nos. traigamos
que vos. traigáis
que ellos traigan

Pretérito imperfecto
que yo trajera
que tú trajeras
que él trajera
que nos. trajéramos
que vos. trajerais
que ellos trajeran

Seconda forma
que yo trajese
que tú trajeses
que él trajese
que nos. trajésemos
que vos. trajeseis
que ellos trajesen

Pretérito pluscuamperfecto
que yo hubiera traído
que tú hubieras traído
que él hubiera traído
que nos. hubiéramos traído
que vos. hubierais traído
que ellos hubieran traído

Seconda forma
que yo hubiese traído
que tú hubieses traído
que él hubiese traído
que nos. hubiésemos traído
que vos. hubieseis traído
que ellos hubiesen traído

Futuro imperfecto
que yo trajere
que tú trajeres
que él trajere
que nos. trajéremos
que vos. trajereis
que ellos trajeren

Pretérito perfecto
que yo haya traído
que tú hayas traído
que él haya traído
que nos. hayamos traído
que vos. hayáis traído
que ellos hayan traído

Futuro perfecto
que yo hubiere traído
que tú hubieres traído
que él hubiere traído
que nos. hubiéremos traído
que vos. hubiereis traído
que ellos hubieren traído

IMPERATIVO

Presente
— traigamos
trae traed
traiga traigan

INFINITIVO

traer haber traído

GERUNDIO

trayendo habiendo traído

PARTICIPIO

traído

È verbo irregolare che modifica sia la radice sia la desinenza. Il gerundio fa *trayendo*. Come *traer* (trarre) si coniugano i suoi composti: *abstraer* (astrarre), *atraer* (attrarre), *contraer* (contrarre).

VALER

INDICATIVO

Presente	Pretérito imperfecto	Pretérito indefinido	Futuro imperfecto
yo valgo	*yo* valía	*yo* valí	*yo* valdré
tú vales	*tú* valías	*tú* valiste	*tú* valdrás
él vale	*él* valía	*él* valió	*él* valdrá
nos. valemos	*nos.* valíamos	*nos.* valimos	*nos.* valdremos
vos. valéis	*vos.* valíais	*vos.* valisteis	*vos.* valdréis
ellos valen	*ellos* valían	*ellos* valieron	*ellos* valdrán

Pretérito perfecto	Pretérito pluscuamperfecto	Pretérito anterior	Futuro perfecto
yo he valido	*yo* había valido	*yo* hube valido	*yo* habré valido
tú has valido	*tú* habías valido	*tú* hubiste valido	*tú* habrás valido
él ha valido	*él* había valido	*él* hubo valido	*él* habrá valido
nos. hemos valido	*nos.* habíamos valido	*nos.* hubimos valido	*nos.* habremos valido
vos. habéis valido	*vos.* habíais valido	*vos.* hubisteis valido	*vos.* habréis valido
ellos han valido	*ellos* habían valido	*ellos* hubieron valido	*ellos* habrán valido

POTENCIAL

Simple	Compuesto
yo valdría	*yo* habría valido
tú valdrías	*tú* habrías valido
él valdría	*él* habría valido
nos. valdríamos	*nos.* habríamos valido
vos. valdríais	*vos.* habríais valido
ellos valdrían	*ellos* habrían valido

SUBJUNTIVO

Presente	Pretérito imperfecto	Pretérito pluscuamperfecto	Futuro imperfecto
que yo valga	*que yo* valiera	*que yo* hubiera valido	*que yo* valiere
que tú valgas	*que tú* valieras	*que tú* hubieras valido	*que tú* valieres
que él valga	*que él* valiera	*que él* hubiera valido	*que él* valiere
que nos. valgamos	*que nos.* valiéramos	*que nos.* hubiéramos valido	*que nos.* valiéremos
que vos. valgáis	*que vos.* valierais	*que vos.* hubierais valido	*que vos.* valiereis
que ellos valgan	*que ellos* valieran	*que ellos* hubieran valido	*que ellos* valieren

Pretérito perfecto	*Seconda forma*	*Seconda forma*	Futuro perfecto
que yo haya valido	*que yo* valiese	*que yo* hubiese valido	*que yo* hubiere valido
que tú hayas valido	*que tú* valieses	*que tú* hubieses valido	*que tú* hubieres valido
que él haya valido	*que él* valiese	*que él* hubiese valido	*que él* hubiere valido
que nos. hayamos valido	*que nos.* valiésemos	*que nos.* hubiésemos valido	*que nos.* hubiéremos valido
que vos. hayáis valido	*que vos.* valieseis	*que vos.* hubieseis valido	*que vos.* hubiereis valido
que ellos hayan valido	*que ellos* valiesen	*que ellos* hubiesen valido	*que ellos* hubieren valido

IMPERATIVO

Presente

—	valgamos
val o vale	valed
valga	valgan

INFINITIVO

valer   haber valido

GERUNDIO

valiendo   habiendo valido

PARTICIPIO

valido

È verbo irregolare che aggiunge una *-g-* davanti alle desinenze che iniziano per *o* o per *a*, cioè alla I persona sing. del *presente de indicativo* e nei tempi da esso derivati (*yo valgo*, *que tú valgas*, *valgan*). Nel *futuro imperfecto de indicativo* e nel *potencial simple* fa *yo valdré...*, *yo valdría...* Come *valer* (valere) si coniugano *equivaler* (equivalere) e *prevaler* (prevalere).

VER

INDICATIVO

Presente	Pretérito imperfecto	Pretérito indefinido	Futuro imperfecto
yo veo	*yo* veía	*yo* vi	*yo* veré
tú ves	*tú* veías	*tú* viste	*tú* verás
él ve	*él* veía	*él* vio	*él* verá
nos. vemos	*nos.* veíamos	*nos.* vimos	*nos.* veremos
vos. véis	*vos.* veíais	*vos.* visteis	*vos.* veréis
ellos ven	*ellos* veían	*ellos* vieron	*ellos* verán

Pretérito perfecto	Pretérito pluscuamperfecto	Pretérito anterior	Futuro perfecto
yo he visto	*yo* había visto	*yo* hube visto	*yo* habré visto
tú has visto	*tú* habías visto	*tú* hubiste visto	*tú* habrás visto
él ha visto	*él* había visto	*él* hubo visto	*él* habrá visto
nos. hemos visto	*nos.* habíamos visto	*nos.* hubimos visto	*nos.* habremos visto
vos. habéis visto	*vos.* habíais visto	*vos.* hubisteis visto	*vos.* habréis visto
ellos han visto	*ellos* habían visto	*ellos* hubieron visto	*ellos* habrán visto

POTENCIAL

Simple	Compuesto
yo vería	*yo* habría visto
tú verías	*tú* habrías visto
él vería	*él* habría visto
nos. veríamos	*nos.* habríamos visto
vos. veríais	*vos.* habríais visto
ellos verían	*ellos* habrían visto

SUBJUNTIVO

Presente	Pretérito imperfecto	Pretérito pluscuamperfecto	Futuro imperfecto
que yo vea	*que yo* viera	*que yo* hubiera visto	*que yo* viere
que tú veas	*que tú* vieras	*que tú* hubieras visto	*que tú* vieres
que él vea	*que él* viera	*que él* hubiera visto	*que él* viere
que nos. veamos	*que nos.* viéramos	*que nos.* hubiéramos visto	*que nos.* viéremos
que vos. veáis	*que vos.* vierais	*que vos.* hubierais visto	*que vos.* viereis
que ellos vean	*que ellos* vieran	*que ellos* hubieran visto	*que ellos* vieren

Pretérito perfecto	*Seconda forma*	*Seconda forma*	Futuro perfecto
que yo haya visto	*que yo* viese	*que yo* hubiese visto	*que yo* hubiere visto
que tú hayas visto	*que tú* vieses	*que tú* hubieses visto	*que tú* hubieres visto
que él haya visto	*que él* viese	*que él* hubiese visto	*que él* hubiere visto
que nos. hayamos visto	*que nos.* viésemos	*que nos.* hubiésemos visto	*que nos.* hubiéremos visto
que vos. hayáis visto	*que vos.* vieseis	*que vos.* hubieseis visto	*que vos.* hubiereis visto
que ellos hayan visto	*que ellos* viesen	*que ellos* hubiesen visto	*que ellos* hubieren visto

IMPERATIVO

Presente

—	veamos
ve	ved
vea	vean

INFINITIVO

ver   haber visto

GERUNDIO

viendo   habiendo visto

PARTICIPIO

visto

Verbo irregolare che inserisce una *e* tra radice e desinenza alla I persona sing. del *presente* e nel *pretérito imperfecto de indicativo*, nel *presente de subjuntivo*, alla III persona sing. e I e III pl. dell'*imperativo* (*yo veo*, *tú veías*, *que él vea*, vean). Il *participio* è *visto*. *Entrever* (intravvedere), *prever* (prevedere), *rever* (rivedere) si coniugano come *ver* (vedere) ma accentano le voci bisillabe tronche (*tú revés*). *Proveer* (provvedere) è regolare (v. pag. 111).

PARTIR

INDICATIVO

Presente
yo parto
tú partes
él parte
nos. partimos
vos. partís
ellos parten

Pretérito imperfecto
yo partía
tú partías
él partía
nos. partíamos
vos. partíais
ellos partían

Pretérito indefinido
yo partí
tú partiste
él partió
nos. partimos
vos. partisteis
ellos partieron

Futuro imperfecto
yo partiré
tú partirás
él partirá
nos. partiremos
vos. partiréis
ellos partirán

Pretérito perfecto
yo he partido
tú has partido
él ha partido
nos. hemos partido
vos. habéis partido
ellos han partido

Pretérito pluscuamperfecto
yo había partido
tú habías partido
él había partido
nos. habíamos partido
vos. habíais partido
ellos habían partido

Pretérito anterior
yo hube partido
tú hubiste partido
él hubo partido
nos. hubimos partido
vos. hubisteis partido
ellos hubieron partido

Futuro perfecto
yo habré partido
tú habrás partido
él habrá partido
nos. habremos partido
vos. habréis partido
ellos habrán partido

SUBJUNTIVO

Presente
que yo parta
que tú partas
que él parta
que nos. partamos
que vos. partáis
que ellos partan

Pretérito imperfecto
que yo partiera
que tú partieras
que él partiera
que nos. partiéramos
que vos. partierais
que ellos partieran

Seconda forma
que yo partiese
que tú partieses
que él partiese
que nos. partiésemos
que vos. partieseis
que ellos partiesen

Pretérito pluscuamperfecto
que yo hubiera partido
que tú hubieras partido
que él hubiera partido
que nos. hubiéramos partido
que vos. hubierais partido
que ellos hubieran partido

Seconda forma
que yo hubiese partido
que tú hubieses partido
que él hubiese partido
que nos. hubiésemos partido
que vos. hubieseis partido
que ellos hubiesen partido

Futuro imperfecto
que yo partiere
que tú partieres
que él partiere
que nos. partiéremos
que vos. partiereis
que ellos partieren

Pretérito perfecto
que yo haya partido
que tú hayas partido
que él haya partido
que nos. hayamos partido
que vos. hayáis partido
que ellos hayan partido

Futuro perfecto
que yo hubiere partido
que tú hubieres partido
que él hubiere partido
que nos. hubiéremos partido
que vos. hubiereis partido
que ellos hubieren partido

POTENCIAL

Simple
yo partiría
tú partirías
él partiría
nos. partiríamos
vos. partiríais
ellos partirían

Compuesto
yo habría partido
tú habrías partido
él habría partido
nos. habríamos partido
vos. habríais partido
ellos habrían partido

IMPERATIVO

Presente
— partamos
parte partid
parta partan

INFINITIVO
partir haber partido

GERUNDIO
partiendo habiendo partido

PARTICIPIO
partido

Partir (partire) è il verbo modello della 3ª coniugazione. Così si coniugano tutti i verbi regolari terminanti in *-ir*.

PROHIBIR

INDICATIVO

Presente

yo prohíbo
tú prohíbes
él prohíbe
nos. prohibimos
vos. prohibís
ellos prohíben

Pretérito imperfecto

yo prohibía
tú prohibías
él prohibía
nos. prohibíamos
vos. prohibíais
ellos prohibían

Pretérito indefinido

yo prohibí
tú prohibiste
él prohibió
nos. prohibimos
vos. prohibisteis
ellos prohibieron

Futuro imperfecto

yo prohibiré
tú prohibirás
él prohibirá
nos. prohibiremos
vos. prohibiréis
ellos prohibirán

Pretérito perfecto

yo he prohibido
tú has prohibido
él ha prohibido
nos. hemos prohibido
vos. habéis prohibido
ellos han prohibido

Pretérito pluscuamperfecto

yo había prohibido
tú habías prohibido
él había prohibido
nos. habíamos prohibido
vos. habíais prohibido
ellos habían prohibido

Pretérito anterior

yo hube prohibido
tú hubiste prohibido
él hubo prohibido
nos. hubimos prohibido
vos. hubisteis prohibido
ellos hubieron prohibido

Futuro perfecto

yo habré prohibido
tú habrás prohibido
él habrá prohibido
nos. habremos prohibido
vos. habréis prohibido
ellos habrán prohibido

SUBJUNTIVO

Presente

que yo prohíba
que tú prohíbas
que él prohíba
que nos. prohibamos
que vos. prohibáis
que ellos prohíban

Pretérito imperfecto

que yo prohibiera
que tú prohibieras
que él prohibiera
que nos. prohibiéramos
que vos. prohibierais
que ellos prohibieran

Seconda forma

que yo prohibiese
que tú prohibieses
que él prohibiese
que nos. prohibiésemos
que vos. prohibieseis
que ellos prohibiesen

Pretérito pluscuamperfecto

que yo hubiera prohibido
que tú hubieras prohibido
que él hubiera prohibido
que nos. hubiéramos prohibido
que vos. hubierais prohibido
que ellos hubieran prohibido

Seconda forma

que yo hubiese prohibido
que tú hubieses prohibido
que él hubiese prohibido
que nos. hubiésemos prohibido
que vos. hubieseis prohibido
que ellos hubiesen prohibido

Futuro imperfecto

que yo prohibiere
que tú prohibieres
que él prohibiere
que nos. prohibiéremos
que vos. prohibiereis
que ellos prohibieren

Pretérito perfecto

que yo haya prohibido
que tú hayas prohibido
que él haya prohibido
que nos. hayamos prohibido
que vos. hayáis prohibido
que ellos hayan prohibido

Futuro perfecto

que yo hubiere prohibido
que tú hubieres prohibido
que él hubiere prohibido
que nos. hubiéremos prohibido
que vos. hubiereis prohibido
que ellos hubieren prohibido

POTENCIAL

Simple

yo prohibiría
tú prohibirías
él prohibiría
nos. prohibiríamos
vos. prohibiríais
ellos prohibirían

Compuesto

yo habría prohibido
tú habrías prohibido
él habría prohibido
nos. habríamos prohibido
vos. habríais prohibido
ellos habrían prohibido

IMPERATIVO

Presente

—	prohibamos
prohíbe	prohibid
prohíba	prohíban

INFINITIVO

prohibir haber prohibido

GERUNDIO

prohibiendo habiendo prohibido

PARTICIPIO

prohibido

Prohibir (proibire) è verbo regolare che prende un accento sulla *i* della radice alla I, II e III persona sing. e alla III pl. del *presente de indicativo* e *de subjuntivo*, alla II e III persona sing. e III pl. dell'*imperativo* (*yo prohíbo*, *que tú prohíbas*, *prohíbe*).

REUNIR

INDICATIVO

Presente

yo reúno
tú reúnes
él reúne
nos. reunimos
vos. reunís
ellos reúnen

Pretérito imperfecto

yo reunía
tú reunías
él reunía
nos. reuníamos
vos. reuníais
ellos reunían

Pretérito indefinido

yo reuní
tú reuniste
él reunió
nos. reunimos
vos. reunisteis
ellos reunieron

Futuro imperfecto

yo reuniré
tú reunirás
él reunirá
nos. reuniremos
vos. reuniréis
ellos reunirán

Pretérito perfecto

yo he reunido
tú has reunido
él ha reunido
nos. hemos reunido
vos. habéis reunido
ellos han reunido

Pretérito pluscuamperfecto

yo había reunido
tú habías reunido
él había reunido
nos. habíamos reunido
vos. habíais reunido
ellos habían reunido

Pretérito anterior

yo hube reunido
tú hubiste reunido
él hubo reunido
nos. hubimos reunido
vos. hubisteis reunido
ellos hubieron reunido

Futuro perfecto

yo habré reunido
tú habrás reunido
él habrá reunido
nos. habremos reunido
vos. habréis reunido
ellos habrán reunido

SUBJUNTIVO

Presente

que yo reúna
que tú reúnas
que él reúna
que nos. reunamos
que vos. reunáis
que ellos reúnan

Pretérito imperfecto

que yo reuniera
que tú reunieras
que él reuniera
que nos. reuniéramos
que vos. reunierais
que ellos reunieran

Seconda forma

que yo reuniese
que tú reunieses
que él reuniese
que nos. reuniésemos
que vos. reunieseis
que ellos reuniesen

Pretérito pluscuamperfecto

que yo hubiera reunido
que tú hubieras reunido
que él hubiera reunido
que nos. hubiéramos reunido
que vos. hubierais reunido
que ellos hubieran reunido

Seconda forma

que yo hubiese reunido
que tú hubieses reunido
que él hubiese reunido
que nos. hubiésemos reunido
que vos. hubieseis reunido
que ellos hubiesen reunido

Futuro imperfecto

que yo reuniere
que tú reunieres
que él reuniere
que nos. reuniéremos
que vos. reuniereis
que ellos reunieren

Pretérito perfecto

que yo haya reunido
que tú hayas reunido
que él haya reunido
que nos. hayamos reunido
que vos. hayáis reunido
que ellos hayan reunido

Futuro perfecto

que yo hubiere reunido
que tú hubieres reunido
que él hubiere reunido
que nos. hubiéremos reunido
que vos. hubiereis reunido
que ellos hubieren reunido

POTENCIAL

Simple

yo reuniría
tú reunirías
él reuniría
nos. reuniríamos
vos. reuniríais
ellos reunirían

Compuesto

yo habría reunido
tú habrías reunido
él habría reunido
nos. habríamos reunido
vos. habríais reunido
ellos habrían reunido

IMPERATIVO

Presente

— reunamos
reúne reunid
reúna reúnan

INFINITIVO

reunir haber reunido

GERUNDIO

reuniendo habiendo reunido

PARTICIPIO

reunido

Reunir (riunire) è verbo regolare che prende un accento sulla *u* della radice alla I, II e III persona sing. e alla III pl. del *presente de indicativo* e *de subjuntivo*, alla II e III persona sing. e III pl. dell'*imperativo* (*yo reúno*, *que él reú*na, *reúne*).

ZURCIR

INDICATIVO

Presente
yo zurzo
tú zurces
él zurce
nos. zurcimos
vos. zurcís
ellos zurcen

Pretérito imperfecto
yo zurcía
tú zurcías
él zurcía
nos. zurcíamos
vos. zurcíais
ellos zurcían

Pretérito indefinido
yo zurcí
tú zurciste
él zurció
nos. zurcimos
vos. zurcisteis
ellos zurcieron

Futuro imperfecto
yo zurciré
tú zurcirás
él zurcirá
nos. zurciremos
vos. zurciréis
ellos zurcirán

Pretérito perfecto
yo he zurcido
tú has zurcido
él ha zurcido
nos. hemos zurcido
vos. habéis zurcido
ellos han zurcido

Pretérito pluscuamperfecto
yo había zurcido
tú habías zurcido
él había zurcido
nos. habíamos zurcido
vos. habíais zurcido
ellos habían zurcido

Pretérito anterior
yo hube zurcido
tú hubiste zurcido
él hubo zurcido
nos. hubimos zurcido
vos. hubisteis zurcido
ellos hubieron zurcido

Futuro perfecto
yo habré zurcido
tú habrás zurcido
él habrá zurcido
nos. habremos zurcido
vos. habréis zurcido
ellos habrán zurcido

SUBJUNTIVO

Presente
que yo zurza
que tú zurzas
que él zurza
que nos. zurzamos
que vos. zurzáis
que ellos zurzan

Pretérito imperfecto
que yo zurciera
que tú zurcieras
que él zurciera
que nos. zurciéramos
que vos. zurcierais
que ellos zurcieran

Seconda forma
que yo zurciese
que tú zurcieses
que él zurciese
que nos. zurciésemos
que vos. zurcieseis
que ellos zurciesen

Pretérito pluscuamperfecto
que yo hubiera zurcido
que tú hubieras zurcido
que él hubiera zurcido
que nos. hubiéramos zurcido
que vos. hubierais zurcido
que ellos hubieran zurcido

Seconda forma
que yo hubiese zurcido
que tú hubieses zurcido
que él hubiese zurcido
que nos. hubiésemos zurcido
que vos. hubieseis zurcido
que ellos hubiesen zurcido

Futuro imperfecto
que yo zurciere
que tú zurcieres
que él zurciere
que nos. zurciéremos
que vos. zurciereis
que ellos zurcieren

Pretérito perfecto
que yo haya zurcido
que tú hayas zurcido
que él haya zurcido
que nos. hayamos zurcido
que vos. hayáis zurcido
que ellos hayan zurcido

Futuro perfecto
que yo hubiere zurcido
que tú hubieres zurcido
que él hubiere zurcido
que nos. hubiéremos zurcido
que vos. hubiereis zurcido
que ellos hubieren zurcido

POTENCIAL

Simple
yo zurciría
tú zurcirías
él zurciría
nos. zurciríamos
vos. zurciríais
ellos zurcirían

Compuesto
yo habría zurcido
tú habrías zurcido
él habría zurcido
nos. habríamos zurcido
vos. habríais zurcido
ellos habrían zurcido

IMPERATIVO

Presente
— zurzamos
zurce zurcid
zurza zurzan

INFINITIVO
zurcir haber zurcido

GERUNDIO
zurciendo habiendo zurcido

PARTICIPIO
zurcido

I verbi in *-cir*, come *zurcir* (rammendare), per mantenere inalterato il suono fricativo interdentale, cambiano la *c* in *z* quando la desinenza inizia per *a* o per *o*, e cioè alla I persona sing. del *presente de indicativo*, nel *presente de subjuntivo*, alla III persona sing. e alla I e III pl. dell'*imperativo* (*yo zurzo*, *que él zurza*, *zurzamos*).

FINGIR

INDICATIVO

Presente

yo	finjo
tú	finges
él	finge
nos.	fingimos
vos.	fingís
ellos	fingen

Pretérito imperfecto

yo	fingía
tú	fingías
él	fingía
nos.	fingíamos
vos.	fingíais
ellos	fingían

Pretérito indefinido

yo	fingí
tú	fingiste
él	fingió
nos.	fingimos
vos.	fingisteis
ellos	fingieron

Futuro imperfecto

yo	fingiré
tú	fingirás
él	fingirá
nos.	fingiremos
vos.	fingiréis
ellos	fingirán

Pretérito perfecto

yo	he	fingido
tú	has	fingido
él	ha	fingido
nos.	hemos	fingido
vos.	habéis	fingido
ellos	han	fingido

Pretérito pluscuamperfecto

yo	había	fingido
tú	habías	fingido
él	había	fingido
nos.	habíamos	fingido
vos.	habíais	fingido
ellos	habían	fingido

Pretérito anterior

yo	hube	fingido
tú	hubiste	fingido
él	hubo	fingido
nos.	hubimos	fingido
vos.	hubisteis	fingido
ellos	hubieron	fingido

Futuro perfecto

yo	habré	fingido
tú	habrás	fingido
él	habrá	fingido
nos.	habremos	fingido
vos.	habréis	fingido
ellos	habrán	fingido

POTENCIAL

Simple

yo	fingiría
tú	fingirías
él	fingiría
nos.	fingiríamos
vos.	fingiríais
ellos	fingirían

Compuesto

yo	habría	fingido
tú	habrías	fingido
él	habría	fingido
nos.	habríamos	fingido
vos.	habríais	fingido
ellos	habrían	fingido

SUBJUNTIVO

Presente

que yo	finja
que tú	finjas
que él	finja
que nos.	finjamos
que vos.	finjáis
que ellos	finjan

Pretérito imperfecto

que yo	fingiera
que tú	fingieras
que él	fingiera
que nos.	fingiéramos
que vos.	fingierais
que ellos	fingieran

Seconda forma

que yo	fingiese
que tú	fingieses
que él	fingiese
que nos.	fingiésemos
que vos.	fingieseis
que ellos	fingiesen

Pretérito pluscuamperfecto

que yo	hubiera	fingido
que tú	hubieras	fingido
que él	hubiera	fingido
que nos.	hubiéramos	fingido
que vos.	hubierais	fingido
que ellos	hubieran	fingido

Seconda forma

que yo	hubiese	fingido
que tú	hubieses	fingido
que él	hubiese	fingido
que nos.	hubiésemos	fingido
que vos.	hubieseis	fingido
que ellos	hubiesen	fingido

Futuro imperfecto

que yo	fingiere
que tú	fingieres
que él	fingiere
que nos.	fingiéremos
que vos.	fingiereis
que ellos	fingieren

Pretérito perfecto

que yo	haya	fingido
que tú	hayas	fingido
que él	haya	fingido
que nos.	hayamos	fingido
que vos.	hayáis	fingido
que ellos	hayan	fingido

Futuro perfecto

que yo	hubiere	fingido
que tú	hubieres	fingido
que él	hubiere	fingido
que nos.	hubiéremos	fingido
que vos.	hubiereis	fingido
que ellos	hubieren	fingido

IMPERATIVO

Presente

—	finjamos
finge	fingid
finja	finjan

INFINITIVO

fingir   haber fingido

GERUNDIO

fingiendo   habiendo fingido

PARTICIPIO

fingido

I verbi in *-gir*, come *fingir* (fingere), per mantenere inalterata la pronuncia aspirata, cambiano la *g* in *j* quando la desinenza inizia per *a* o per *o*, e cioè alla I persona sing. del *presente de indicativo*, nel *presente de subjuntivo*, alla III persona sing. e alla I e III pl. dell'*imperativo* (*yo finjo*, *que él finja*, *finjamos*).

DISTINGUIR

INDICATIVO

Presente
yo distingo
tú distingues
él distingue
nos. distinguimos
vos. distinguís
ellos distinguen

Pretérito imperfecto
yo distinguía
tú distinguías
él distinguía
nos. distinguíamos
vos. distinguíais
ellos distinguían

Pretérito indefinido
yo distinguí
tú distinguiste
él distinguió
nos. distinguimos
vos. distinguisteis
ellos distinguieron

Futuro imperfecto
yo distinguiré
tú distinguirás
él distinguirá
nos. distinguiremos
vos. distinguiréis
ellos distinguirán

Pretérito perfecto
yo he distinguido
tú has distinguido
él ha distinguido
nos. hemos distinguido
vos. habéis distinguido
ellos han distinguido

Pretérito pluscuamperfecto
yo había distinguido
tú habías distinguido
él había distinguido
nos. habíamos distinguido
vos. habíais distinguido
ellos habían distinguido

Pretérito anterior
yo hube distinguido
tú hubiste distinguido
él hubo distinguido
nos. hubimos distinguido
vos. hubisteis distinguido
ellos hubieron distinguido

Futuro perfecto
yo habré distinguido
tú habrás distinguido
él habrá distinguido
nos. habremos distinguido
vos. habréis distinguido
ellos habrán distinguido

SUBJUNTIVO

Presente
que yo distinga
que tú distingas
que él distinga
que nos. distingamos
que vos. distingáis
que ellos distingan

Pretérito imperfecto
que yo distinguiera
que tú distinguieras
que él distinguiera
que nos. distinguiéramos
que vos. distinguierais
que ellos distinguieran

Seconda forma
que yo distinguiese
que tú distinguieses
que él distinguiese
que nos. distinguiésemos
que vos. distinguieseis
que ellos distinguiesen

Pretérito pluscuamperfecto
que yo hubiera distinguido
que tú hubieras distinguido
que él hubiera distinguido
que nos. hubiéramos distinguido
que vos. hubierais distinguido
que ellos hubieran distinguido

Seconda forma
que yo hubiese distinguido
que tú hubieses distinguido
que él hubiese distinguido
que nos. hubiésemos distinguido
que vos. hubieseis distinguido
que ellos hubiesen distinguido

Futuro imperfecto
que yo distinguiere
que tú distinguieres
que él distinguiere
que nos. distinguiéremos
que vos. distinguiereis
que ellos distinguieren

Pretérito perfecto
que yo haya distinguido
que tú hayas distinguido
que él haya distinguido
que nos. hayamos distinguido
que vos. hayáis distinguido
que ellos hayan distinguido

Futuro perfecto
que yo hubiere distinguido
que tú hubieres distinguido
que él hubiere distinguido
que nos. hubiéremos distinguido
que vos. hubiereis distinguido
que ellos hubieren distinguido

POTENCIAL

Simple
yo distinguiría
tú distinguirías
él distinguiría
nos. distinguiríamos
vos. distinguiríais
ellos distinguirían

Compuesto
yo habría distinguido
tú habrías distinguido
él habría distinguido
nos. habríamos distinguido
vos. habríais distinguido
ellos habrían distinguido

IMPERATIVO

Presente
— distingamos
distingue distinguid
distinga distingan

INFINITIVO
distinguir haber distinguido

GERUNDIO
distinguiendo habiendo distinguido

PARTICIPIO distinguido

I verbi in *-guir*, come *distinguir* (distinguere), perdono la *u* della radice quando la desinenza inizia per *a* o per *o*, e precisamente alla I persona sing. del *presente de indicativo*, nel *presente de subjuntivo*, alla III persona sing. e alla I e III pl. dell'*imperativo* (*yo distingo*, *quel él distinga*, distingan).

BULLIR

INDICATIVO

Presente

yo	bullo
tú	bulles
él	bulle
nos.	bullimos
vos.	bullís
ellos	bullen

Pretérito imperfecto

yo	bullía
tú	bullías
él	bullía
nos.	bullíamos
vos.	bulliais
ellos	bullían

Pretérito indefinido

yo	bullí
tú	bulliste
él	bulló
nos.	bullimos
vos.	bullisteis
ellos	bulleron

Futuro imperfecto

yo	bulliré
tú	bullirás
él	bullirá
nos.	bulliremos
vos.	bulliréis
ellos	bullirán

Pretérito perfecto

yo	he	bullido
tú	has	bullido
él	ha	bullido
nos.	hemos	bullido
vos.	habéis	bullido
ellos	han	bullido

Pretérito pluscuamperfecto

yo	había	bullido
tú	habías	bullido
él	había	bullido
nos.	habíamos	bullido
vos.	habíais	bullido
ellos	habían	bullido

Pretérito anterior

yo	hube	bullido
tú	hubiste	bullido
él	hubo	bullido
nos.	hubimos	bullido
vos.	hubisteis	bullido
ellos	hubieron	bullido

Futuro perfecto

yo	habré	bullido
tú	habrás	bullido
él	habrá	bullido
nos.	habremos	bullido
vos.	habréis	bullido
ellos	habrán	bullido

SUBJUNTIVO

Presente

que yo	bulla
que tú	bullas
que él	bulla
que nos.	bullamos
que vos.	bulláis
que ellos	bullan

Pretérito imperfecto

que yo	bullera
que tú	bulleras
que él	bullera
que nos.	bulléramos
que vos.	bullerais
que ellos	bulleran

Seconda forma

que yo	bullese
que tú	bulleses
que él	bullese
que nos.	bullésemos
que vos.	bulleseis
que ellos	bullesen

Futuro imperfecto

que yo	bullere
que tú	bulleres
que él	bullere
que nos.	bulléremos
que vos.	bullereis
que ellos	bulleren

Pretérito perfecto

que yo	haya	bullido
que tú	hayas	bullido
que él	haya	bullido
que nos.	hayamos	bullido
que vos.	hayáis	bullido
que ellos	hayan	bullido

Pretérito pluscuamperfecto

que yo	hubiera	bullido
que tú	hubieras	bullido
que él	hubiera	bullido
que nos.	hubiéramos	bullido
que vos.	hubierais	bullido
que ellos	hubieran	bullido

Seconda forma

que yo	hubiese	bullido
que tú	hubieses	bullido
que él	hubiese	bullido
que nos.	hubiésemos	bullido
que vos.	hubieseis	bullido
que ellos	hubiesen	bullido

Futuro perfecto

que yo	hubiere	bullido
que tú	hubieres	bullido
que él	hubiere	bullido
que nos.	hubiéremos	bullido
que vos.	hubiereis	bullido
que ellos	hubieren	bullido

POTENCIAL

Simple

yo	bulliría
tú	bullirías
él	bulliría
nos.	bulliríamos
vos.	bulliríais
ellos	bullirían

Compuesto

yo	habría	bullido
tú	habrías	bullido
él	habría	bullido
nos.	habríamos	bullido
vos.	habríais	bullido
ellos	habrían	bullido

IMPERATIVO

Presente

—	bullamos
bulle	bullid
bulla	bullan

INFINITIVO

bullir   haber bullido

GERUNDIO

bullendo   habiendo bullido

PARTICIPIO

bullido

I verbi in *-llir* del tipo *bullir* (bollire), come *engullir* (inghiottire), *zambullir* (tuffarsi) perdono la *i* atona iniziale della desinenza alla III persona sing. e pl. del *pretérito indefinido* e nei tempi da esso derivati (*él bulló*, *que yo bullera*, *que tú bulleres*, *bullendo*).

GRUÑIR

INDICATIVO

Presente
yo gruño
tú gruñes
él gruñe
nos. gruñimos
vos. gruñís
ellos gruñen

Pretérito imperfecto
yo gruñía
tú gruñías
él gruñía
nos. gruñíamos
vos. gruñíais
ellos gruñían

Pretérito indefinido
yo gruñí
tú gruñiste
él gruñó
nos. gruñimos
vos. gruñisteis
ellos gruñeron

Futuro imperfecto
yo gruñiré
tú gruñirás
él gruñirá
nos. gruñiremos
vos. gruñiréis
ellos gruñirán

Pretérito perfecto
yo he gruñido
tú has gruñido
él ha gruñido
nos. hemos gruñido
vos. habéis gruñido
ellos han gruñido

Pretérito pluscuamperfecto
yo había gruñido
tú habías gruñido
él había gruñido
nos. habíamos gruñido
vos. habíais gruñido
ellos habían gruñido

Pretérito anterior
yo hube gruñido
tú hubiste gruñido
él hubo gruñido
nos. hubimos gruñido
vos. hubisteis gruñido
ellos hubieron gruñido

Futuro perfecto
yo habré gruñido
tú habrás gruñido
él habrá gruñido
nos. habremos gruñido
vos. habréis gruñido
ellos habrán gruñido

SUBJUNTIVO

Presente
que yo gruña
que tú gruñas
que él gruña
que nos. gruñamos
que vos. gruñáis
que ellos gruñan

Pretérito imperfecto
que yo gruñera
que tú gruñeras
que él gruñera
que nos. gruñéramos
que vos. gruñerais
que ellos gruñeran

Seconda forma
que yo gruñese
que tú gruñeses
que él gruñese
que nos. gruñésemos
que vos. gruñeseis
que ellos gruñesen

Pretérito pluscuamperfecto
que yo hubiera gruñido
que tú hubieras gruñido
que él hubiera gruñido
que nos. hubiéramos gruñido
que vos. hubierais gruñido
que ellos hubieran gruñido

Seconda forma
que yo hubiese gruñido
que tú hubieses gruñido
que él hubiese gruñido
que nos. hubiésemos gruñido
que vos. hubieseis gruñido
que ellos hubiesen gruñido

Futuro imperfecto
que yo gruñere
que tú gruñeres
que él gruñere
que nos. gruñéremos
que vos. gruñereis
que ellos gruñeren

Pretérito perfecto
que yo haya gruñido
que tú hayas gruñido
que él haya gruñido
que nos. hayamos gruñido
que vos. hayáis gruñido
que ellos hayan gruñido

Futuro perfecto
que yo hubiere gruñido
que tú hubieres gruñido
que él hubiere gruñido
que nos. hubiéremos gruñido
que vos. hubiereis gruñido
que ellos hubieren gruñido

POTENCIAL

Simple
yo gruñiría
tú gruñirías
él gruñiría
nos. gruñiríamos
vos. gruñiríais
ellos gruñirían

Compuesto
yo habría gruñido
tú habrías gruñido
él habría gruñido
nos. habríamos gruñido
vos. habríais gruñido
ellos habrían gruñido

IMPERATIVO

Presente
— gruñamos
gruñe gruñid
gruña gruñan

INFINITIVO
gruñir haber gruñido

GERUNDIO
gruñendo habiendo gruñido

PARTICIPIO
gruñido

I verbi in *-ñir* del tipo *gruñir* (grugnire), come *bruñir* (brunire), *muñir* (convocare) perdono la *i* atona iniziale della desinenza alla III persona sing. e pl. del *pretérito indefinido* e nei tempi da esso derivati (*él gruñó*, *que tú gruñeras*, *que yo gruñere*, *gruñendo*).

DELINQUIR

INDICATIVO

Presente

yo	delinco
tú	delinques
él	delinque
nos.	delinquimos
vos.	delinquís
ellos	delinquen

Pretérito imperfecto

yo	delinquía
tú	delinquías
él	delinquía
nos.	delinquíamos
vos.	delinquíais
ellos	delinquían

Pretérito indefinido

yo	delinquí
tú	delinquiste
él	delinquió
nos.	delinquimos
vos.	delinquisteis
ellos	delinquieron

Futuro imperfecto

yo	delinquiré
tú	delinquirás
él	delinquirá
nos.	delinquiremos
vos.	delinquiréis
ellos	delinquirán

Pretérito perfecto

yo	he	delinquido
tú	has	delinquido
él	ha	delinquido
nos.	hemos	delinquido
vos.	habéis	delinquido
ellos	han	delinquido

Pretérito pluscuamperfecto

yo	había	delinquido
tú	habías	delinquido
él	había	delinquido
nos.	habíamos	delinquido
vos.	habíais	delinquido
ellos	habían	delinquido

Pretérito anterior

yo	hube	delinquido
tú	hubiste	delinquido
él	hubo	delinquido
nos.	hubimos	delinquido
vos.	hubisteis	delinquido
ellos	hubieron	delinquido

Futuro perfecto

yo	habré	delinquido
tú	habrás	delinquido
él	habrá	delinquido
nos.	habremos	delinquido
vos.	habréis	delinquido
ellos	habrán	delinquido

SUBJUNTIVO

Presente

que yo	delinca
que tú	delincas
que él	delinca
que nos.	delincamos
que vos.	delincáis
que ellos	delincan

Pretérito imperfecto

que yo	delinquiera
que tú	delinquieras
que él	delinquiera
que nos.	delinquiéramos
que vos.	delinquierais
que ellos	delinquieran

Seconda forma

que yo	delinquiese
que tú	delinquieses
que él	delinquiese
que nos.	delinquiésemos
que vos.	delinquieseis
que ellos	delinquiesen

Pretérito perfecto

que yo	haya	delinquido
que tú	hayas	delinquido
que él	haya	delinquido
que nos.	hayamos	delinquido
que vos.	hayáis	delinquido
que ellos	hayan	delinquido

Pretérito pluscuamperfecto

que yo	hubiera	delinquido
que tú	hubieras	delinquido
que él	hubiera	delinquido
que nos.	hubiéramos	delinquido
que vos.	hubierais	delinquido
que ellos	hubieran	delinquido

Seconda forma

que yo	hubiese	delinquido
que tú	hubieses	delinquido
que él	hubiese	delinquido
que nos.	hubiésemos	delinquido
que vos.	hubieseis	delinquido
que ellos	hubiesen	delinquido

Futuro imperfecto

que yo	delinquiere
que tú	delinquieres
que él	delinquiere
que nos.	delinquiéremos
que vos.	delinquiereis
que ellos	delinquieren

Futuro perfecto

que yo	hubiere	delinquido
que tú	hubieres	delinquido
que él	hubiere	delinquido
que nos.	hubiéremos	delinquido
que vos.	hubiereis	delinquido
que ellos	hubieren	delinquido

POTENCIAL

Simple

yo	delinquiría
tú	delinquirías
él	delinquiría
nos.	delinquiríamos
vos.	delinquiríais
ellos	delinquirían

Compuesto

yo	habría	delinquido
tú	habrías	delinquido
él	habría	delinquido
nos.	habríamos	delinquido
vos.	habríais	delinquido
ellos	habrían	delinquido

IMPERATIVO

Presente

—	delincamos
delinque	delinquid
delinca	delincan

INFINITIVO

delinquir haber delinquido

GERUNDIO

delinquiendo habiendo delinquido

PARTICIPIO delinquido

I verbi in *-quir*, come *delinquir* (delinquere), cambiano la *qu* in *c* quando la desinenza inizia per *a* o per *o*, e precisamente alla I persona sing. del *presente de indicativo*, nel *presente de subjuntivo*, alla III persona sing. e alla I e III pl. dell'*imperativo* (*yo delinco*, *que él delinca*, *delincan*).

DISCERNIR

INDICATIVO

Presente
yo discierno
tú disciernes
él discierne
nos. discernemos
vos. discernís
ellos disciernen

Pretérito imperfecto
yo discernía
tú discernías
él discernía
nos. discerníamos
vos. discerníais
ellos discernían

Pretérito indefinido
yo discerní
tú discerniste
él discernió
nos. discernimos
vos. discernisteis
ellos discernieron

Futuro imperfecto
yo discerniré
tú discernirás
él discernirá
nos. discerniremos
vos. discerniréis
ellos discernirán

Pretérito perfecto
yo he discernido
tú has discernido
él ha discernido
nos. hemos discernido
vos. habéis discernido
ellos han discernido

Pretérito pluscuamperfecto
yo había discernido
tú habías discernido
él había discernido
nos. habíamos discernido
vos. habíais discernido
ellos habían discernido

Pretérito anterior
yo hube discernido
tú hubiste discernido
él hubo discernido
nos. hubimos discernido
vos. hubisteis discernido
ellos hubieron discernido

Futuro perfecto
yo habré discernido
tú habrás discernido
él habrá discernido
nos. habremos discernido
vos. habréis discernido
ellos habrán discernido

SUBJUNTIVO

Presente
que yo discierna
que tú disciernas
que él discierna
que nos. discernamos
que vos. discernáis
que ellos disciernan

Pretérito imperfecto
que yo discerniera
que tú discernieras
que él discerniera
que nos. discerniéramos
que vos. discernierais
que ellos discernieran

Seconda forma
que yo discerniese
que tú discernieses
que él discerniese
que nos. discerniésemos
que vos. discernieseis
que ellos discerniesen

Pretérito pluscuamperfecto
que yo hubiera discernido
que tú hubieras discernido
que él hubiera discernido
que nos. hubiéramos discernido
que vos. hubierais discernido
que ellos hubieran discernido

Seconda forma
que yo hubiese discernido
que tú hubieses discernido
que él hubiese discernido
que nos. hubiésemos discernido
que vos. hubieseis discernido
que ellos hubiesen discernido

Futuro imperfecto
que yo discerniere
que tú discernieres
que él discerniere
que nos. discerniéremos
que vos. discerniereis
que ellos discernieren

Pretérito perfecto
que yo haya discernido
que tú hayas discernido
que él haya discernido
que nos. hayamos discernido
que vos. hayáis discernido
que ellos hayan discernido

Futuro perfecto
que yo hubiere discernido
que tú hubieres discernido
que él hubiere discernido
que nos. hubiéremos discernido
que vos. hubiereis discernido
que ellos hubieren discernido

POTENCIAL

Simple
yo discerniría
tú discernirías
él discerniría
nos. discerniríamos
vos. discerniríais
ellos discernirían

Compuesto
yo habría discernido
tú habrías discernido
él habría discernido
nos. habríamos discernido
vos. habríais discernido
ellos habrían discernido

IMPERATIVO

Presente
— discernamos
discierne discernid
discierna disciernan

INFINITIVO
discernir haber discernido

GERUNDIO
discerniendo habiendo discernido

PARTICIPIO discernido

Discernir (discernere) è verbo irregolare che dittonga la *e* in *ie* alla I, II e III persona sing. e alla III pl. del *presente de indicativo* e *de subjuntivo*, alla II e III persona sing. e III pl. dell'*imperativo* (*yo discierno, que él discierna, discierne*). Allo stesso modo si coniuga *concernir* (concernere).

ADQUIRIR

INDICATIVO

Presente

yo	adquiero
tú	adquieres
él	adquiere
nos.	adquirimos
vos.	adquirís
ellos	adquieren

Pretérito imperfecto

yo	adquiría
tú	adquirías
él	adquiría
nos.	adquiríamos
vos.	adquiríais
ellos	adquirían

Pretérito indefinido

yo	adquirí
tú	adquiriste
él	adquirió
nos.	adquirimos
vos.	adquiristeis
ellos	adquirieron

Futuro imperfecto

yo	adquiriré
tú	adquirirás
él	adquirirá
nos.	adquiriremos
vos.	adquiriréis
ellos	adquirirán

Pretérito perfecto

yo	he	adquirido
tú	has	adquirido
él	ha	adquirido
nos.	hemos	adquirido
vos.	habéis	adquirido
ellos	han	adquirido

Pretérito pluscuamperfecto

yo	había	adquirido
tú	habías	adquirido
él	había	adquirido
nos.	habíamos	adquirido
vos.	habíais	adquirido
ellos	habían	adquirido

Pretérito anterior

yo	hube	adquirido
tú	hubiste	adquirido
él	hubo	adquirido
nos.	hubimos	adquirido
vos.	hubisteis	adquirido
ellos	hubieron	adquirido

Futuro perfecto

yo	habré	adquirido
tú	habrás	adquirido
él	habrá	adquirido
nos.	habremos	adquirido
vos.	habréis	adquirido
ellos	habrán	adquirido

SUBJUNTIVO

Presente

que yo	adquiera
que tú	adquieras
que él	adquiera
que nos.	adquiramos
que vos.	adquiráis
que ellos	adquieran

Pretérito imperfecto

que yo	adquiriera
que tú	adquirieras
que él	adquiriera
que nos.	adquiriéramos
que vos.	adquirierais
que ellos	adquirieran

Pretérito pluscuamperfecto

que yo	hubiera	adquirido
que tú	hubieras	adquirido
que él	hubiera	adquirido
que nos.	hubiéramos	adquirido
que vos.	hubierais	adquirido
que ellos	hubieran	adquirido

Futuro imperfecto

que yo	adquiriere
que tú	adquirieres
que él	adquiriere
que nos.	adquiriéremos
que vos.	adquiriereis
que ellos	adquirieren

Pretérito perfecto

que yo	haya	adquirido
que tú	hayas	adquirido
que él	haya	adquirido
que nos.	hayamos	adquirido
que vos.	hayáis	adquirido
que ellos	hayan	adquirido

Seconda forma

que yo	adquiriese
que tú	adquirieses
que él	adquiriese
que nos.	adquiriésemos
que vos.	adquirieseis
que ellos	adquiriesen

Seconda forma

que yo	hubiese	adquirido
que tú	hubieses	adquirido
que él	hubiese	adquirido
que nos.	hubiésemos	adquirido
que vos.	hubieseis	adquirido
que ellos	hubiesen	adquirido

Futuro perfecto

que yo	hubiere	adquirido
que tú	hubieres	adquirido
que él	hubiere	adquirido
que nos.	hubiéremos	adquirido
que vos.	hubiereis	adquirido
que ellos	hubieren	adquirido

POTENCIAL

Simple

yo	adquiriría
tú	adquirirías
él	adquiriría
nos.	adquiriríamos
vos.	adquiriríais
ellos	adquirirían

Compuesto

yo	habría	adquirido
tú	habrías	adquirido
él	habría	adquirido
nos.	habríamos	adquirido
vos.	habríais	adquirido
ellos	habrían	adquirido

IMPERATIVO

Presente

—	adquiramos
adquiere	adquirid
adquiera	adquieran

INFINITIVO

adquirir haber adquirido

GERUNDIO

adquiriendo habiendo adquirido

PARTICIPIO adquirido

Verbo irregolare che dittonga la *i* in *ie* alla I, II e III persona sing. e alla III pl. del *presente de indicativo* e *de subjuntivo*, alla II e III persona sing. e III pl. dell'*imperativo* (*yo adquiero*, *que él adquiera*, *adquiere*). Come *adquirir* (acquisire) si coniuga *inquirir* (inquisire).

DORMIR

INDICATIVO

Presente	Pretérito imperfecto	Pretérito indefinido	Futuro imperfecto
yo duermo	*yo* dormía	*yo* dormí	*yo* dormiré
tú duermes	*tú* dormías	*tú* dormiste	*tú* dormirás
él duerme	*él* dormía	*él* durmió	*él* dormirá
nos. dormimos	*nos.* dormíamos	*nos.* dormimos	*nos.* dormiremos
vos. dormís	*vos.* dormíais	*vos.* dormisteis	*vos.* dormiréis
ellos duermen	*ellos* dormían	*ellos* durmieron	*ellos* dormirán

Pretérito perfecto	Pretérito pluscuamperfecto	Pretérito anterior	Futuro perfecto
yo he dormido	*yo* había dormido	*yo* hube dormido	*yo* habré dormido
tú has dormido	*tú* habías dormido	*tú* hubiste dormido	*tú* habrás dormido
él ha dormido	*él* había dormido	*él* hubo dormido	*él* habrá dormido
nos. hemos dormido	*nos.* habíamos dormido	*nos.* hubimos dormido	*nos.* habremos dormido
vos. habéis dormido	*vos.* habíais dormido	*vos.* hubisteis dormido	*vos.* habréis dormido
ellos han dormido	*ellos* habían dormido	*ellos* hubieron dormido	*ellos* habrán dormido

POTENCIAL

Simple	Compuesto
yo dormiría	*yo* habría dormido
tú dormirías	*tú* habrías dormido
él dormiría	*él* habría dormido
nos. dormiríamos	*nos.* habríamos dormido
vos. dormiríais	*vos.* habríais dormido
ellos dormirían	*ellos* habrían dormido

SUBJUNTIVO

Presente	Pretérito imperfecto	Pretérito pluscuamperfecto	Futuro imperfecto
que yo duerma	*que yo* durmiera	*que yo* hubiera dormido	*que yo* durmiere
que tú duermas	*que tú* durmieras	*que tú* hubieras dormido	*que tú* durmieres
que él duerma	*que él* durmiera	*que él* hubiera dormido	*que él* durmiere
que nos. durmamos	*que nos.* durmiéramos	*que nos.* hubiéramos dormido	*que nos.* durmiéremos
que vos. durmáis	*que vos.* durmierais	*que vos.* hubierais dormido	*que vos.* durmiereis
que ellos duerman	*que ellos* durmieran	*que ellos* hubieran dormido	*que ellos* durmieren

Pretérito perfecto	*Seconda forma*	*Seconda forma*	Futuro perfecto
que yo haya dormido	*que yo* durmiese	*que yo* hubiese dormido	*que yo* hubiere dormido
que tú hayas dormido	*que tú* durmieses	*que tú* hubieses dormido	*que tú* hubieres dormido
que él haya dormido	*que él* durmiese	*que él* hubiese dormido	*que él* hubiere dormido
que nos. hayamos dormido	*que nos.* durmiésemos	*que nos.* hubiésemos dormido	*que nos.* hubiéremos dormido
que vos. hayáis dormido	*que vos.* durmieseis	*que vos.* hubieseis dormido	*que vos.* hubiereis dormido
que ellos hayan dormido	*que ellos* durmiesen	*que ellos* hubiesen dormido	*que ellos* hubieren dormido

IMPERATIVO

Presente

—	durmamos
duerme	dormid
duerma	duerman

INFINITIVO

dormir haber dormido

GERUNDIO

durmiendo habiendo dormido

PARTICIPIO

dormido

Dormir (dormire) dittonga la *o* in *ue* alla I, II e III persona sing. e alla III pl. del *presente de indicativo* e *de subjuntivo*, alla II e III sing. e III pl. dell'*imperativo* (*yo duermo*, *que él duerma*, *duerme*); trasforma la *o* in *u* alla III persona sing. e pl. del *pretérito indefinido* e nei tempi da esso derivati (*él durmió*, *que yo durmiera*, *que ellos durmieren*, *durmiendo*). Allo stesso modo si coniuga *morir* (morire).

PEDIR

INDICATIVO

Presente
yo pido
tú pides
él pide
nos. pedimos
vos. pedís
ellos piden

Pretérito imperfecto
yo pedía
tú pedías
él pedía
nos. pedíamos
vos. pedíais
ellos pedían

Pretérito indefinido
yo pedí
tú pediste
él pidió
nos. pedimos
vos. pedisteis
ellos pidieron

Futuro imperfecto
yo pediré
tú pedirás
él pedirá
nos. pediremos
vos. pediréis
ellos pedirán

Pretérito perfecto
yo he pedido
tú has pedido
él ha pedido
nos. hemos pedido
vos. habéis pedido
ellos han pedido

Pretérito pluscuamperfecto
yo había pedido
tú habías pedido
él había pedido
nos. habíamos pedido
vos. habíais pedido
ellos habían pedido

Pretérito anterior
yo hube pedido
tú hubiste pedido
él hubo pedido
nos. hubimos pedido
vos. hubisteis pedido
ellos hubieron pedido

Futuro perfecto
yo habré pedido
tú habrás pedido
él habrá pedido
nos. habremos pedido
vos. habréis pedido
ellos habrán pedido

SUBJUNTIVO

Presente
que yo pida
que tú pidas
que él pida
que nos. pidamos
que vos. pidáis
que ellos pidan

Pretérito imperfecto
que yo pidiera
que tú pidieras
que él pidiera
que nos. pidiéramos
que vos. pidierais
que ellos pidieran

Seconda forma
que yo pidiese
que tú pidieses
que él pidiese
que nos. pidiésemos
que vos. pidieseis
que ellos pidiesen

Pretérito pluscuamperfecto
que yo hubiera pedido
que tú hubieras pedido
que él hubiera pedido
que nos. hubiéramos pedido
que vos. hubierais pedido
que ellos hubieran pedido

Seconda forma
que yo hubiese pedido
que tú hubieses pedido
que él hubiese pedido
que nos. hubiésemos pedido
que vos. hubieseis pedido
que ellos hubiesen pedido

Futuro imperfecto
que yo pidiere
que tú pidieres
que él pidiere
que nos. pidiéremos
que vos. pidiereis
que ellos pidieren

Pretérito perfecto
que yo haya pedido
que tú hayas pedido
que él haya pedido
que nos. hayamos pedido
que vos. hayáis pedido
que ellos hayan pedido

Futuro perfecto
que yo hubiere pedido
que tú hubieres pedido
que él hubiere pedido
que nos. hubiéremos pedido
que vos. hubiereis pedido
que ellos hubieren pedido

POTENCIAL

Simple
yo pediría
tú pedirías
él pediría
nos. pediríamos
vos. pediríais
ellos pedirían

Compuesto
yo habría pedido
tú habrías pedido
él habría pedido
nos. habríamos pedido
vos. habríais pedido
ellos habrían pedido

IMPERATIVO

Presente
— pidamos
pide pedid
pida pidan

INFINITIVO

pedir haber pedido

GERUNDIO

pidiendo habiendo pedido

PARTICIPIO

pedido

Verbo irregolare che trasforma la *e* in *i* alla I, II e III persona sing. e alla III pl. del *presente de indicativo*, alla III sing. e pl. del *pretérito indefinido* nei tempi semplici del *subjuntivo*, e nell'*imperativo*, eccetto la II persona pl. (*yo pido, él pidió, que ellos pidan, que tú pidieras, pide, pidiendo*). Come *pedir* (chiedere) si coniugano i verbi in *-ebir, -edir, -egir, -eguir, -eír, -emir, -enchir, -endir, -entir, -estir, -etir*.

SENTIR

INDICATIVO

Presente

yo	siento
tú	sientes
él	siente
nos.	sentimos
vos.	sentís
ellos	sienten

Pretérito imperfecto

yo	sentía
tú	sentías
él	sentía
nos.	sentíamos
vos.	sentíais
ellos	sentían

Pretérito indefinido

yo	sentí
tú	sentiste
él	sintió
nos.	sentimos
vos.	sentisteis
ellos	sintieron

Futuro imperfecto

yo	sentiré
tú	sentirás
él	sentirá
nos.	sentiremos
vos.	sentiréis
ellos	sentirán

Pretérito perfecto

yo	he	sentido
tú	has	sentido
él	ha	sentido
nos.	hemos	sentido
vos.	habéis	sentido
ellos	han	sentido

Pretérito pluscuamperfecto

yo	había	sentido
tú	habías	sentido
él	había	sentido
nos.	habíamos	sentido
vos.	habíais	sentido
ellos	habían	sentido

Pretérito anterior

yo	hube	sentido
tú	hubiste	sentido
él	hubo	sentido
nos.	hubimos	sentido
vos.	hubisteis	sentido
ellos	hubieron	sentido

Futuro perfecto

yo	habré	sentido
tú	habrás	sentido
él	habrá	sentido
nos.	habremos	sentido
vos.	habréis	sentido
ellos	habrán	sentido

SUBJUNTIVO

Presente

que yo	sienta
que tú	sientas
que él	sienta
que nos.	sintamos
que vos.	sintáis
que ellos	sientan

Pretérito imperfecto

que yo	sintiera
que tú	sintieras
que él	sintiera
que nos.	sintiéramos
que vos.	sintierais
que ellos	sintieran

Seconda forma

que yo	sintiese
que tú	sintieses
que él	sintiese
que nos.	sintiésemos
que vos.	sintieseis
que ellos	sintiesen

Pretérito pluscuamperfecto

que yo	hubiera	sentido
que tú	hubieras	sentido
que él	hubiera	sentido
que nos.	hubiéramos	sentido
que vos.	hubierais	sentido
que ellos	hubieran	sentido

Seconda forma

que yo	hubiese	sentido
que tú	hubieses	sentido
que él	hubiese	sentido
que nos.	hubiésemos	sentido
que vos.	hubieseis	sentido
que ellos	hubiesen	sentido

Futuro imperfecto

que yo	sintiere
que tú	sintieres
que él	sintiere
que nos.	sintiéremos
que vos.	sintiereis
que ellos	sintieren

Pretérito perfecto

que yo	haya	sentido
que tú	hayas	sentido
que él	haya	sentido
que nos.	hayamos	sentido
que vos.	hayáis	sentido
que ellos	hayan	sentido

Futuro perfecto

que yo	hubiere	sentido
que tú	hubieres	sentido
que él	hubiere	sentido
que nos.	hubiéremos	sentido
que vos.	hubiereis	sentido
que ellos	hubieren	sentido

POTENCIAL

Simple

yo	sentiría
tú	sentirías
él	sentiría
nos.	sentiríamos
vos.	sentiríais
ellos	sentirían

Compuesto

yo	habría	sentido
tú	habrías	sentido
él	habría	sentido
nos.	habríamos	sentido
vos.	habríais	sentido
ellos	habrían	sentido

IMPERATIVO

Presente

—	sintamos
siente	sentid
sienta	sientan

INFINITIVO

sentir haber sentido

GERUNDIO

sintiendo habiendo sentido

PARTICIPIO

sentido

Sentir (sentire) è verbo irregolare che dittonga la *e* in *ie* alla I, II e III persona sing. e III pl. del *presente de indicativo* e *de subjuntivo*, alla II e III persona sing. e III pl. dell'*imperativo* (*yo siento*, *que él sienta*, *sie*ntan) e trasforma la *e* in *i* alla III persona sing. e pl. del *pretérito indefinido* e nei tempi derivati (*él sintió*, *que yo sintiera...*, *que yo sintiere...*, *sintiendo*). Così si coniugano i verbi in *-entir*, *-erir*, *-ertir*, *-ervir*.

REÍR

INDICATIVO

Presente

yo	río
tú	ríes
él	ríe
nos.	reímos
vos.	reís
ellos	ríen

Pretérito imperfecto

yo	reía
tú	reías
él	reía
nos.	reíamos
vos.	reíais
ellos	reían

Pretérito indefinido

yo	reí
tú	reíste
él	rió
nos.	reímos
vos.	reísteis
ellos	rieron

Futuro imperfecto

yo	reiré
tú	reirás
él	reirá
nos.	reiremos
vos.	reiréis
ellos	reirán

Pretérito perfecto

yo	he	reído
tú	has	reído
él	ha	reído
nos.	hemos	reído
vos.	habéis	reído
ellos	han	reído

Pretérito pluscuamperfecto

yo	había	reído
tú	habías	reído
él	había	reído
nos.	habíamos	reído
vos.	habíais	reído
ellos	habían	reído

Pretérito anterior

yo	hube	reído
tú	hubiste	reído
él	hubo	reído
nos.	hubimos	reído
vos.	hubisteis	reído
ellos	hubieron	reído

Futuro perfecto

yo	habré	reído
tú	habrás	reído
él	habrá	reído
nos.	habremos	reído
vos.	habréis	reído
ellos	habrán	reído

SUBJUNTIVO

Presente

que yo	ría
que tú	rías
que él	ría
que nos.	riamos
que vos.	riáis
que ellos	rían

Pretérito imperfecto

que yo	riera
que tú	rieras
que él	riera
que nos.	riéramos
que vos.	rierais
que ellos	rieran

Seconda forma

que yo	riese
que tú	rieses
que él	riese
que nos.	riésemos
que vos.	rieseis
que ellos	riesen

Pretérito pluscuamperfecto

que yo	hubiera	reído
que tú	hubieras	reído
que él	hubiera	reído
que nos.	hubiéramos	reído
que vos.	hubierais	reído
que ellos	hubieran	reído

Seconda forma

que yo	hubiese	reído
que tú	hubieses	reído
que él	hubiese	reído
que nos.	hubiésemos	reído
que vos.	hubieseis	reído
que ellos	hubiere	reído

Futuro imperfecto

que yo	riere
que tú	rieres
que él	riere
que nos.	riéremos
que vos.	riereis
que ellos	rieren

Pretérito perfecto

que yo	haya	reído
que tú	hayas	reído
que él	haya	reído
que nos.	hayamos	reído
que vos.	hayáis	reído
que ellos	hayan	reído

Futuro perfecto

que yo	hubiere	reído
que tú	hubieres	reído
que él	hubiere	reído
que nos.	hubiéremos	reído
que vos.	hubiereis	reído
que ellos	hubieren	reído

POTENCIAL

Simple

yo	reiría
tú	reirías
él	reiría
nos.	reiríamos
vos.	reiríais
ellos	reirían

Compuesto

yo	habría	reído
tú	habrías	reído
él	habría	reído
nos.	habríamos	reído
vos.	habríais	reído
ellos	habrían	reído

IMPERATIVO

Presente

—	riamos
ríe	reíd
ría	rían

INFINITIVO

reír haber reído

GERUNDIO

riendo habiendo reído

PARTICIPIO

reído

I verbi in *-eír*, come *reír* (ridere), *freír* (friggere), *engreír* (inorgoglire), trasformano la *e* in *i* alla I, II e III persona sing. e III pl. del *presente de indicativo*, alla III persona sing. e pl. del *pretérito indefinido* e nei tempi da essi derivati e perdono la *i* atona della desinenza in alcune voci (*yo río*, *él rió*, *que tú rías*, *que ellos rieran*, *que nosotros rieremos*, *riendo*).

HENCHIR

INDICATIVO

Presente

yo	hincho
tú	hinches
él	hinche
nos.	henchimos
vos.	henchís
ellos	hinchen

Pretérito imperfecto

yo	henchía
tú	henchías
él	henchía
nos.	henchíamos
vos.	henchíais
ellos	henchían

Pretérito indefinido

yo	henchí
tú	henchiste
él	hinchó
nos.	henchimos
vos.	henchisteis
ellos	hincheron

Futuro imperfecto

yo	henchiré
tú	henchirás
él	henchirá
nos.	henchiremos
vos.	henchiréis
ellos	henchirán

Pretérito perfecto

yo	he	henchido
tú	has	henchido
él	ha	henchido
nos.	hemos	henchido
vos.	habéis	henchido
ellos	han	henchido

Pretérito pluscuamperfecto

yo	había	henchido
tú	habías	henchido
él	había	henchido
nos.	habíamos	henchido
vos.	habíais	henchido
ellos	habían	henchido

Pretérito anterior

yo	hube	henchido
tú	hubiste	henchido
él	hubo	henchido
nos.	hubimos	henchido
vos.	hubisteis	henchido
ellos	hubieron	henchido

Futuro perfecto

yo	habré	henchido
tú	habrás	henchido
él	habrá	henchido
nos.	habremos	henchido
vos.	habréis	henchido
ellos	habrán	henchido

SUBJUNTIVO

Presente

que yo	hincha
que tú	hinchas
que él	hincha
que nos.	hinchamos
que vos.	hincháis
que ellos	hinchan

Pretérito imperfecto

que yo	hinchera
que tú	hincheras
que él	hinchera
que nos.	hinchéramos
que vos.	hincherais
que ellos	hincheran

Seconda forma

que yo	hinchese
que tú	hincheses
que él	hinchese
que nos.	hinchésemos
que vos.	hincheseis
que ellos	hinchesen

Pretérito pluscuamperfecto

que yo	hubiera	henchido
que tú	hubieras	henchido
que él	hubiera	henchido
que nos.	hubiéramos	henchido
que vos.	hubierais	henchido
que ellos	hubieran	henchido

Seconda forma

que yo	hubiese	henchido
que tú	hubieses	henchido
que él	hubiese	henchido
que nos.	hubiésemos	henchido
que vos.	hubieseis	henchido
que ellos	hubiesen	henchido

Futuro imperfecto

que yo	hinchere
que tú	hincheres
que él	hinchere
que nos.	hinchéremos
que vos.	hinchereis
que ellos	hincheren

Pretérito perfecto

que yo	haya	henchido
que tú	hayas	henchido
que él	haya	henchido
que nos.	hayamos	henchido
que vos.	hayáis	henchido
que ellos	hayan	henchido

Futuro perfecto

que yo	hubiere	henchido
que tú	hubieres	henchido
que él	hubiere	henchido
que nos.	hubiéremos	henchido
que vos.	hubiereis	henchido
que ellos	hubieren	henchido

POTENCIAL

Simple

yo	henchiría
tú	henchirías
él	henchiría
nos.	henchiríamos
vos.	henchiríais
ellos	henchirían

Compuesto

yo	habría	henchido
tú	habrías	henchido
él	habría	henchido
nos.	habríamos	henchido
vos.	habríais	henchido
ellos	habrían	henchido

IMPERATIVO

Presente

—	hinchamos
hinche	henchid
hincha	hinchan

INFINITIVO

henchir haber henchido

GERUNDIO

hinchendo habiendo henchido

PARTICIPIO

henchido

Henchir (riempire) è verbo irregolare che perde la *i* atona iniziale della desinenza alla III persona sing. e pl. del *pretérito indefinido* e nei tempi derivati; trasforma la *e* della radice in *i* alla I, II e III persona sing. e III pl. del *presente de indicativo*, alla III persona sing. e pl del *pretérito indefinido*, nei tempi semplici del *subjuntivo* e all'*imperativo*, fuorché la II persona pl. (*yo hincho, él hinchó, que él hinche, que tú hincheras, que ellos hincheren, hinche, hinchendo*).

CORREGIR

INDICATIVO

Presente
yo corrijo
tú corriges
él corrige
nos. corregimos
vos. corregís
ellos corrigen

Pretérito imperfecto
yo corregía
tú corregías
él corregía
nos. corregíamos
vos. corregíais
ellos corregían

Pretérito indefinido
yo corregí
tú corregiste
él corrigió
nos. corregimos
vos. corregisteis
ellos corrigieron

Futuro imperfecto
yo corregiré
tú corregirás
él corregirá
nos. corregiremos
vos. corregiréis
ellos corregirán

Pretérito perfecto
yo he corregido
tú has corregido
él ha corregido
nos. hemos corregido
vos. habéis corregido
ellos han corregido

Pretérito pluscuamperfecto
yo había corregido
tú habías corregido
él había corregido
nos. habíamos corregido
vos. habíais corregido
ellos habían corregido

Pretérito anterior
yo hube corregido
tú hubiste corregido
él hubo corregido
nos. hubimos corregido
vos. hubisteis corregido
ellos hubieron corregido

Futuro perfecto
yo habré corregido
tú habrás corregido
él habrá corregido
nos. habremos corregido
vos. habréis corregido
ellos habrán corregido

POTENCIAL

Simple
yo corregiría
tú corregirías
él corregiría
nos. corregiríamos
vos. corregiríais
ellos corregirían

Compuesto
yo habría corregido
tú habrías corregido
él habría corregido
nos. habríamos corregido
vos. habríais corregido
ellos habrían corregido

SUBJUNTIVO

Presente
que yo corrija
que tú corrijas
que él corrija
que nos. corrijamos
que vos. corrijáis
que ellos corrijan

Pretérito imperfecto
que yo corrigiera
que tú corrigieras
que él corrigiera
que nos. corrigiéramos
que vos. corrigierais
que ellos corrigieran

Seconda forma
que yo corrigiese
que tú corrigieses
que él corrigiese
que nos. corrigiésemos
que vos. corrigieseis
que ellos corrigiesen

Pretérito pluscuamperfecto
que yo hubiera corregido
que tú hubieras corregido
que él hubiera corregido
que nos. hubiéramos corregido
que vos. hubierais corregido
que ellos hubieran corregido

Seconda forma
que yo hubiese corregido
que tú hubieses corregido
que él hubiese corregido
que nos hubiésemos corregido
que vos. hubieseis corregido
que ellos hubiesen corregido

Futuro imperfecto
que yo corrigiere
que tú corrigieres
que él corrigiere
que nos. corrigiéremos
que vos. corrigiereis
que ellos corrigieren

Pretérito perfecto
que yo haya corregido
que tú hayas corregido
que él haya corregido
que nos. hayamos corregido
que vos. hayáis corregido
que ellos hayan corregido

Futuro perfecto
que yo hubiere corregido
que tú hubieres corregido
que él hubiere corregido
que nos. hubiéremos corregido
que vos. hubiereis corregido
que ellos hubieren corregido

IMPERATIVO

Presente
— corrijamos
corrige corregid
corrija corrijan

INFINITIVO
corregir haber corregido

GERUNDIO
corrigiendo habiendo corregido

PARTICIPIO
corregido

Verbo irregolare che cambia la g in *j* quando la desinenza inizia per *a* o per *o*, come i verbi in *-gir*, e trasforma la *e* della radice in *i* alla I, II e III persona sing. e III pl. del *presente de indicativo*, alla III sing. e pl. del *pretérito indefinido* e nei tempi da essi derivati (*yo corrijo*, *él corrigió*, *que tú corrijas*, *que ellos corrigieran*, *que nosotros corrigiéremos*, *corrigiendo*).

TEÑIR

INDICATIVO

Presente

yo	tiño
tú	tiñes
él	tiñe
nos.	teñimos
vos.	teñís
ellos	tiñen

Pretérito imperfecto

yo	teñía
tú	teñías
él	teñía
nos.	teñíamos
vos.	teñíais
ellos	teñían

Pretérito indefinido

yo	teñí
tú	teñiste
él	tiñó
nos.	teñimos
vos.	teñisteis
ellos	tiñeron

Futuro imperfecto

yo	teñiré
tú	teñirás
él	teñirá
nos.	teñiremos
vos.	teñiréis
ellos	teñirán

Pretérito perfecto

yo	he	teñido
tú	has	teñido
él	ha	teñido
nos.	hemos	teñido
vos.	habéis	teñido
ellos	han	teñido

Pretérito pluscuamperfecto

yo	había	teñido
tú	habías	teñido
él	había	teñido
nos.	habíamos	teñido
vos.	habíais	teñido
ellos	habían	teñido

Pretérito anterior

yo	hube	teñido
tú	hubiste	teñido
él	hubo	teñido
nos.	hubimos	teñido
vos.	hubisteis	teñido
ellos	hubieron	teñido

Futuro perfecto

yo	habré	teñido
tú	habrás	teñido
él	habrá	teñido
nos.	habremos	teñido
vos.	habréis	teñido
ellos	habrán	teñido

SUBJUNTIVO

Presente

que yo	tiña
que tú	tiñas
que él	tiña
que nos.	tiñamos
que vos.	tiñáis
que ellos	tiñan

Pretérito imperfecto

que yo	tiñera
que tú	tiñeras
que él	tiñera
que nos.	tiñéramos
que vos.	tiñerais
que ellos	tiñeran

Seconda forma

que yo	tiñese
que tú	tiñeses
que él	tiñese
que nos.	tiñésemos
que vos.	tiñeseis
que ellos	tiñesen

Futuro imperfecto

que yo	tiñere
que tú	tiñeres
que él	tiñere
que nos.	tiñéremos
que vos.	tiñereis
que ellos	tiñeren

Pretérito perfecto

que yo	haya	teñido
que tú	hayas	teñido
que él	haya	teñido
que nos.	hayamos	teñido
que vos.	hayáis	teñido
que ellos	hayan	teñido

Pretérito pluscuamperfecto

que yo	hubiera	teñido
que tú	hubieras	teñido
que él	hubiera	teñido
que nos.	hubiéramos	teñido
que vos.	hubierais	teñido
que ellos	hubieran	teñido

Seconda forma

que yo	hubiese	teñido
que tú	hubieses	teñido
que él	hubiese	teñido
que nos.	hubiésemos	teñido
que vos.	hubieseis	teñido
que ellos	hubiesen	teñido

Futuro perfecto

que yo	hubiere	teñido
que tú	hubieres	teñido
que él	hubiere	teñido
que nos.	hubiéremos	teñido
que vos.	hubiereis	teñido
que ellos	hubieren	teñido

POTENCIAL

Simple

yo	teñiría
tú	teñirías
él	teñiría
nos.	teñiríamos
vos.	teñiríais
ellos	teñirían

Compuesto

yo	habría	teñido
tú	habrías	teñido
él	habría	teñido
nos.	habríamos	teñido
vos.	habríais	teñido
ellos	habrían	teñido

IMPERATIVO

Presente

—	tiñamos
tiñe	teñid
tiña	tiñan

INFINITIVO

teñir haber teñido

GERUNDIO

tiñendo habiendo teñido

PARTICIPIO

teñido

I verbi in *-eñir teñir* (tingere), come *ceñir* (cingere), *reñir* (sgridare) trasformano la *e* in *i* alla I, II e III persona sing. e III pl. del *presente de indicativo*, alla III persona sing. e pl. del *pretérito indefinido* e nei tempi da essi derivati, inoltre perdono la *i* atona della desinenza in alcune voci (*yo tiño*, *él tiñó*, *que tú tiñas*, *que ellos tiñeran*, *que nosotros tiñéremos*, *tiñendo*).

SEGUIR

INDICATIVO

Presente

yo	sigo
tú	sigues
él	sigue
nos.	seguimos
vos.	seguís
ellos	siguen

Pretérito imperfecto

yo	seguía
tú	seguías
él	seguía
nos.	seguíamos
vos.	seguíais
ellos	seguían

Pretérito indefinido

yo	seguí
tú	seguiste
él	siguió
nos.	seguimos
vos.	seguisteis
ellos	siguieron

Futuro imperfecto

yo	seguiré
tú	seguirás
él	seguirá
nos.	seguiremos
vos.	seguiréis
ellos	seguirán

Pretérito perfecto

yo	he	seguido
tú	has	seguido
él	ha	seguido
nos.	hemos	seguido
vos.	habéis	seguido
ellos	han	seguido

Pretérito pluscuamperfecto

yo	había	seguido
tú	habías	seguido
él	había	seguido
nos.	habíamos	seguido
vos.	habíais	seguido
ellos	habían	seguido

Pretérito anterior

yo	hube	seguido
tú	hubiste	seguido
él	hubo	seguido
nos.	hubimos	seguido
vos.	hubisteis	seguido
ellos	hubieron	seguido

Futuro perfecto

yo	habré	seguido
tú	habrás	seguido
él	habrá	seguido
nos.	habremos	seguido
vos.	habréis	seguido
ellos	habrán	seguido

POTENCIAL

Simple

yo	seguiría
tú	seguirías
él	seguiría
nos.	seguiríamos
vos.	seguiríais
ellos	seguirían

Compuesto

yo	habría	seguido
tú	habrías	seguido
él	habría	seguido
nos.	habríamos	seguido
vos.	habríais	seguido
ellos	habrían	seguido

SUBJUNTIVO

Presente

que yo	siga
que tú	sigas
que él	siga
que nos.	sigamos
que vos.	sigáis
que ellos	sigan

Pretérito imperfecto

que yo	siguiera
que tú	siguieras
que él	siguiera
que nos.	siguiéramos
que vos.	siguierais
que ellos	siguieran

Seconda forma

que yo	siguiese
que tú	siguieses
que él	siguiese
que nos.	siguiésemos
que vos.	siguieseis
que ellos	siguiesen

Futuro imperfecto

que yo	siguiere
que tú	siguieres
que él	siguiere
que nos.	siguiéremos
que vos.	siguiereis
que ellos	siguieren

Pretérito perfecto

que yo	haya	seguido
que tú	hayas	seguido
que él	haya	seguido
que nos.	hayamos	seguido
que vos.	hayáis	seguido
que ellos	hayan	seguido

Pretérito pluscuamperfecto

que yo	hubiera	seguido
que tú	hubieras	seguido
que él	hubiera	seguido
que nos.	hubiéramos	seguido
que vos.	hubierais	seguido
que ellos	hubieran	seguido

Seconda forma

que yo	hubiese	seguido
que tú	hubieses	seguido
que él	hubiese	seguido
que nos.	hubiésemos	seguido
que vos.	hubieseis	seguido
que ellos	hubiesen	seguido

Futuro perfecto

que yo	hubiere	seguido
que tú	hubieres	seguido
que él	hubiere	seguido
que nos.	hubiéremos	seguido
que vos.	hubiereis	seguido
que ellos	hubieren	seguido

IMPERATIVO

Presente

—	sigamos
sigue	seguid
siga	sigan

INFINITIVO

seguir   haber seguido

GERUNDIO

siguiendo   habiendo seguido

PARTICIPIO

seguido

Verbo irregolare che trasforma la *e* in *i* alla I, II e III persona sing. e III pl. del *presente de indicativo*, alla III persona sing. e pl. del *pretérito indefinido* e nei tempi da essi derivati; inoltre perde la *u* della radice quando la desinenza inizia per *a* o per *o* (*yo sigo*, *él siguió*, *que tú sigas*, *que nosotros siguiéramos*, *que ellos siguiren*, *sigue*, *siguiendo*). Come *seguir* (seguire) si coniugano *conseguir* (riuscire), *perseguir* (perseguitare) e *proseguir* (proseguire).

LUCIR

INDICATIVO

Presente
yo luzco
tú luces
él luce
nos. lucimos
vos. lucís
ellos lucen

Pretérito imperfecto
yo lucía
tú lucías
él lucía
nos. lucíamos
vos. lucíais
ellos lucían

Pretérito indefinido
yo lucí
tú luciste
él lució
nos. lucimos
vos. lucisteis
ellos lucieron

Futuro imperfecto
yo luciré
tú lucirás
él lucirá
nos. luciremos
vos. luciréis
ellos lucirán

Pretérito perfecto
yo he lucido
tú has lucido
él ha lucido
nos. hemos lucido
vos. habéis lucido
ellos han lucido

Pretérito pluscuamperfecto
yo había lucido
tú habías lucido
él había lucido
nos. habíamos lucido
vos. habíais lucido
ellos habían lucido

Pretérito anterior
yo hube lucido
tú hubiste lucido
él hubo lucido
nos. hubimos lucido
vos. hubisteis lucido
ellos hubieron lucido

Futuro perfecto
yo habré lucido
tú habrás lucido
él habrá lucido
nos. habremos lucido
vos. habréis lucido
ellos habrán lucido

POTENCIAL

Simple
yo luciría
tú lucirías
él luciría
nos. luciríamos
vos. luciríais
ellos lucirían

Compuesto
yo habría lucido
tú habrías lucido
él habría lucido
nos. habríamos lucido
vos. habríais lucido
ellos habrían lucido

SUBJUNTIVO

Presente
que yo luzca
que tú luzcas
que él luzca
que nos. luzcamos
que vos. luzcáis
que ellos luzcan

Pretérito imperfecto
que yo luciera
que tú lucieras
que él luciera
que nos. luciéramos
que vos. lucierais
que ellos lucieran

Seconda forma
que yo luciese
que tú lucieses
que él luciese
que nos. luciésemos
que vos. lucieseis
que ellos luciesen

Pretérito pluscuamperfecto
que yo hubiera lucido
que tú hubieras lucido
que él hubiera lucido
que nos. hubiéramos lucido
que vos. hubierais lucido
que ellos hubieran lucido

Seconda forma
que yo hubiese lucido
que tú hubieses lucido
que él hubiese lucido
que nos. hubiésemos lucido
que vos. hubieseis lucido
que ellos hubiesen lucido

Futuro imperfecto
que yo luciere
que tú lucieres
que él luciere
que nos. luciéremos
que vos. luciereis
que ellos lucieren

Pretérito perfecto
que yo haya lucido
que tú hayas lucido
que él haya lucido
que nos. hayamos lucido
que vos. hayáis lucido
que ellos hayan lucido

Futuro perfecto
que yo hubiere lucido
que tú hubieres lucido
que él hubiere lucido
que nos. hubiéremos lucido
que vos. hubiereis lucido
que ellos hubieren lucido

IMPERATIVO

Presente
— luzcamos
luce lucid
luzca luzcan

INFINITIVO
lucir haber lucido

GERUNDIO
luciendo habiendo lucido

PARTICIPIO
lucido

I verbi in *-ucir*, come *lucir* (brillare)e i suoi composti *deslucir* (offuscare), *entrelucir* (tralucere), *relucir* (rilucere) aggiungono una *z* davanti alla *c* della radice alla I persona sing. del *presente de indicativo* e nei tempi da esso derivati (*yo luzco*, *que él luzca*, *luzcamos*). I verbi in *-ducir* come *traducir* (tradurre) oltre a questa irregolarità ne presentano un'altra nel *pretérito indefinido* (v. pag. 157).

TRADUCIR

INDICATIVO

Presente
yo traduzco
tú traduces
él traduce
nos. traducimos
vos. traducís
ellos traducen

Pretérito perfecto
yo he traducido
tú has traducido
él ha traducido
nos. hemos traducido
vos. habéis traducido
ellos han traducido

Pretérito imperfecto
yo traducía
tú traducías
él traducía
nos. traducíamos
vos. traducíais
ellos traducían

Pretérito pluscuamperfecto
yo había traducido
tú habías traducido
él había traducido
nos. habíamos traducido
vos. habíais traducido
ellos habían traducido

Pretérito indefinido
yo traduje
tú tradujiste
él tradujo
nos. tradujimos
vos. tradujisteis
ellos tradujeron

Pretérito anterior
yo hube traducido
tú hubiste traducido
él hubo traducido
nos. hubimos traducido
vos. hubisteis traducido
ellos hubieron traducido

Futuro imperfecto
yo traduciré
tú traducirás
él traducirá
nos. traduciremos
vos. traduciréis
ellos traducirán

Futuro perfecto
yo habré traducido
tú habrás traducido
él habrá traducido
nos. habremos traducido
vos. habréis traducido
ellos habrán traducido

POTENCIAL

Simple
yo traduciría
tú traducirías
él traduciría
nos. traduciríamos
vos. traduciríais
ellos traducirían

Compuesto
yo habría traducido
tú habrías traducido
él habría traducido
nos. habríamos traducido
vos. habríais traducido
ellos habrían traducido

SUBJUNTIVO

Presente
que yo traduzca
que tú traduzcas
que él traduzca
que nos. traduzcamos
que vos. traduzcáis
que ellos traduzcan

Pretérito perfecto
que yo haya traducido
que tú hayas traducido
que él haya traducido
que nos. hayamos traducido
que vos. hayáis traducido
que ellos hayan traducido

Pretérito imperfecto
que yo tradujera
que tú tradujeras
que él tradujera
que nos. tradujéramos
que vos. tradujerais
que ellos tradujeran

Seconda forma
que yo tradujese
que tú tradujeses
que él tradujese
que nos. tradujésemos
que vos. tradujeseis
que ellos tradujesen

Pretérito pluscuamperfecto
que yo hubiera traducido
que tú hubieras traducido
que él hubiera traducido
que nos. hubiéramos traducido
que vos. hubierais traducido
que ellos hubieran traducido

Seconda forma
que yo hubiese traducido
que tú hubieses traducido
que él hubiese traducido
que nos. hubiésemos traducido
que vos. hubieseis traducido
que ellos hubiesen traducido

Futuro imperfecto
que yo tradujere
que tú tradujeres
que él tradujere
que nos. tradujéremos
que vos. tradujereis
que ellos tradujeren

Futuro perfecto
que yo hubiere traducido
que tú hubieres traducido
que él hubiere traducido
que nos. hubiéremos traducido
que vos. hubiereis traducido
que ellos hubieren traducido

IMPERATIVO

Presente
— traduzcamos
traduce traducid
traduzca traduzcan

INFINITIVO
traducir haber traducido

GERUNDIO
traduciendo habiendo traducido

PARTICIPIO
traducido

I verbi in *-ducir*, come *traducir* (tradurre), aggiungono una *z* davanti alla *c* della radice quando la desinenza inizia per *o* o per *a*, come i verbi in *-ucir* (*yo traduzco, que él traduzca, traduzcan*), cambiano la *c* in *j* al *pretérito indefinido* e nei tempi derivati e modificano le desinenze della I e III persona sing. del *pretérito indefinido*, del *pretérito imperfecto* e del *futuro imperfecto de subjuntivo* (*yo traduje, que él tradujera, que ellos tradujeren*).

INFLUIR

INDICATIVO

Presente
yo influyo
tú influyes
él influye
nos. influimos
vos. influís
ellos influyen

Pretérito imperfecto
yo influía
tú influías
él influía
nos. influiamos
vos. influíais
ellos influían

Pretérito indefinido
yo influí
tú influiste
él influyó
nos. influimos
vos. influisteis
ellos influyeron

Futuro imperfecto
yo influiré
tú influirás
él influirá
nos. influiremos
vos. influiréis
ellos influirán

Pretérito perfecto
yo he influido
tú has influido
él ha influido
nos. hemos influido
vos. habéis influido
ellos han influido

Pretérito pluscuamperfecto
yo había influido
tú habías influido
él había influido
nos. habíamos influido
vos. habíais influido
ellos habían influido

Pretérito anterior
yo hube influido
tú hubiste influido
él hubo influido
nos. hubimos influido
vos. hubisteis influido
ellos hubieron influido

Futuro perfecto
yo habré influido
tú habrás influido
él habrá influido
nos. habremos influido
vos. habréis influido
ellos habrán influido

SUBJUNTIVO

Presente
que yo influya
que tú influyas
que él influya
que nos. influyamos
que vos. influyáis
que ellos influyan

Pretérito imperfecto
que yo influyera
que tú influyeras
que él influyera
que nos. influyéramos
que vos. influyerais
que ellos influyeran

Seconda forma
que yo influyese
que tú influyeses
que él influyese
que nos. influyésemos
que vos. influyeseis
que ellos influyesen

Pretérito pluscuamperfecto
que yo hubiera influido
que tú hubieras influido
que él hubiera influido
que nos. hubiéramos influido
que vos. hubierais influido
que ellos hubieran influido

Seconda forma
que yo hubiese influido
que tú hubieses influido
que él hubiese influido
que nos. hubiésemos influido
que vos. hubieseis influido
que ellos hubiesen influido

Futuro imperfecto
que yo influyere
que tú influyeres
que él influyere
que nos. influyéremos
que vos. influyereis
que ellos influyeren

Pretérito perfecto
que yo haya influido
que tú hayas influido
que él haya influido
que nos. hayamos influido
que vos. hayáis influido
que ellos hayan influido

Futuro perfecto
que yo hubiere influido
que tú hubieres influido
que él hubiere influido
que nos. hubiéremos influido
que vos. hubiereis influido
que ellos hubieren influido

POTENCIAL

Simple
yo influiría
tú influirías
él influiría
nos. influiríamos
vos. influiríais
ellos influirían

Cominfluido
yo habría influido
tú habrías influido
él habría influido
nos. habríamos influido
vos. habríais influido
ellos habrían influido

IMPERATIVO

Presente
— influyamos
influye influid
influya influyan

INFINITIVO
influir haber influido

GERUNDIO
influyendo habiendo influido

PARTICIPIO
influido

I verbi in *-uir* del tipo *influir* (influire), come *costruir* (costruire), *huir* (fuggire) prendono una *y* prima della desinenza quando questa comincia per *o*, per *a* o per *e*, cioè alla I, II e III persona sing. e III pl. del *presente de indicativo*, nel *presente de subjuntivo*, alla II e III persona sing. e alla I e III pl. dell'*imperativo* (*yo influyo*, *que él influya*, *influye*). Non seguono questa irregolarità i verbi in *-guir*, *-quir* e *inmiscuir* (difettivo)

ARGÜIR

INDICATIVO

Presente

yo arguyo
tú arguyes
él arguye
nos. argüimos
vos. argüís
ellos arguyen

Pretérito perfecto

yo he argüido
tú has argüido
él ha argüido
nos. hemos argüido
vos. habéis argüido
ellos han argüidoü

Pretérito imperfecto

yo argüía
tú argüías
él argüía
nos. argüíamos
vos. argüíais
ellos argüían

Pretérito pluscuamperfecto

yo había argüido
tú habías argüido
él había argüido
nos. habíamos argüido
vos. habíais argüido
ellos habían argüido

Pretérito indefinido

yo argüí
tú argüiste
él argüyó
nos. argüimos
vos. argüisteis
ellos argüyeron

Pretérito anterior

yo hube argüido
tú hubiste argüido
él hubo argüido
nos. hubimos argüido
vos. hubisteis argüido
ellos hubieron argüido

Futuro imperfecto

yo argüiré
tú argüirás
él argüirá
nos. argüiremos
vos. argüiréis
ellos argüirán

Futuro perfecto

yo habré argüido
tú habrás argüido
él habrá argüido
nos. habremos argüido
vos. habréis argüido
ellos habrán argüido

SUBJUNTIVO

Presente

que yo arguya
que tú arguyas
que él arguya
que nos. arguyamos
que vos. arguyáis
que ellos arguyan

Pretérito perfecto

que yo haya argüido
que tú hayas argüido
que él haya argüido
que nos. hayamos argüido
que vos. hayáis argüido
que ellos hayan argüido

Pretérito imperfecto

que yo arguyera
que tú arguyeras
que él arguyera
que nos. arguyéramos
que vos. arguyerais
que ellos arguyeran

Seconda forma

que yo arguyese
que tú arguyeses
que él arguyese
que nos. arguyésemos
que vos. arguyeseis
que ellos arguyesen

Pretérito pluscuamperfecto

que yo hubiera argüido
que tú hubieras argüido
que él hubiera argüido
que nos. hubiéramos argüido
que vos. hubierais argüido
que ellos hubieran argüido

Seconda forma

que yo hubiese argüido
que tú hubieses argüido
que él hubiese argüido
que nos. hubiésemos argüido
que vos. hubieseis argüido
que ellos hubiesen argüido

Futuro imperfecto

que yo arguyere
que tú arguyeres
que él arguyere
que nos. arguyéremos
que vos. arguyereis
que ellos arguyeren

Futuro perfecto

que yo hubiere argüido
que tú hubieres argüido
que él hubiere argüido
que nos. hubiéremos argüido
que vos. hubiereis argüido
que ellos hubieren argüido

POTENCIAL

Simple

yo argüiría
tú argüirías
él argüiría
nos. argüiríamos
vos. argüiríais
ellos argüirían

Compuesto

yo habría argüido
tú habrías argüido
él habría argüido
nos. habríamos argüido
vos. habríais argüido
ellos habrían argüido

IMPERATIVO

Presente

— arguyamos
arguye argüid
arguya arguyan

INFINITIVO

argüir haber argüido

GERUNDIO

arguyendo habiendo argüido

PARTICIPIO

argüido

Arguir (arguire) verbo irregolare che, come tutti i verbi in *-uir*, prende una *y* prima della desinenza quando questa comincia per *o*, per *a* o per *e* (*yo arguyo, que él arguya, arguye*). Per ragioni fonetiche, la *u* della radice prende la dieresi quando è seguita da *i* mentre non la vuole se è seguita da *y* semiconsonantica (*nosotros argüíamos, que nosotros arguyamos*).

ERGUIR

INDICATIVO

Presente
yo irgo/yergo
tú irgues/yergues
él irgue/yergue
nos. erguimos
vos. erguís
ellos irguen/yerguen

Pretérito imperfecto
yo erguía
tú erguías
él erguía
nos. erguíamos
vos. erguíais
ellos erguían

Pretérito indefinido
yo erguí
tú erguiste
él irguió
nos. erguimos
vos. erguisteis
ellos irguieron

Futuro imperfecto
yo erguiré
tú erguirás
él erguirá
nos. erguiremos
vos. erguiréis
ellos erguirán

Pretérito perfecto
yo he erguido
tú has erguido
él ha erguido
nos. hemos erguido
vos. habéis erguido
ellos han erguido

Pretérito pluscuamperfecto
yo había erguido
tú habías erguido
él había erguido
nos. habíamos erguido
vos. habíais erguido
ellos habían erguido

Pretérito anterior
yo hube erguido
tú hubiste erguido
él hubo erguido
nos. hubimos erguido
vos. hubisteis erguido
ellos hubieron erguido

Futuro perfecto
yo habré erguido
tú habrás erguido
él habrá erguido
nos. habremos erguido
vos. habréis erguido
ellos habrán erguido

SUBJUNTIVO

Presente
que yo irga/yerga
que tú irgas/yergas
que él irga/yerga
que nos. irgamos/yergamos
que vos. irgáis/yergáis
que ellos irgan/yergan

Pretérito imperfecto
que yo irguiera
que tú irguieras
que él irguiera
que nos. irguiéramos
que vos. irguierais
que ellos irguieran

Seconda forma
que yo irguiese
que tú irguieses
que él irguiese
que nos. irguiésemos
que vos. irguieseis
que ellos irguiesen

Pretérito pluscuamperfecto
que yo hubiera erguido
que tú hubieras erguido
que él hubiera erguido
que nos. hubiéramos erguido
que vos. hubierais erguido
que ellos hubieran erguido

Seconda forma
que yo hubiese erguido
que tú hubieses erguido
que él hubiese erguido
que nos. hubiésemos erguido
que vos. hubieseis erguido
que ellos hubiesen erguido

Futuro imperfecto
que yo irguiere
que tú irguieres
que él irguiere
que nos. irguiéremos
que vos. irguiereis
que ellos irguieren

Pretérito perfecto
que yo haya erguido
que tú hayas erguido
que él haya erguido
que nos. hayamos erguido
que vos. hayáis erguido
que ellos hayan erguido

Futuro perfecto
que yo hubiere erguido
que tú hubieres erguido
que él hubiere erguido
que nos. hubiéremos erguido
que vos. hubiereis erguido
que ellos hubieren erguido

POTENCIAL

Simple
yo erguiría
tú erguirías
él erguiría
nos. erguiríamos
vos. erguiríais
ellos erguirían

Compuesto
yo habría erguido
tú habrías erguido
él habría erguido
nos. habríamos erguido
vos. habríais erguido
ellos habrían erguido

IMPERATIVO

Presente
— irgamos
irgue/yergue erguid
irga/yerga irgan/yergan

INFINITIVO

erguir haber erguido

GERUNDIO

irguiendo habiendo erguido

PARTICIPIO

erguido

Il verbo *erguir* (ergere) trasforma la *e* della radice in *i* alla I, II e III persona sing. e III pl. del *presente de indicativo*, alla III persona sing. e pl. del *pretérito indefinido*, in tutti i tempi semplici del *subjuntivo*, alla II e III persona sing. e alla I e III pl. dell'*imperativo* (*yo irgo*, *él irguió*, *que él irga*, *que tú irguieras*, *irgan*). Nel *presente de indicativo* e *de subjuntivo* e nell'*imperativo* può avere due forme (*yo irgo*, *yo yrga*).

ASIR

INDICATIVO

Presente
yo asgo
tú ases
él ase
nos. asimos
vos. asís
ellos asen

Pretérito imperfecto
yo asía
tú asías
él asía
nos. asiamos
vos. asíais
ellos asían

Pretérito indefinido
yo así
tú asiste
él asió
nos. asimos
vos. asisteis
ellos asieron

Futuro imperfecto
yo asiré
tú asirás
él asirá
nos. asiremos
vos. asiréis
ellos asirán

Pretérito perfecto
yo he asido
tú has asido
él ha asido
nos. hemos asido
vos. habéis asido
ellos han asido

Pretérito pluscuamperfecto
yo había asido
tú habías asido
él había asido
nos. habíamos asido
vos. habíais asido
ellos habían asido

Pretérito anterior
yo hube asido
tú hubiste asido
él hubo asido
nos. hubimos asido
vos. hubisteis asido
ellos hubieron asido

Futuro perfecto
yo habré asido
tú habrás asido
él habrá asido
nos. habremos asido
vos. habréis asido
ellos habrán asido

POTENCIAL

Simple
yo asiría
tú asirías
él asiría
nos. asiríamos
vos. asiríais
ellos asirían

Compuesto
yo habría asido
tú habrías asido
él habría asido
nos. habríamos asido
vos. habríais asido
ellos habrían asido

SUBJUNTIVO

Presente
que yo asga
que tú asgas
que él asga
que nos. asgamos
que vos. asgáis
que ellos asgan

Pretérito imperfecto
que yo asiera
que tú asieras
que él asiera
que nos. asiéramos
que vos. asierais
que ellos asieran

Seconda forma
que yo asiese
que tú asieses
que él asiese
que nos. asiésemos
que vos. asieseis
que ellos asiesen

Pretérito pluscuamperfecto
que yo hubiera asido
que tú hubieras asido
que él hubiera asido
que nos. hubiéramos asido
que vos. hubierais asido
que ellos hubieran asido

Seconda forma
que yo hubiese asido
que tú hubieses asido
que él hubiese asido
que nos. hubiésemos asido
que vos. hubieseis asido
que ellos hubiesen asido

Futuro imperfecto
que yo asiere
que tú asieres
que él asiere
que nos. asiéremos
que vos. asiereis
que ellos asieren

Pretérito perfecto
que yo haya asido
que tú hayas asido
que él haya asido
que nos. hayamos asido
que vos. hayáis asido
que ellos hayan asido

Futuro perfecto
que yo hubiere asido
que tú hubieres asido
que él hubiere asido
que nos. hubiéremos asido
que vos. hubiereis asido
que ellos hubieren asido

IMPERATIVO

Presente
— asgamos
ase asid
asga asgan

INFINITIVO
asir haber asido

GERUNDIO
asiendo habiendo asido

PARTICIPIO
asido

Verbo irregolare che aggiunge una g prima della desinenza alla I persona sing. del *presente de indicativo*, nel *presente de subjuntivo*, alla III persona sing. e alla I e III pl. dell'*imperativo* (*yo asgo*, *que él asga*, *asgan*). Come *asir* (afferrare) si coniuga il suo composto *desasir* (staccare, sciogliere).

DECIR

INDICATIVO

Presente

yo	digo
tú	dices
él	dice
nos.	decimos
vos.	decís
ellos	dicen

Pretérito imperfecto

yo	decía
tú	decías
él	decía
nos.	decíamos
vos.	decíais
ellos	decían

Pretérito indefinido

yo	dije
tú	dijiste
él	dijo
nos.	dijimos
vos.	dijisteis
ellos	dijeron

Futuro imperfecto

yo	diré
tú	dirás
él	dirá
nos.	diremos
vos.	diréis
ellos	dirán

Pretérito perfecto

yo	he	dicho
tú	has	dicho
él	ha	dicho
nos.	hemos	dicho
vos.	habéis	dicho
ellos	han	dicho

Pretérito pluscuamperfecto

yo	había	dicho
tú	habías	dicho
él	había	dicho
nos.	habíamos	dicho
vos.	habíais	dicho
ellos	habían	dicho

Pretérito anterior

yo	hube	dicho
tú	hubiste	dicho
él	hubo	dicho
nos.	hubimos	dicho
vos.	hubisteis	dicho
ellos	hubieron	dicho

Futuro perfecto

yo	habré	dicho
tú	habrás	dicho
él	habrá	dicho
nos.	habremos	dicho
vos.	habréis	dicho
ellos	habrán	dicho

POTENCIAL

Simple

yo	diría
tú	dirías
él	diría
nos.	diríamos
vos.	diríais
ellos	dirían

Compuesto

yo	habría	dicho
tú	habrías	dicho
él	habría	dicho
nos.	habríamos	dicho
vos.	habríais	dicho
ellos	habrían	dicho

SUBJUNTIVO

Presente

que yo	diga
que tú	digas
que él	diga
que nos.	digamos
que vos.	digáis
que ellos	digan

Pretérito imperfecto

que yo	dijera
que tú	dijeras
que él	dijera
que nos.	dijéramos
que vos.	dijerais
que ellos	dijeran

Seconda forma

que yo	dijese
que tú	dijeses
que él	dijese
que nos.	dijésemos
que vos.	dijeseis
que ellos	dijesen

Futuro imperfecto

que yo	dijere
que tú	dijeres
que él	dijere
que nos.	dijéremos
que vos.	dijereis
que ellos	dijeren

Pretérito perfecto

que yo	haya	dicho
que tú	hayas	dicho
que él	haya	dicho
que nos.	hayamos	dicho
que vos.	hayáis	dicho
que ellos	hayan	dicho

Pretérito pluscuamperfecto

que yo	hubiera	dicho
que tú	hubieras	dicho
que él	hubiera	dicho
que nos.	hubiéramos	dicho
que vos.	hubierais	dicho
que ellos	hubieran	dicho

Seconda forma

que yo	hubiese	dicho
que tú	hubieses	dicho
que él	hubiese	dicho
que nos.	hubiésemos	dicho
que vos.	hubieseis	dicho
que ellos	hubiesen	dicho

Futuro perfecto

que yo	hubiere	dicho
que tú	hubieres	dicho
que él	hubiere	dicho
que nos.	hubiéremos	dicho
que vos.	hubiereis	dicho
que ellos	hubieren	dicho

IMPERATIVO

Presente

—	digamos
di	decid
diga	digan

INFINITIVO

decir — haber dicho

GERUNDIO

diciendo — habiendo dicho

PARTICIPIO

dicho

Decir (dire) modifica sia la radice sia la desinenza. Così si coniugano *bendecir* (benedire), *contradecir* (contraddire), *desdecir* (disdire), *maldecir* (maledire), *predecir* (predire), che però si distinguono alla II persona sing. dell'*imperativo* (*bendice*, *contradice*, *desdice*, *maldice*, *predice*) e hanno il *futuro imperfecto de indicativo* e il *potencial simple* regolari (*predeciré*, *predeciría*).

PREDECIR

INDICATIVO

Presente

yo predigo
tú predices
él predice
nos. predecimos
vos. predecís
ellos predicen

Pretérito imperfecto

yo predecía
tú predecías
él predecía
nos. predecíamos
vos. predecíais
ellos predecían

Pretérito indefinido

yo predije
tú predijiste
él predijo
nos. predijimos
vos. predijisteis
ellos predijeron

Futuro imperfecto

yo predeciré
tú predecirás
él predecirá
nos. predeciremos
vos. predeciréis
ellos predecirán

Pretérito perfecto

yo he predicho
tú has predicho
él ha predicho
nos. hemos predicho
vos. habéis predicho
ellos han predicho

Pretérito pluscuamperfecto

yo había predicho
tú habías predicho
él había predicho
nos. habíamos predicho
vos. habíais predicho
ellos habían predicho

Pretérito anterior

yo hube predicho
tú hubiste predicho
él hubo predicho
nos. hubimos predicho
vos. hubisteis predicho
ellos hubieron predicho

Futuro perfecto

yo habré predicho
tú habrás predicho
él habrá predicho
nos. habremos predicho
vos. habréis predicho
ellos habrán predicho

SUBJUNTIVO

Presente

que yo prediga
que tú predigas
que él prediga
que nos. predigamos
que vos. predigáis
que ellos predigan

Pretérito imperfecto

que yo predijera
que tú predijeras
que él predijera
que nos. predijéramos
que vos. predijerais
que ellos predijeran

Seconda forma

que yo predijese
que tú predijeses
que él predijese
que nos. predijésemos
que vos. predijeseis
que ellos predijesen

Pretérito pluscuamperfecto

que yo hubiera predicho
que tú hubieras predicho
que él hubiera predicho
que nos. hubiéramos predicho
que vos. hubierais predicho
que ellos hubieran predicho

Seconda forma

que yo hubiese predicho
que tú hubieses predicho
que él hubiese predicho
que nos. hubiésemos predicho
que vos. hubieseis predicho
que ellos hubiesen predicho

Futuro imperfecto

que yo predijere
que tú predijeres
que él predijere
que nos. predijéremos
que vos. predijereis
que ellos predijeren

Futuro perfecto

que yo hubiere predicho
que tú hubieres predicho
que él hubiere predicho
que nos. hubiéremos predicho
que vos. hubiereis predicho
que ellos hubieren predicho

Pretérito perfecto

que yo haya predicho
que tú hayas predicho
que él haya predicho
que nos. hayamos predicho
que vos. hayáis predicho
que ellos hayan predicho

POTENCIAL

Simple

yo predeciría
tú predecirías
él predeciría
nos. predeciríamos
vos. predeciríais
ellos predecirían

Compuesto

yo habría predicho
tú habrías predicho
él habría predicho
nos. habríamos predicho
vos. habríais predicho
ellos habrían predicho

IMPERATIVO

Presente

—	predigamos
predice	predecid
prediga	predigan

INFINITIVO

predecir haber predicho

GERUNDIO

prediciendo habiendo predicho

PARTICIPIO

predicho

Verbo irregolare che modifica sia la radice sia la desinenza seguendo il modello *decir*, tranne che nel *futuro imperfecto de indicativo* e nel *potencial simple* che sono regolari (*yo predeciré, él predeciría*). La II persona sing. dell'*imperativo* è *predice*. Come *predecir* (predire) si coniugano *contradecir* (contraddire) e *desdecir* (disdire), *maldecir* (maledire). *Bendecir* e *maldecir* hanno due participi (v. pag. 72).

IR

INDICATIVO

Presente	Pretérito imperfecto	Pretérito indefinido	Futuro imperfecto
yo voy	*yo* iba	*yo* fui	*yo* iré
tú vas	*tú* ibas	*tú* fuiste	*tú* irás
él va	*él* iba	*él* fue	*él* irá
nos. vamos	*nos.* íbamos	*nos.* fuimos	*nos.* iremos
vos. vais	*vos.* ibais	*vos.* fuisteis	*vos.* iréis
ellos van	*ellos* iban	*ellos* fueron	*ellos* irán

Pretérito perfecto	Pretérito pluscuamperfecto	Pretérito anterior	Futuro perfecto
yo he ido	*yo* había ido	*yo* hube ido	*yo* habré ido
tú has ido	*tú* habías ido	*tú* hubiste ido	*tú* habrás ido
él ha ido	*él* había ido	*él* hubo ido	*él* habrá ido
nos. hemos ido	*nos.* habíamos ido	*nos.* hubimos ido	*nos.* habremos ido
vos. habéis ido	*vos.* habíais ido	*vos.* hubisteis ido	*vos.* habréis ido
ellos han ido	*ellos* habían ido	*ellos* hubieron ido	*ellos* habrán ido

POTENCIAL

Simple	Compuesto
yo iría	*yo* habría ido
tú irías	*tú* habrías ido
él iría	*él* habría ido
nos. iríamos	*nos.* habríamos ido
vos. iríais	*vos.* habríais ido
ellos irían	*ellos* habrían ido

SUBJUNTIVO

Presente	Pretérito imperfecto	Pretérito pluscuamperfecto	Futuro imperfecto
que yo vaya	*que yo* fuera	*que yo* hubiera ido	*que yo* fuere
que tú vayas	*que tú* fueras	*que tú* hubieras ido	*que tú* fueres
que él vaya	*que él* fuera	*que él* hubiera ido	*que él* fuere
que nos. vayamos	*que nos.* fúéramos	*que nos.* hubiéramos ido	*que nos.* fuéremos
que vos. vayáis	*que vos.* fuerais	*que vos.* hubierais ido	*que vos.* fuereis
que ellos vayan	*que ellos* fueran	*que ellos* hubieran ido	*que ellos* fueren

Pretérito perfecto	*Seconda forma*	*Seconda forma*	Futuro perfecto
que yo haya ido	*que yo* fuese	*que yo* hubiese ido	*que yo* hubiere ido
que tú hayas ido	*que tú* fueses	*que tú* hubieses ido	*que tú* hubieres ido
que él haya ido	*que él* fuese	*que él* hubiese ido	*que él* hubiere ido
que nos. hayamos ido	*que nos.* fuésemos	*que nos.* hubiésemos ido	*que nos.* hubiéremos ido
que vos. hayáis ido	*que vos.* fueseis	*que vos.* hubieseis ido	*que vos.* hubiereis ido
que ellos hayan ido	*que ellos* fuesen	*que ellos* hubiesen ido	*que ellos* hubieren ido

IMPERATIVO

Presente

—	vayamos (vamos)
ve	id
vaya	vayan

INFINITIVO

ir — haber ido

GERUNDIO

yendo — habiendo ido

PARTICIPIO

ido

Verbo irregolare che modifica sia la radice sia la desinenza. Il *pretérito indefinido* e i tempi derivati sono uguali a quelli di *ser*. La I persona pl. dell'*imperativo* (*vayamos*), in disuso è sostituita con la I persona pl. del *presente de indicativo* (*vamos*). La II persona sing. dell'*imperativo* non perde la *d* finale davanti a *os* (*idos*). *Ir* traduce *venire* per indicare il movimento di chi parla verso chi ascolta: *¡Ahora voy! Adesso vengo*!

OÍR

INDICATIVO

Presente

yo oigo
tú oyes
él oye
nos. oímos
vos. oís
ellos oyen

Pretérito imperfecto

yo oía
tú oías
él oía
nos. oíamos
vos. oíais
ellos oían

Pretérito indefinido

yo oí
tú oíste
él oyó
nos. oímos
vos. oísteis
ellos oyeron

Futuro imperfecto

yo oiré
tú oirás
él oirá
nos. oiremos
vos. oiréis
ellos oirán

Pretérito perfecto

yo he oído
tú has oído
él ha oído
nos. hemos oído
vos. habéis oído
ellos han oído

Pretérito pluscuamperfecto

yo había oído
tú habías oído
él había oído
nos. habíamos oído
vos. habíais oído
ellos habían oído

Pretérito anterior

yo hube oído
tú hubiste oído
él hubo oído
nos. hubimos oído
vos. hubisteis oído
ellos hubieron oído

Futuro perfecto

yo habré oído
tú habrás oído
él habrá oído
nos. habremos oído
vos. habréis oído
ellos habrán oído

SUBJUNTIVO

Presente

que yo oiga
que tú oigas
que él oiga
que nos. oigamos
que vos. oigáis
que ellos oigan

Pretérito imperfecto

que yo oyera
que tú oyeras
que él oyera
que nos. oyéramos
que vos. oyerais
que ellos oyeran

Seconda forma

que yo oyese
que tú oyeses
que él oyese
que nos. oyésemos
que vos. oyeseis
que ellos oyesen

Pretérito pluscuamperfecto

que yo hubiera oído
que tú hubieras oído
que él hubiera oído
que nos. hubiéramos oído
que vos. hubierais oído
que ellos hubieran oído

Seconda forma

que yo hubiese oído
que tú hubieses oído
que él hubiese oído
que nos. hubiésemos oído
que vos. hubieseis oído
que ellos hubiesen oído

Futuro imperfecto

que yo oyere
que tú oyeres
que él oyere
que nos. oyéremos
que vos. oyereis
que ellos oyeren

Futuro perfecto

que yo hubiere oído
que tú hubieres oído
que él hubiere oído
que nos. hubiéremos oído
que vos. hubiereis oído
que ellos hubieren oído

Pretérito perfecto

que yo haya oído
que tú hayas oído
que él haya oído
que nos. hayamos oído
que vos. hayáis oído
que ellos hayan oído

POTENCIAL

Simple

yo oiría
tú oirías
él oiría
nos. oiríamos
vos. oiríais
ellos oirían

Compuesto

yo habría oído
tú habrías oído
él habría oído
nos. habríamos oído
vos. habríais oído
ellos habrían oído

IMPERATIVO

Presente

—	oigamos
oye	oíd
oiga	oigan

INFINITIVO

oír haber oído

GERUNDIO

oyendo habiendo oído

PARTICIPIO

oído

È verbo irregolare che inserisce *-ig-* tra la radice e la desinenza alla I persona sing. del *presente de indicativo* e nei tempi da esso derivati (*yo oigo*, *que tú oigas*, *oigan*). Inoltre la *i* diventa *y* quando non è accentata e si trova tra due vocali forti (*él oyó*). Come *oír* (udire) si coniugano i suoi composti *desoír* (fare il sordo), *entreoír* (udire di sfuggita) e *trasoír* (fraintendere).

PODRIR o PUDRIR

INDICATIVO

Presente
yo pudro
tú pudres
él pudre
nos. pudrimos
vos. pudrís
ellos pudren

Pretérito imperfecto
yo pudría
tú pudrías
él pudría
nos. pudríamos
vos. pudríais
ellos pudrían

Pretérito indefinido
yo pudrí/podrí
tú pudriste
él pudrío
nos. pudrimos
vos. pudristeis
ellos pudrieron

Futuro imperfecto
yo pudriré
tú pudrirás
él pudrirá
nos. pudriremos
vos. pudriréis
ellos pudrirán

Pretérito perfecto
yo he podrido
tú has podrido
él ha podrido
nos. hemos podrido
vos. habéis podrido
ellos han podrido

Pretérito pluscuamperfecto
yo había podrido
tú habías podrido
él había podrido
nos. habíamos podrido
vos. habíais podrido
ellos habían podrido

Pretérito anterior
yo hube podrido
tú hubiste podrido
él hubo podrido
nos. hubimos podrido
vos. hubisteis podrido
ellos hubieron podrido

Futuro perfecto
yo habré podrido
tú habrás podrido
él habrá podrido
nos. habremos podrido
vos. habréis podrido
ellos habrán podrido

SUBJUNTIVO

Presente
que yo pudra
que tú pudras
que él pudra
que nos. pudramos
que vos. pudráis
que ellos pudran

Pretérito imperfecto
que yo pudriera
que tú pudrieras
que él pudriera
que nos. pudriéramos
que vos. pudrierais
que ellos pudrieran

Seconda forma
que yo pudriese
que tú pudrieses
que él pudriese
que nos. pudriésemos
que vos. pudrieseis
que ellos pudriesen

Pretérito pluscuamperfecto
que yo hubiera podrido
que tú hubieras podrido
que él hubiera podrido
que nos. hubiéramos podrido
que vos. hubierais podrido
que ellos hubieran podrido

Seconda forma
que yo hubiese podrido
que tú hubieses podrido
que él hubiese podrido
que nos. hubiésemos podrido
que vos. hubieseis podrido
que ellos hubiesen podrido

Futuro imperfecto
que yo pudriere
que tú pudrieres
que él pudriere
que nos. pudriéremos
que vos. pudriereis
que ellos pudrieren

Pretérito perfecto
que yo haya podrido
que tú hayas podrido
que él haya podrido
que nos. hayamos podrido
que vos. hayáis podrido
que ellos hayan podrido

Futuro perfecto
que yo hubiere podrido
que tú hubieres podrido
que él hubiere podrido
que nos. hubiéremos podrido
que vos. hubiereis podrido
que ellos hubieren podrido

POTENCIAL

Simple
yo pudriría
tú pudrirías
él pudriría
nos. pudriríamos
vos. pudriríais
ellos pudrirían

Compuesto
yo habría podrido
tú habrías podrido
él habría podrido
nos. habríamos podrido
vos. habríais podrido
ellos habrían podrido

IMPERATIVO

Presente
—	pudramos
pudre	pudrid
pudra	pudran

INFINITIVO
pudrir o podrir — haber podrido

GERUNDIO
pudriendo — habiendo podrido

PARTICIPIO
podrido

Podrir (imputridire) deve essere coniugato preferendo la *u* alla *o* in tutti i modi, tempi e persone tranne che nell'*infinitivo*, che può essere *podrir* o *pudrir*, e nel *participio* che è *podrido*. In questo modo si evitano coincidenze con alcune forme del verbo *poder*, potere (*podría, podremos*).

SALIR

INDICATIVO

Presente

yo	salgo	
tú	sales	
él	sale	
nos.	salimos	
vos.	salís	
ellos	salen	

Pretérito imperfecto

yo	salía
tú	salías
él	salía
nos.	salíamos
vos.	salíais
ellos	salían

Pretérito indefinido

yo	salí
tú	saliste
él	salió
nos.	salimos
vos.	salisteis
ellos	salieron

Futuro imperfecto

yo	saldré
tú	saldrás
él	saldrá
nos.	saldremos
vos.	saldréis
ellos	saldrán

Pretérito perfecto

yo	he	salido
tú	has	salido
él	ha	salido
nos.	hemos	salido
vos.	habéis	salido
ellos	han	salido

Pretérito pluscuamperfecto

yo	había	salido
tú	habías	salido
él	había	salido
nos.	habíamos	salido
vos.	habíais	salido
ellos	habían	salido

Pretérito anterior

yo	hube	salido
tú	hubiste	salido
él	hubo	salido
nos.	hubimos	salido
vos.	hubisteis	salido
ellos	hubieron	salido

Futuro perfecto

yo	habré	salido
tú	habrás	salido
él	habrá	salido
nos.	habremos	salido
vos.	habréis	salido
ellos	habrán	salido

POTENCIAL

Simple

yo	saldría
tú	saldrías
él	saldría
nos.	saldríamos
vos.	saldríais
ellos	saldrían

Compuesto

yo	habría	salido
tú	habrías	salido
él	habría	salido
nos.	habríamos	salido
vos.	habríais	salido
ellos	habrían	salido

SUBJUNTIVO

Presente

que yo	salga
que tú	salgas
que él	salga
que nos.	salgamos
que vos.	salgáis
que ellos	salgan

Pretérito imperfecto

que yo	saliera
que tú	salieras
que él	saliera
que nos.	saliéramos
que vos.	salierais
que ellos	salieran

Seconda forma

que yo	saliese
que tú	salieses
que él	saliese
que nos.	saliésemos
que vos.	salieseis
que ellos	saliesen

Pretérito pluscuamperfecto

que yo	hubiera	salido
que tú	hubieras	salido
que él	hubiera	salido
que nos.	hubiéramos	salido
que vos.	hubierais	salido
que ellos	hubieran	salido

Seconda forma

que yo	hubiese	salido
que tú	hubieses	salido
que él	hubiese	salido
que nos.	hubiésemos	salido
que vos.	hubieseis	salido
que ellos	hubiesen	salido

Futuro imperfecto

que yo	saliere
que tú	salieres
que él	saliere
que nos.	saliéremos
que vos.	saliereis
que ellos	salieren

Pretérito perfecto

que yo	haya	salido
que tú	hayas	salido
que él	haya	salido
que nos.	hayamos	salido
que vos.	hayáis	salido
que ellos	hayan	salido

Futuro perfecto

que yo	hubiere	salido
que tú	hubieres	salido
que él	hubiere	salido
que nos.	hubiéremos	salido
que vos.	hubiereis	salido
que ellos	hubieren	salido

IMPERATIVO

Presente

—	salgamos
sal	salid
salga	salgan

INFINITIVO

salir	haber salido

GERUNDIO

saliendo	habiendo salido

PARTICIPIO

salido

È verbo irregolare che aggiunge una *-g-* davanti alle desinenze che iniziano per *o* o per *a*, cioè alla I persona sing. del *presente de indicativo* e nei tempi da esso derivati (*yo salgo*, *que tú salgas*, *salgamos*). Cambia radice e perde la vocale tematica al *futuro imperfecto de indicativo* e al *potencial simple* (*yo saldré...*, *yo saldría...*). Come *salir* (uscire) si coniugano *resalir* (risaltare) e *sobresalir* (spiccare, eccellere).

VENIR

INDICATIVO

Presente
yo vengo
tú vienes
él viene
nos. venimos
vos. venís
ellos vienen

Pretérito imperfecto
yo venía
tú venías
él venía
nos. veníamos
vos. veníais
ellos venían

Pretérito indefinido
yo vine
tú viniste
él vino
nos. vinimos
vos. vinisteis
ellos vinieron

Futuro imperfecto
yo vendré
tú vendrás
él vendrá
nos. vendremos
vos. vendréis
ellos vendrán

Pretérito perfecto
yo he venido
tú has venido
él ha venido
nos. hemos venido
vos. habéis venido
ellos han venido

Pretérito pluscuamperfecto
yo había venido
tú habías venido
él había venido
nos. habíamos venido
vos. habíais venido
ellos habían venido

Pretérito anterior
yo hube venido
tú hubiste venido
él hubo venido
nos. hubimos venido
vos. hubisteis venido
ellos hubieron venido

Futuro perfecto
yo habré venido
tú habrás venido
él habrá venido
nos. habremos venido
vos. habréis venido
ellos habrán venido

SUBJUNTIVO

Presente
que yo venga
que tú vengas
que él venga
que nos. vengamos
que vos. vengáis
que ellos vengan

Pretérito imperfecto
que yo viniera
que tú vinieras
que él viniera
que nos. viniéramos
que vos. vinierais
que ellos vinieran

Seconda forma
que yo viniese
que tú vinieses
que él viniese
que nos. viniésemos
que vos. vinieseis
que ellos viniesen

Pretérito pluscuamperfecto
que yo hubiera venido
que tú hubieras venido
que él hubiera venido
que nos. hubiéramos venido
que vos. hubierais venido
que ellos hubieran venido

Seconda forma
que yo hubiese venido
que tú hubieses venido
que él hubiese venido
que nos. hubiésemos venido
que vos. hubieseis venido
que ellos hubiesen venido

Futuro imperfecto
que yo viniere
que tú vinieres
que él viniere
que nos. viniéremos
que vos. viniereis
que ellos vinieren

Pretérito perfecto
que yo haya venido
que tú hayas venido
que él haya venido
que nos. hayamos venido
que vos. hayáis venido
que ellos hayan venido

Futuro perfecto
que yo hubiere venido
que tú hubieres venido
que él hubiere venido
que nos. hubiéremos venido
que vos. hubiereis venido
que ellos hubieren venido

POTENCIAL

Simple
yo vendría
tú vendrías
él vendría
nos. vendríamos
vos. vendríais
ellos vendrían

Compuesto
yo habría venido
tú habrías venido
él habría venido
nos. habríamos venido
vos. habríais venido
ellos habrían venido

IMPERATIVO

Presente
— vengamos
ven venid
venga vengan

INFINITIVO

venir haber venido

GERUNDIO

viniendo habiendo venido

PARTICIPIO

venido

È verbo irregolare che modifica sia la radice sia la desinenza. La II persona sing. dell'*imperativo* è *ven*. Come *venir* (venire) si coniugano i suoi composti *avenir* (conciliare), *contravenir* (contravvenire), *convenir* (convenire), *desavenir* (inimicare), *devenir* (diventare), *intervenir* (intervenire).

VERBI DIFETTIVI

Sono difettivi quei verbi che, per ragioni fonetiche, non hanno coniugazione completa e presentano solo alcuni modi, tempi o persone. Alcuni di questi verbi, nelle voci non usate, sono sostituiti da sinonimi:

aplacer piacere	è usato alla III persona singolare e plurale del *presente* (*él aplace*, *ellos aplacen*) e del *pretérito imperfecto de indicativo* (*él aplacía*, *éllos aplacían*). Generalmente viene sostituito con *agradar*, *gustar*, *placer*
atañer riguardare	si usa alla III persona singolare e plurale del *presente de indicativo*: *él atañe*, *ellos atañen*. Viene sostituito con *importar* e *interesar*
balbucir balbettare	si usa unicamente nelle forme la cui desinenza inizia per *e* o per *i*: *él balbuce*, *él balbucía*... Viene sostituito con *balbucear*
concernir concernere, riguardare	è usato solo alla III persona singolare e plurale del *presente de indicativo* (*él concierne*, *ellos conciernen*) e del *pretérito imperfecto de indicativo* (*él concernía*, *ellos concernían*), nel *presente de subjuntivo* (*que yo concierna*...) e nel *gerundio* (*concerniendo*). Dittonga la *e* in *ie*. Nelle forme mancanti viene sostituito con *importar*, *interesar*
placer piacere	non è un verbo propriamente difettivo ma di solito viene usato solo alla III persona singolare del *presente de indicativo* (*él place*) e del *pretérito indefinido de indicativo* (*él plugo*), in tutto il *subjuntivo* (*que yo plegue / plazca*...; *que yo pluguiera / placiera*...) e nell'*imperativo* (*plegue / plazca*). È spesso irregolare
raer radere	non viene usato alla I persona singolare del *presente de indicativo* e in tutto il *subjuntivo* perché di suono sgradevole. È sostituito con *afeitar*

roer rodere — non è usato alla I persona singolare del *presente de indicativo* e del *presente de subjuntivo* perché di suono sgradevole

soler solere — è usato in tutte le persone del *presente* (*yo suelo*...), del *pretérito perfecto* (*yo he solido*...) e del *pretérito imperfecto de indicativo* (*yo solía*...) e nel *presente de subjuntivo* (*que yo suela*...). Viene sostituito con *acostumbrar*

usucapir usucapire — si usa solo all'*infinitivo* nel linguaggio giuridico

yacer giacere — le forme irregolari della I persona singolare del *presente de indicativo* (*yo yazco/yago/yazgo*), del *presente de subjuntivo* (*que yo yazca/yaga/yazga*...) e dell'*imperativo* (*yaz/yace/yazga*...) sono cadute in disuso

Alcuni verbi della terza coniugazione si usano solo nelle voci la cui desinenza inizia per ***i*** (I e II persona plurale del *presente de indicativo* e tutti gli altri tempi semplici e composti):

abolir abolire — sostituito con: *abrogar*, *revocar*, *anular*

agredir aggredire — sostituito con: *acometer*

aguerrir agguerrire — sostituito con: *fortalecer*

arrecirse intirizzirsi — sostituito con: *entorpecerse*

aterirse intirizzirsi — sostituito con: *entorpecerse*

blandir brandire — sostituito con: *empuñar*

colorir colorare — sostituito con: *colorar*, *teñir*

despavorir spaventarsi, sbigottire — sostituito con: *asustar*, *espantar*

embaír sedurre	sostituito con: *seducir*, *embaucar*
empedernir rendere insensibile	sostituito con: *endurecer*, *petrificar*
garantir garantire	sostituito con: *garantizar*
manir frollare	sostituito con: *ablandar*
transgredir trasgredire	sostituito con: *contravenir*, *violar*

INDICE DEI VERBI

Il numero a destra del verbo indica la pagina a cui si rimanda per la tavola di coniugazione del verbo modello.
Sono indicati con **T** i verbi transitivi, con **I** i verbi intransitivi; con **D** i verbi difettivi; con **Imp.** i verbi esclusivamente impersonali; con **P** i verbi pronominali; con **Pi** i verbi con *participio pasado* irregolare.
Per i verbi pronominali presenti nell'indice il rinvio al verbo modello riguarda solo la coniugazione di appartenenza; per l'uso dei pronomi personali si fa invece riferimento alla tavola della forma pronominale (vedi pag. 82).
I verbi modello sono indicati in blu.

INDICE GENERALE

I MIEI
APPUNTI

I MIEI
APPUNTI

I MIEI
APPUNTI

I MIEI
APPUNTI

I MIEI APPUNTI

I MIEI
APPUNTI

I MIEI
APPUNTI

I MIEI APPUNTI

I MIEI
APPUNTI

I MIEI APPUNTI

I MIEI
APPUNTI

I MIEI
APPUNTI

I MIEI
APPUNTI

I MIEI
APPUNTI

I MIEI
APPUNTI

I MIEI
APPUNTI

Scopri il catalogo Vallardi
sempre aggiornato con le ultime novità
www.vallardi.it

FSC
www.fsc.org
MISTO
Carta
da fonti gestite in
maniera responsabile
FSC® C005461

Finito di stampare
nel mese di marzo 2024
da Rotolito SpA
Seggiano di Pioltello (Mi)